千住の酒合戦と後水鳥記

Sato Hideki
佐藤秀樹 著

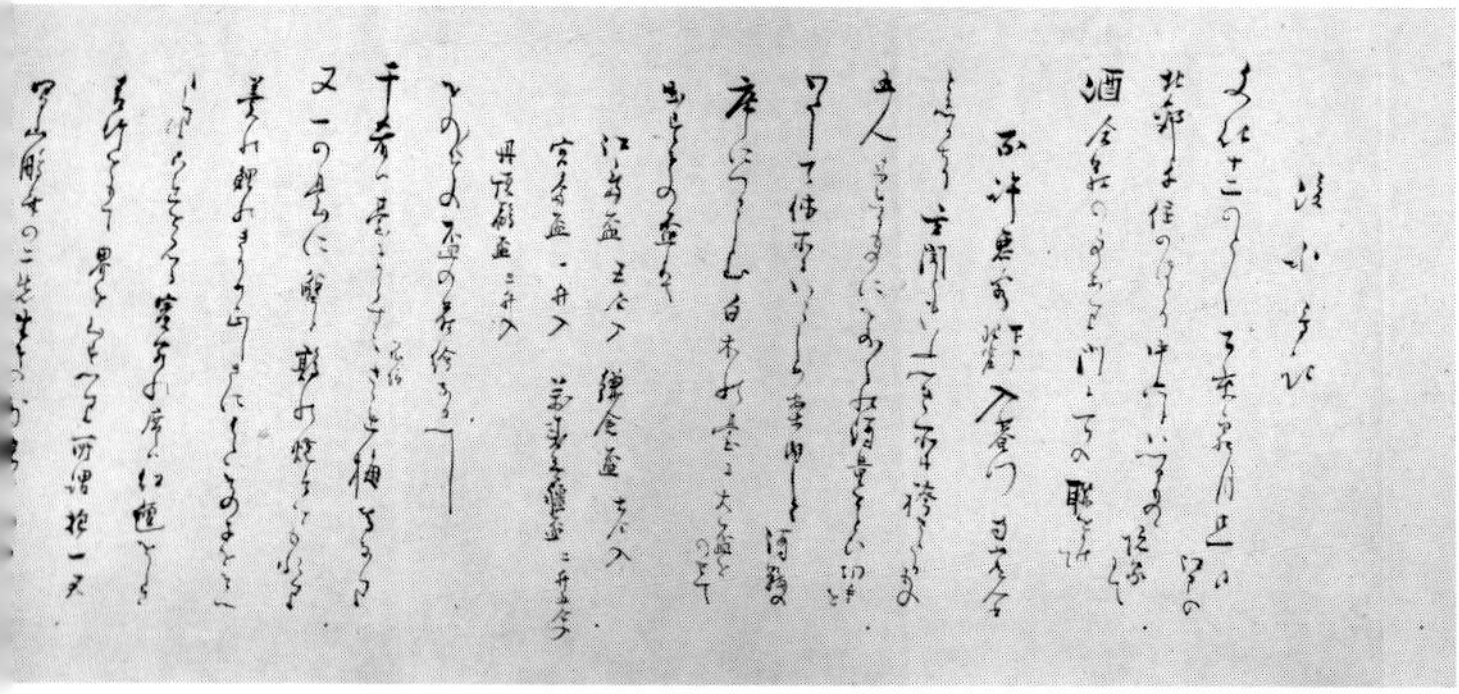

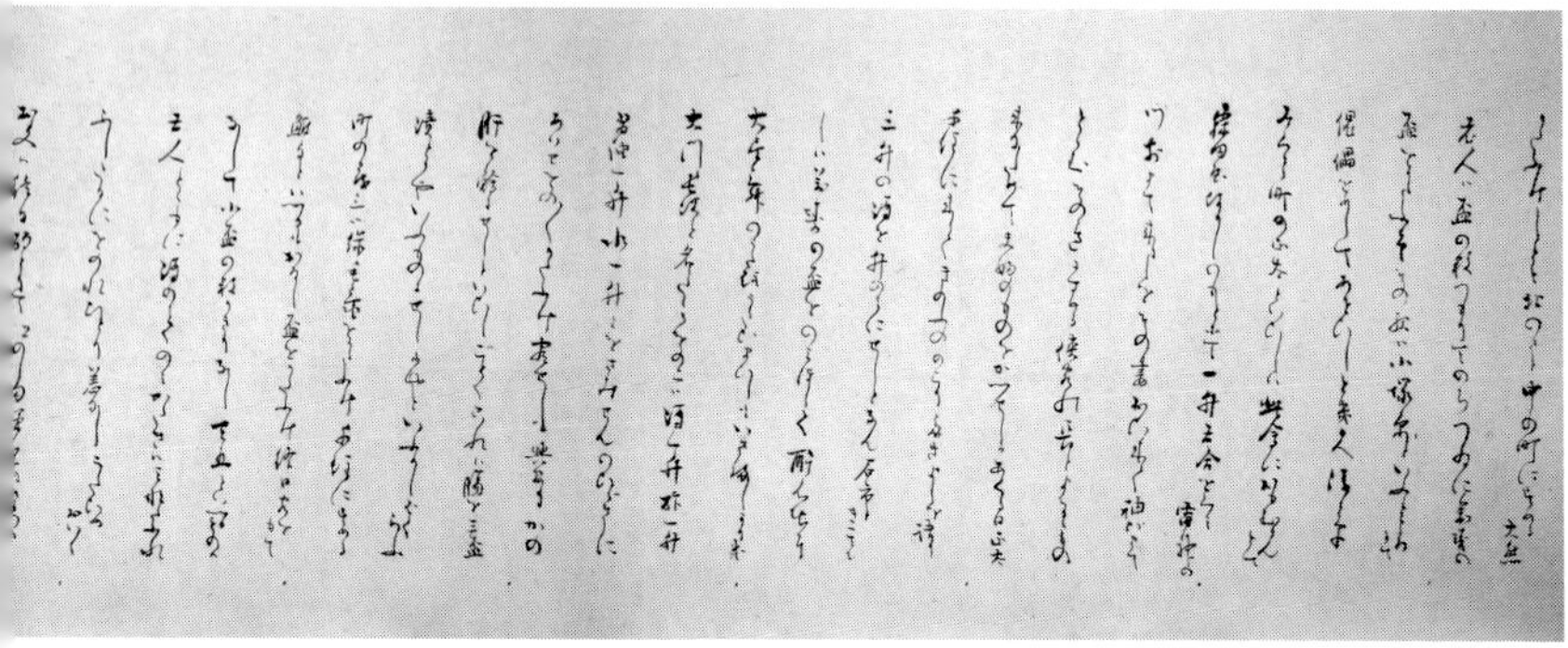

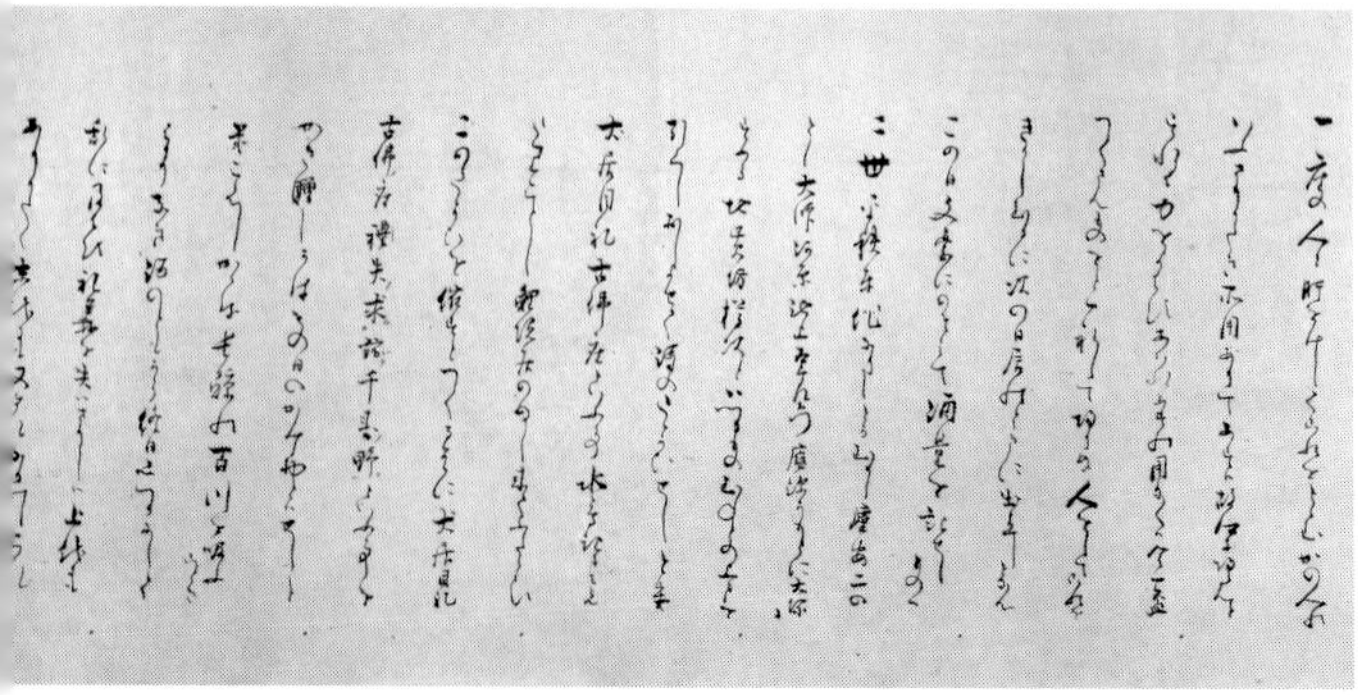

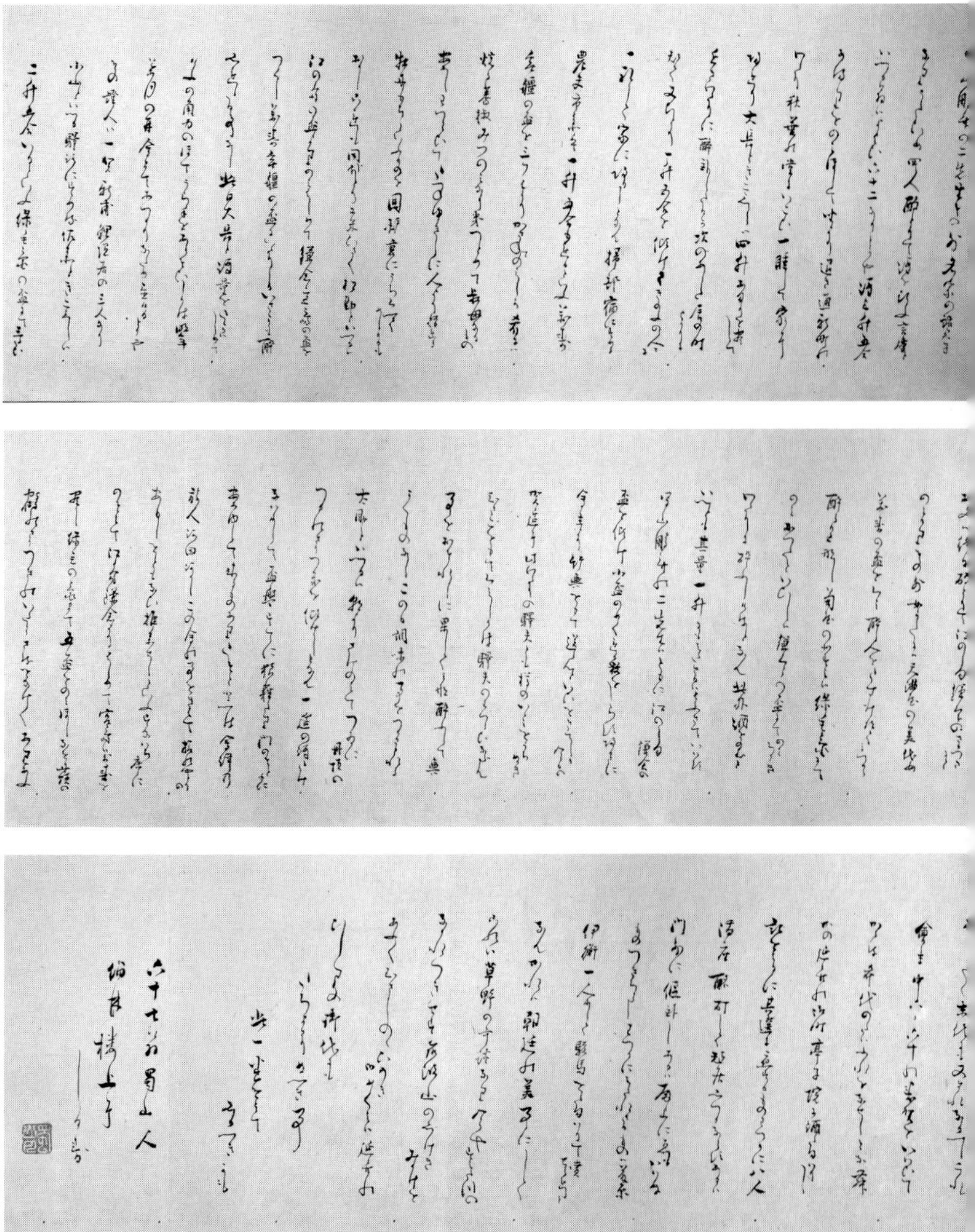

『後水鳥記』図巻　足立区立郷土博物館蔵

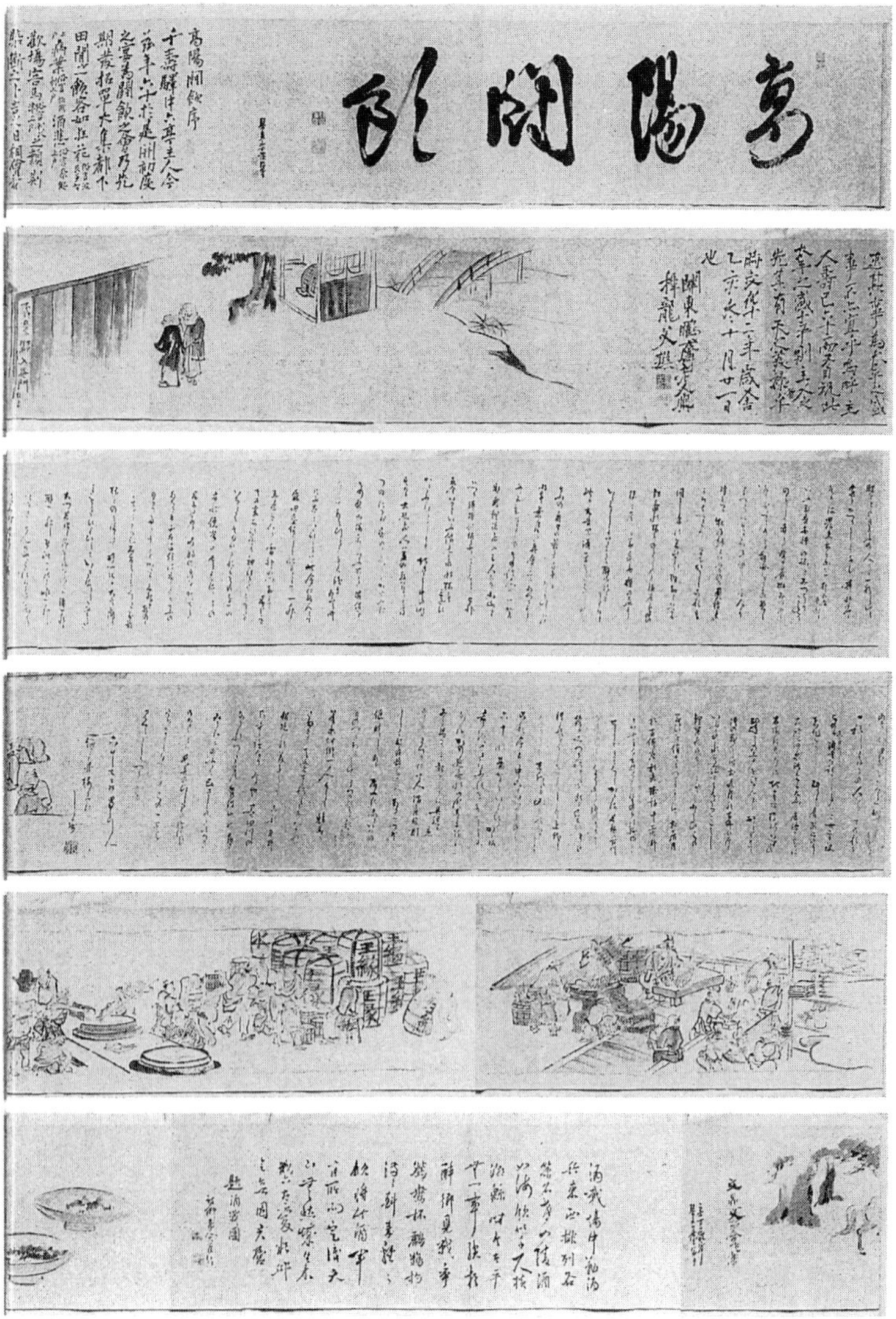
高陽闘飲
高陽闘飲序

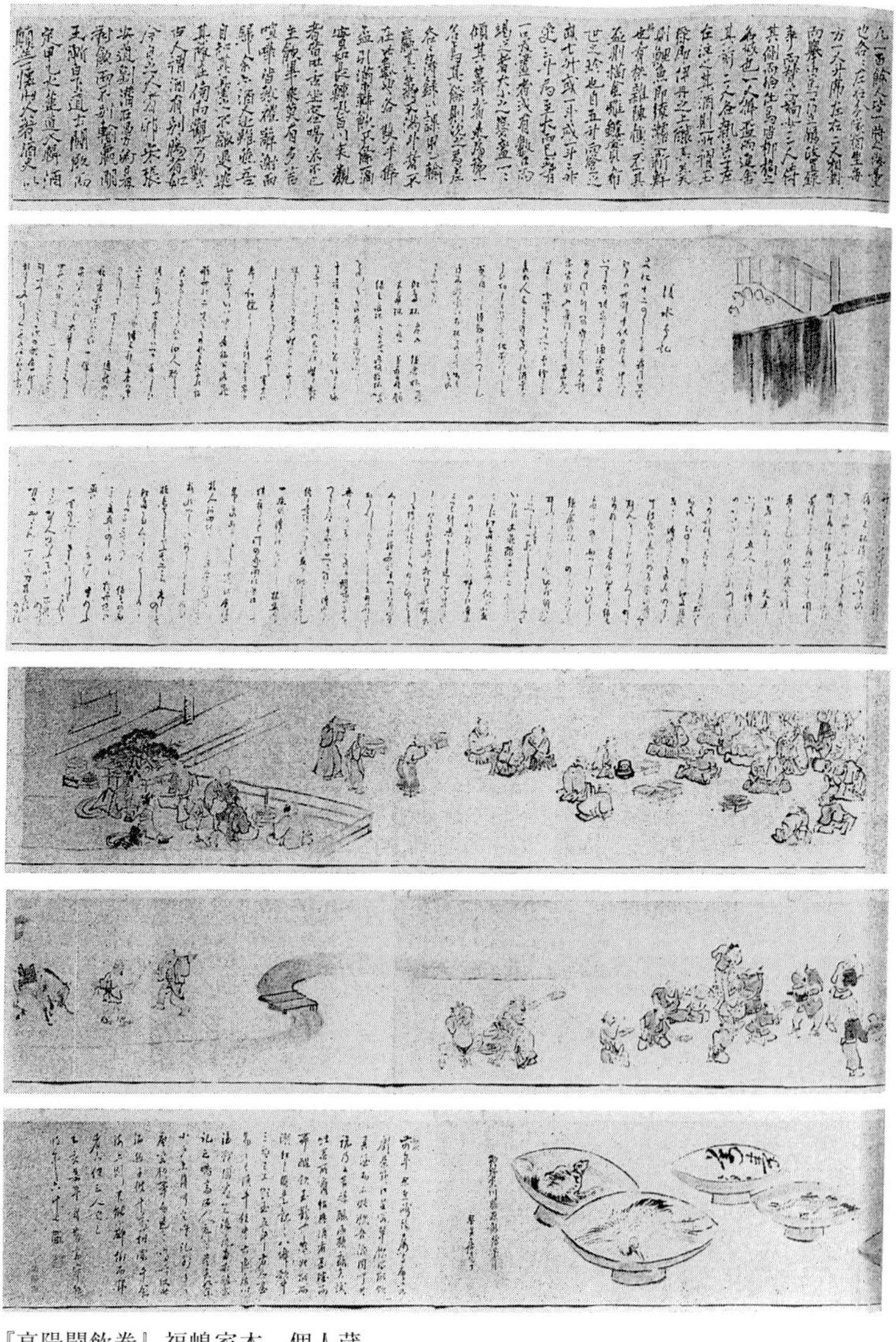

『高陽闘飲巻』福嶋家本　個人蔵

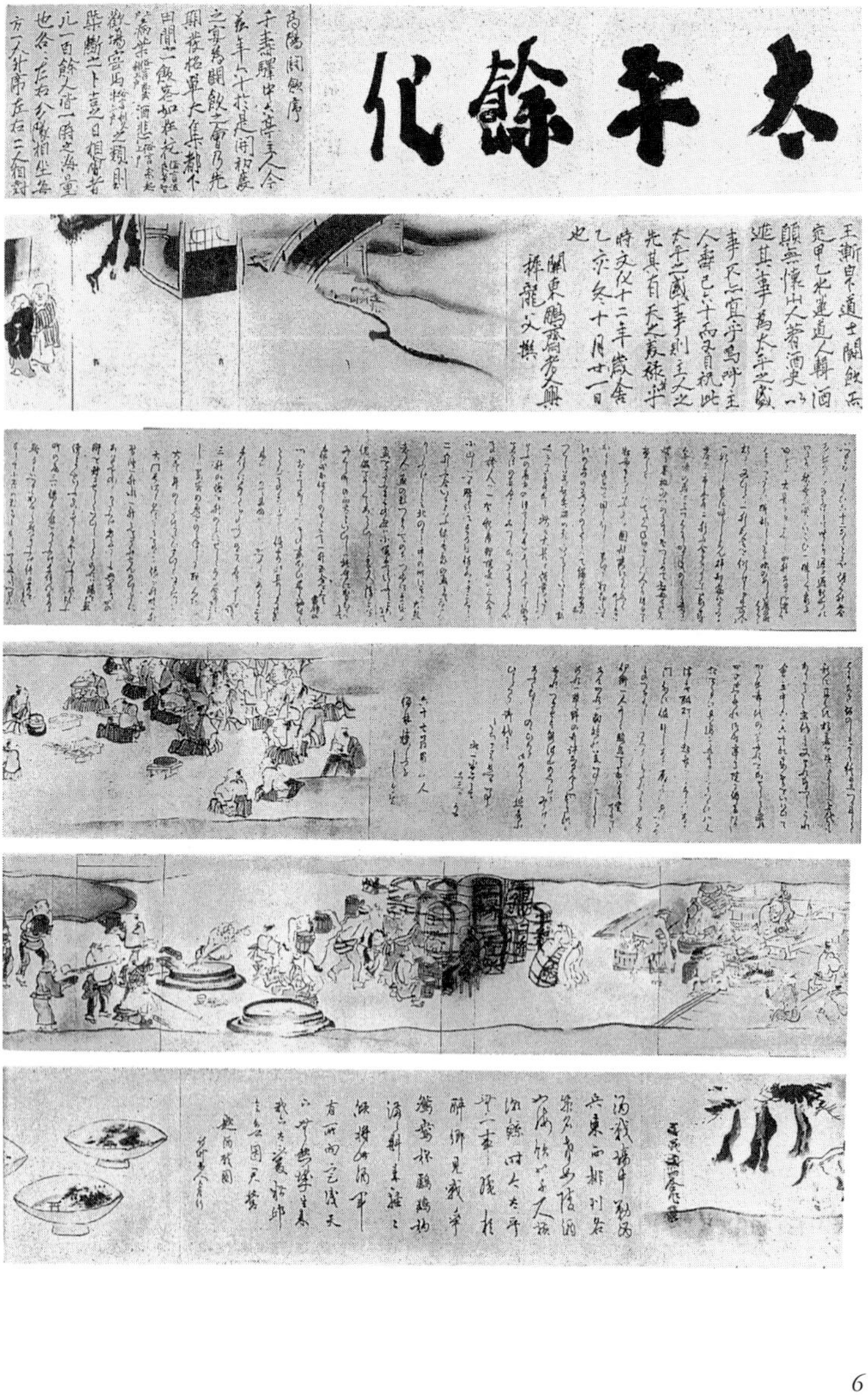
太平餘化
高陽闘飲序

『闘飲記』ニューヨーク本　ニューヨーク・パブリック・ライブラリー蔵

後水鳥記

蜀山雑稿

天理大学附属天理図書館蔵
天図第一〇一七〇号

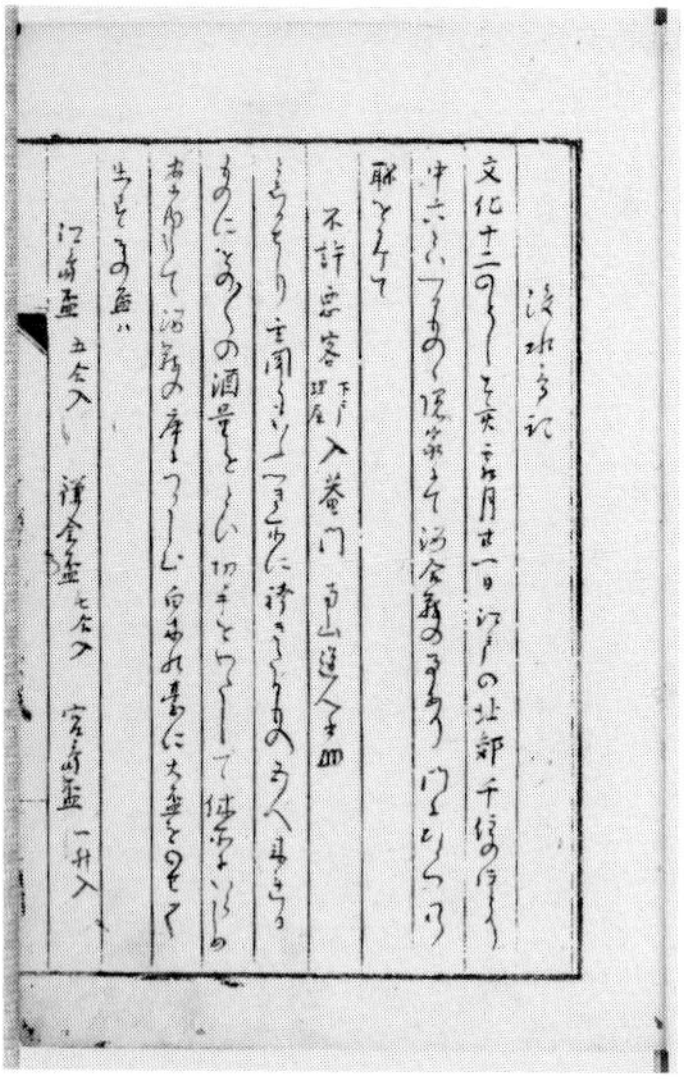

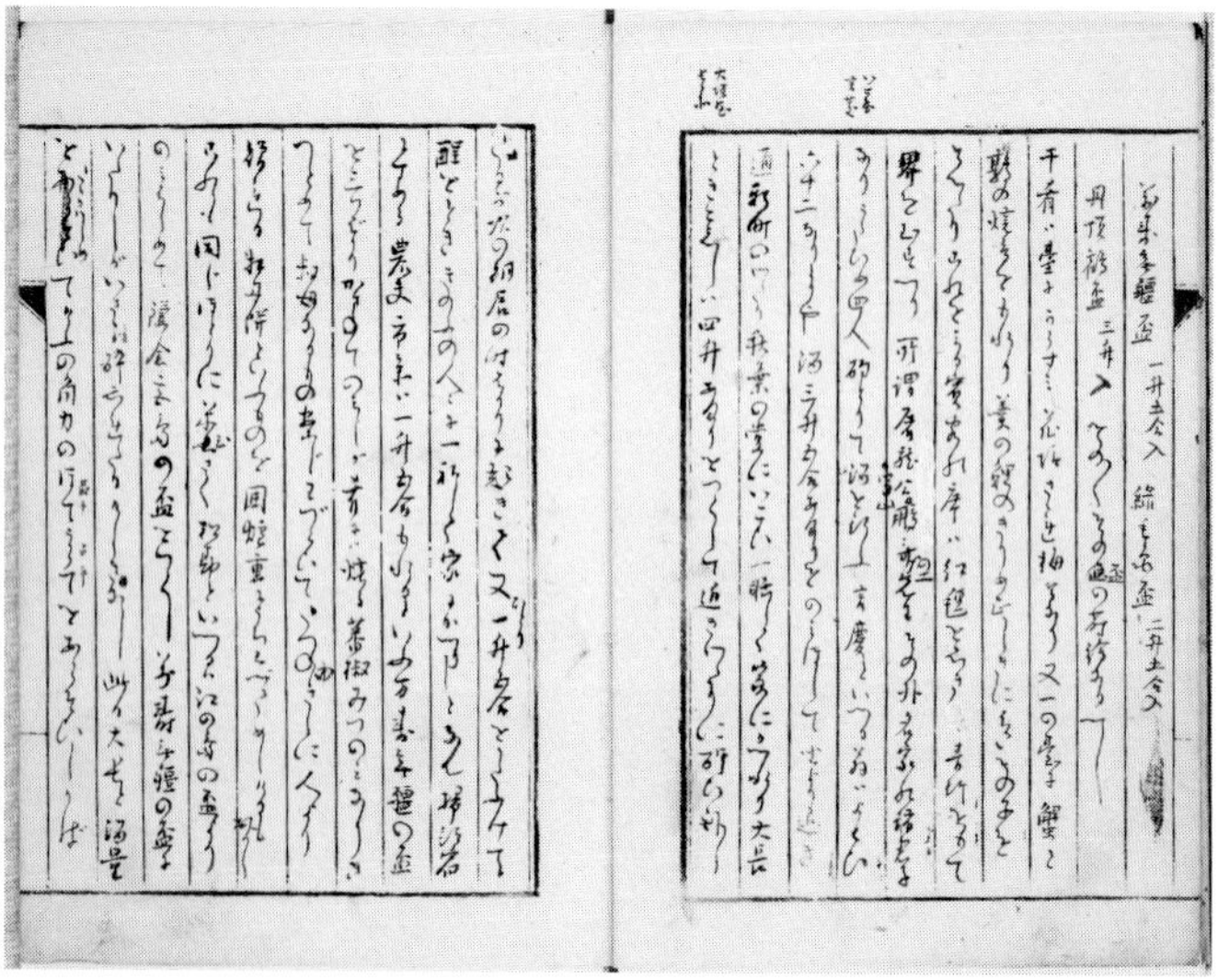

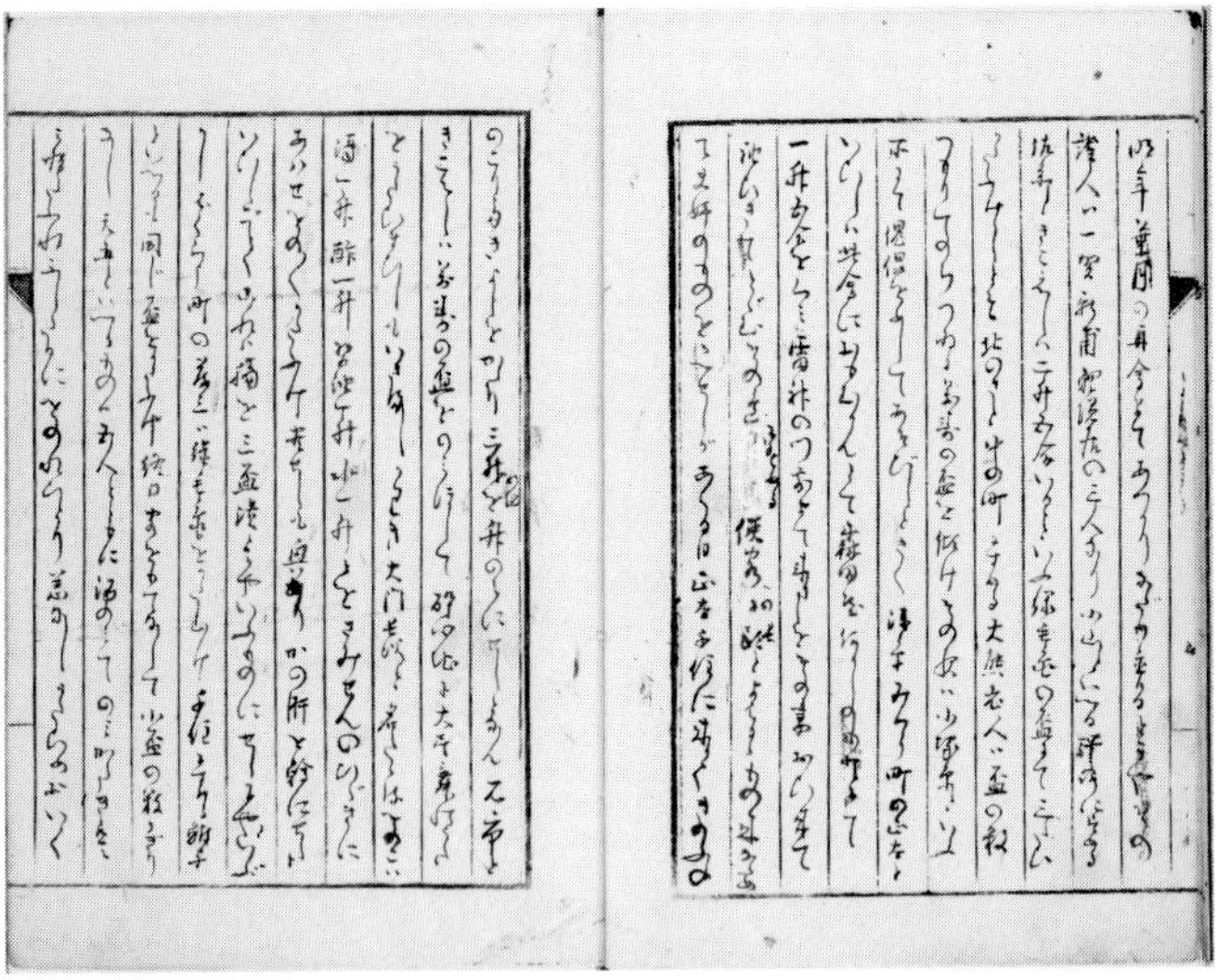

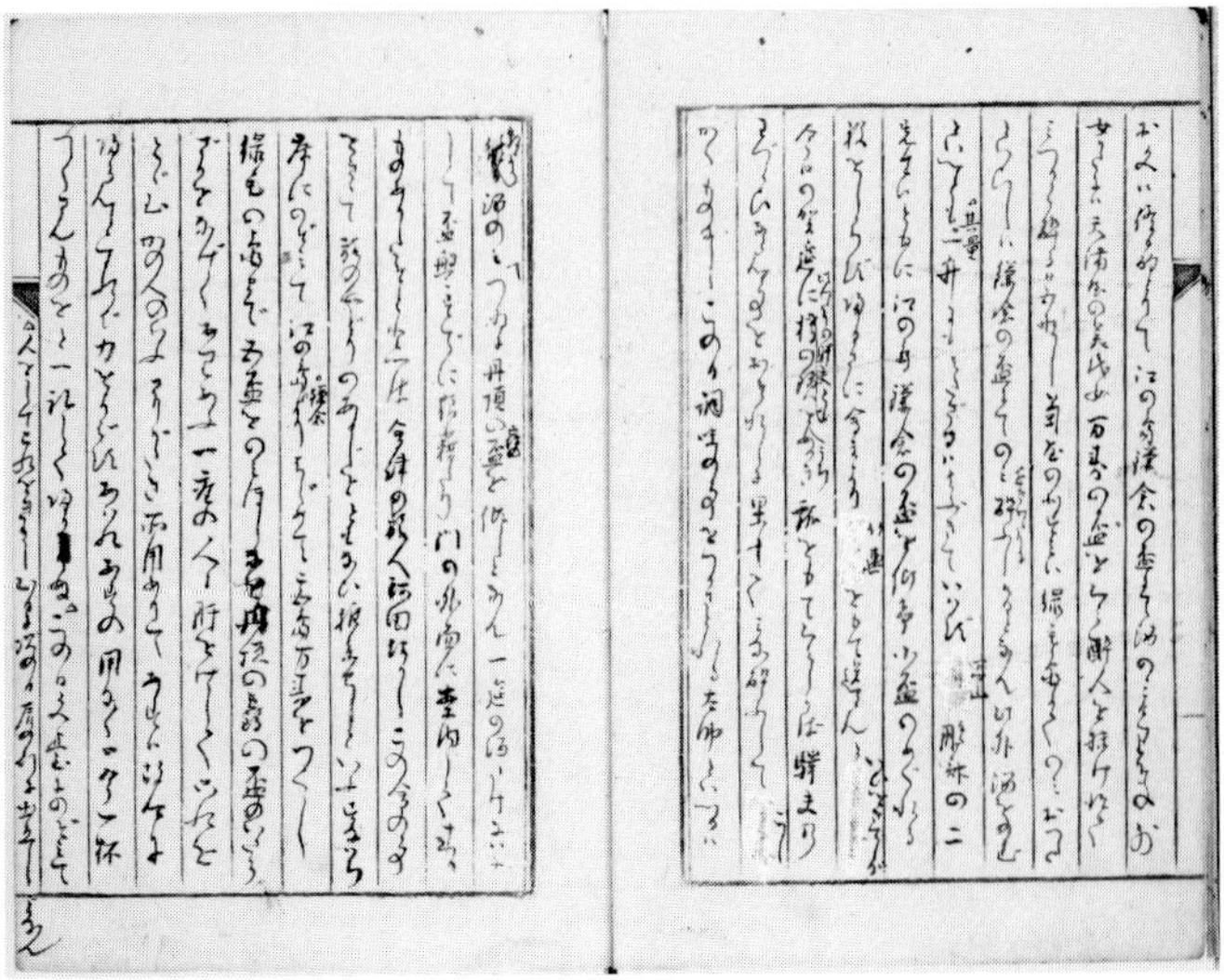

高陽闘飲巻

一話一言

国立公文書館内閣文庫蔵

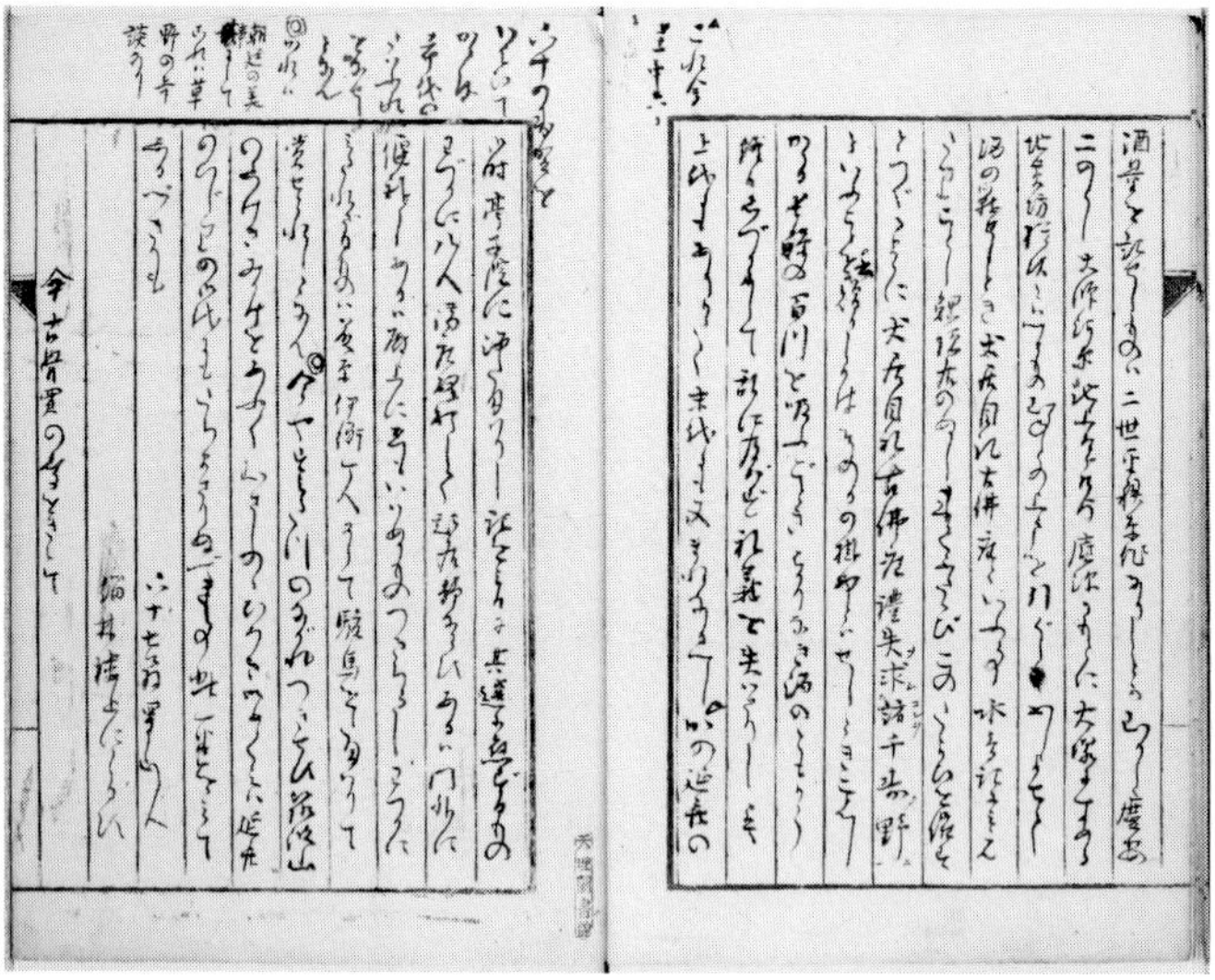

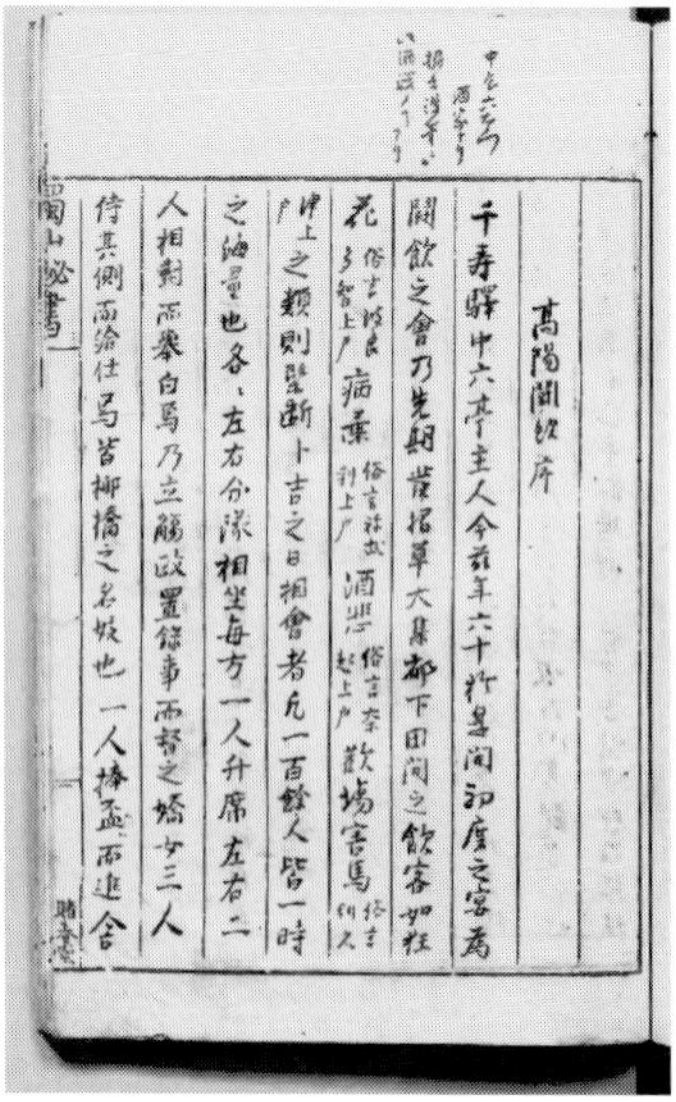
高陽闘飲序
千寿驛中六亭主人今茲年六十祝寿聞初度之宴爲
闘飲之會乃先期掲草大書都下田間之飲客如狂
花 病葉 酒悲 歓場害馬
之類則豎斷卜吉之日相會者凡一百餘人皆一時
之海量也各々左右分隊相望毎方一人升席左右二
人相對而拳白馬乃立籌政置録事而記之嬌女三人
侍其側而給仕焉皆柳橋之名妓也一人捧盃而進舎

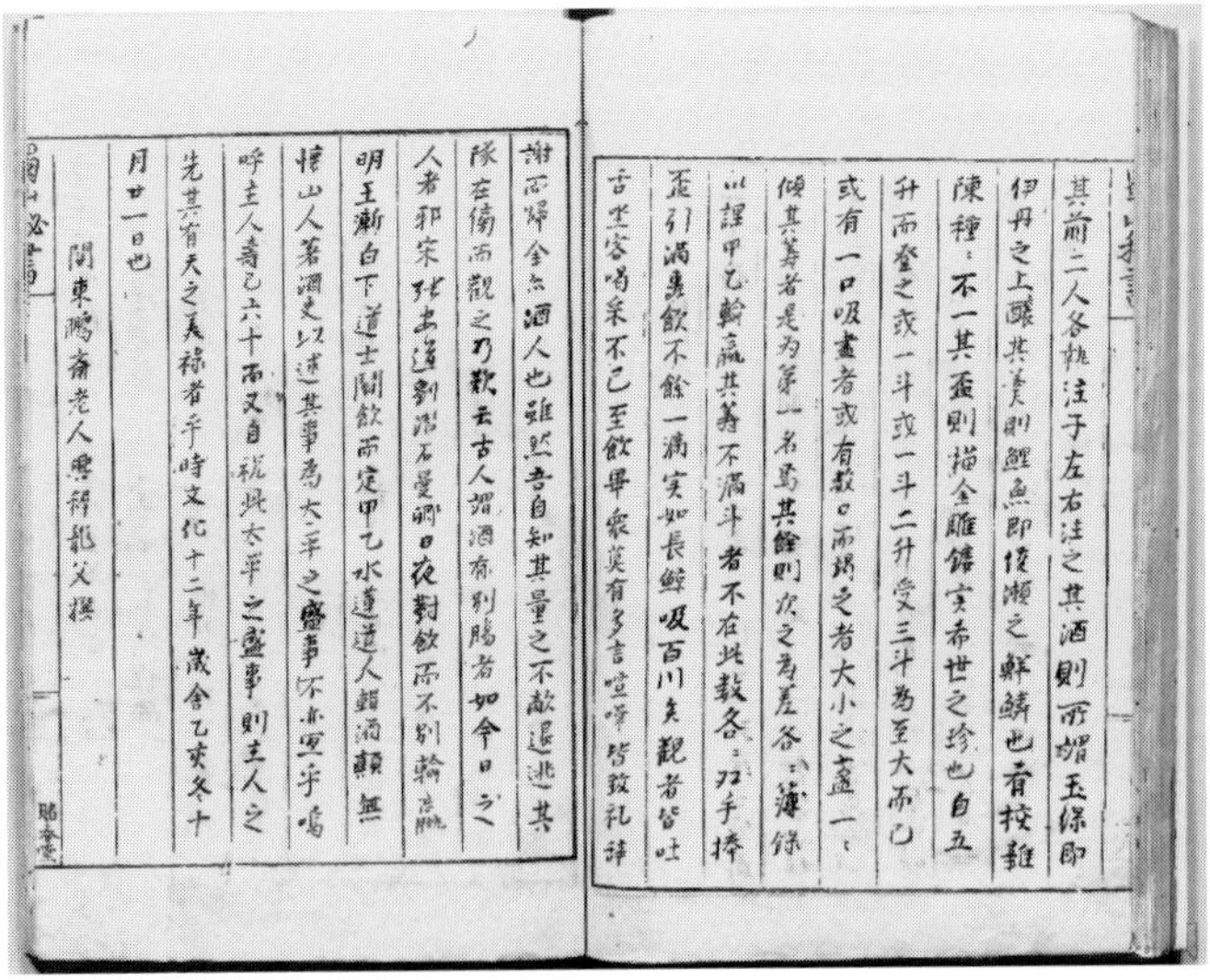

其前二人各執注子左右注之其酒則所蓄玉緑即
伊丹之上醸其羮則鯉魚即後瀬之鮮鱗也肴核雖
陳種々不一其盃則描金雕鏤実希世之珍也自五
升而登之或一斗或一斗二升受三斗為至大而已
或有一口吸盡者或有数口而竭之者大小之盞一々
傾其籌者是為第一名焉其餘則次之為差各々簿録
以謂甲乙輸贏其籌不満斗者不在此数各々叉手捧
盃引満亟飲不餘一滴実如長鯨吸百川矣観者皆吐
舌坐客喝采不已至飲畢衆莫有多言喧嘩皆致礼辞

謝而帰全然酒人也雖然吾自知其量之不敢退逃其
隊在傍而観之乃歎云古人謂酒有別腸者如今日々之
人者邪宋張安道劉潜石曼卿日夜對飲而不別輸贏
明王漸白下道士閑飲而定甲乙水蓮道人韜酒顛無
懐山人著酒史以述其事為太平之盛事不亦宜乎嗚
呼主人壽已六十而又自祝此太平之盛事則主人之
先其有天之美禄者乎時文化十二年歳舎乙亥冬十
月廿一日也

関東鵬斎老人興稱龍父撰

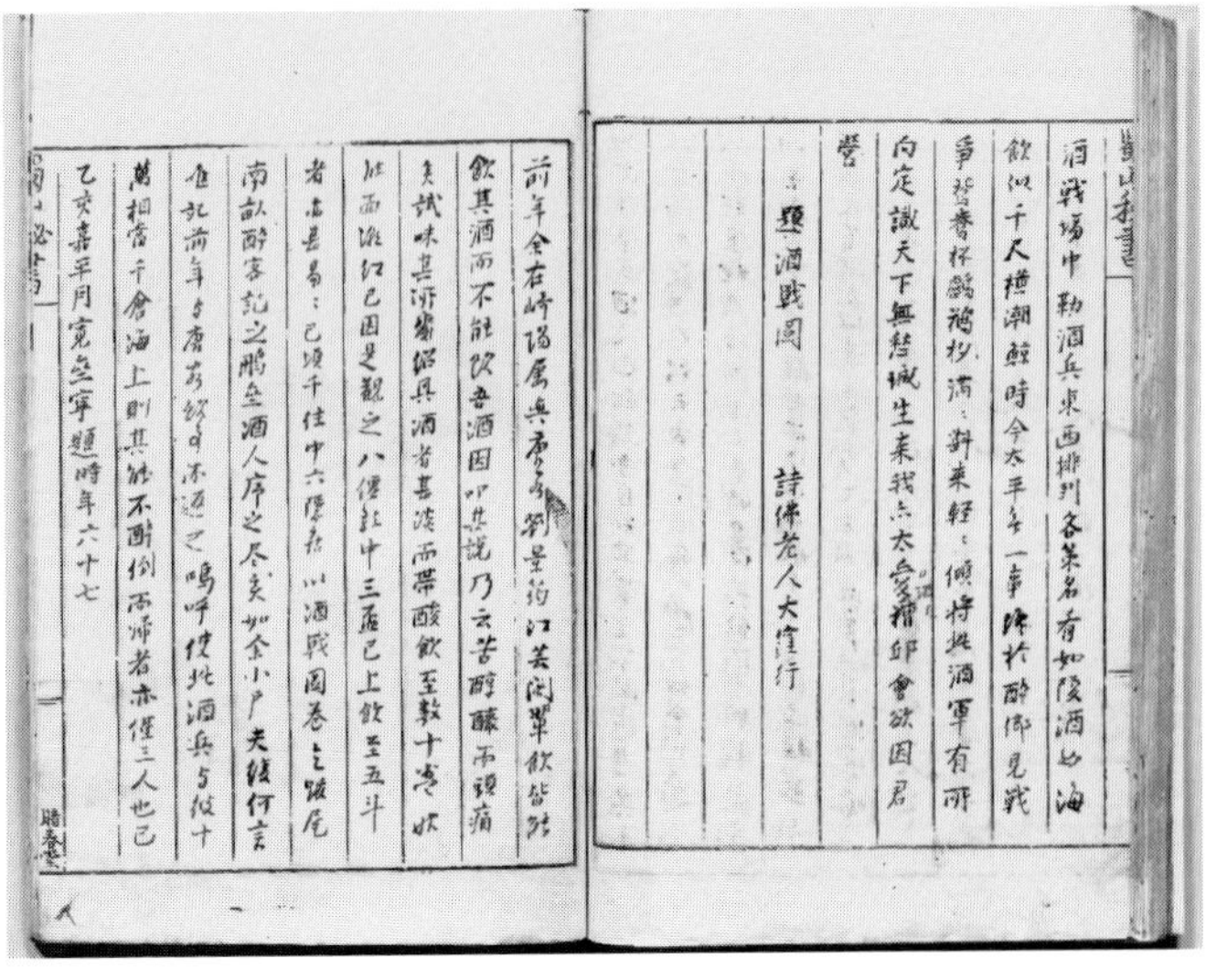

酒戦場中勅酒兵東西排列各策名看如陵酒如海
飲似千人標潮鯨時今太平々一事降於酔郷見戦
争皆賽杯觴猶杓酒々斟来軽々傾将此酒軍有所
向定識天下無愁城生来我亦太多病卯會欲因君
營

題酒戦図

詩佛老人大窪行

前年余在崎陽屢與唐客劉景筠江芸閣輩飲皆能
飲其酒而不能飲吾酒因叩其説乃云吾醇醲而頭痛
矣試味吾所謂兵酒者甚淡而帯酸飲至数十壺不
然而我乃已因是観之八僊社中三盃已上飲至五斗
者亦甚易々已頃千住中六隠居以酒戦図巻乞跋尾
南畝酔客記之鵬斎酒人序之尽矣如余小戸夫復何言
唯記前年与唐客飲事而不過之嗚呼使此酒兵与彼十
萬相當千倉酒上則其能不斷倒而帰者亦僅三人也已
乙亥嘉平月寛斎寧題時年六十七

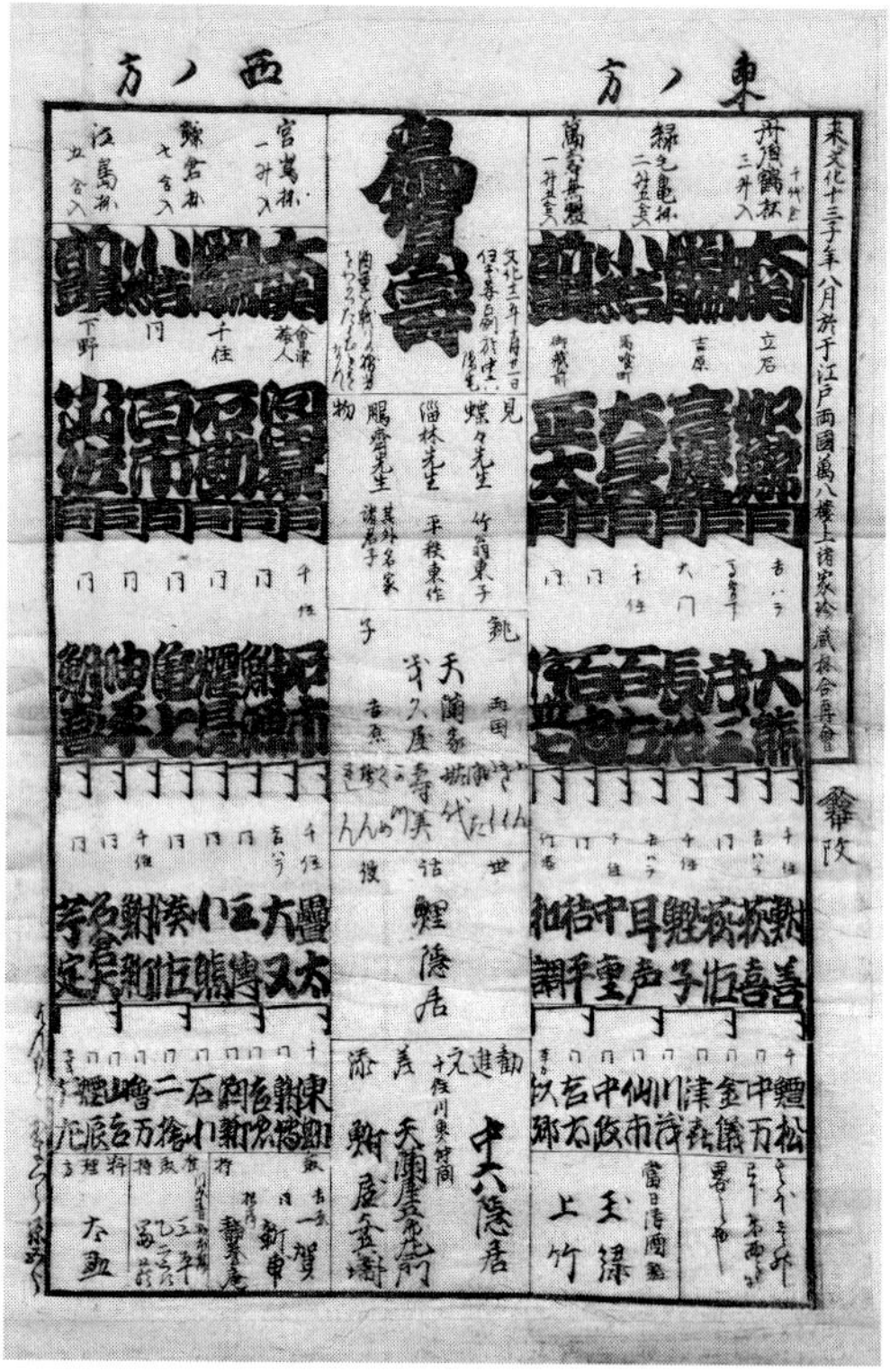

織畑家文書「酒戦会番付」足立区立郷土博物館蔵

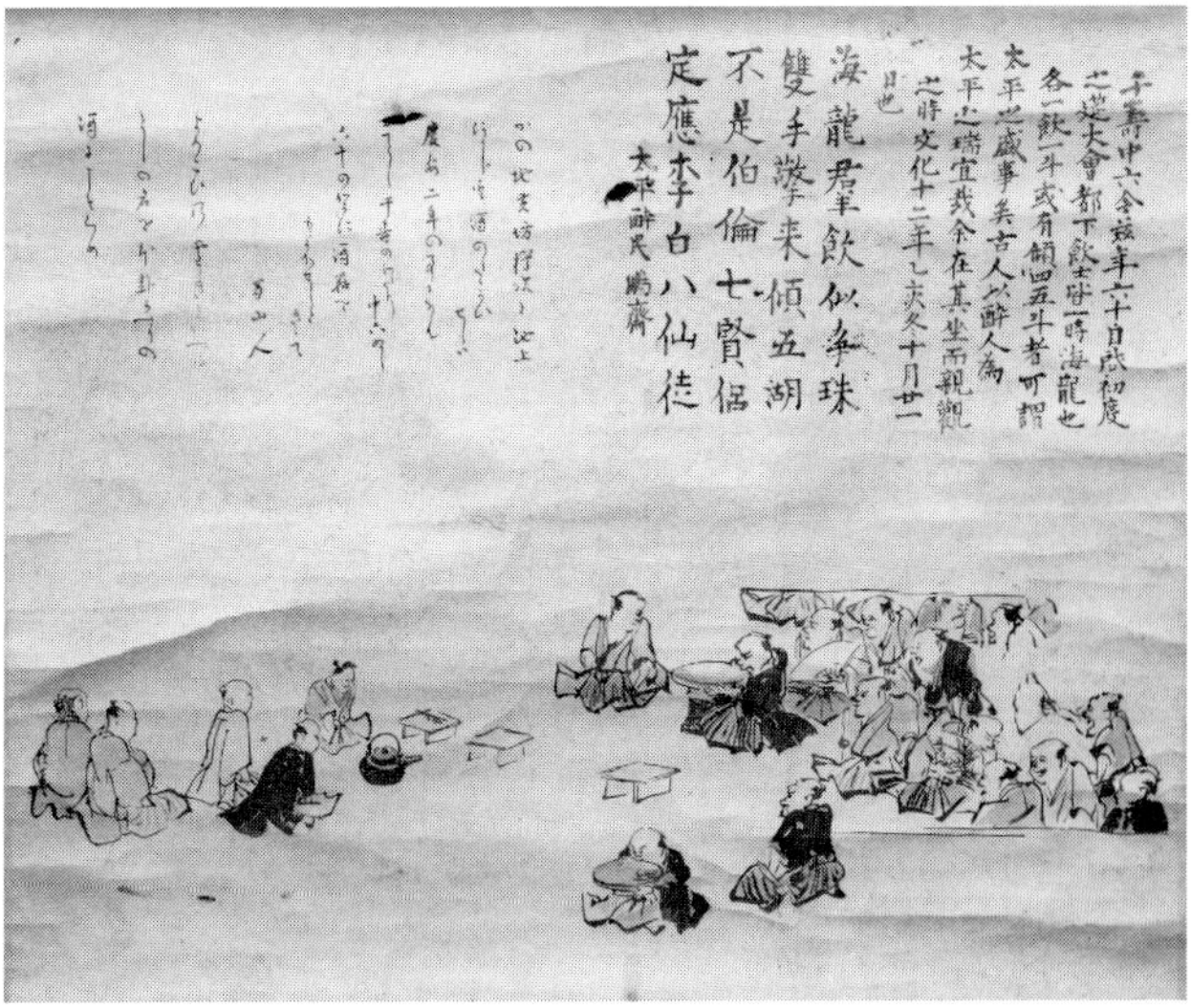

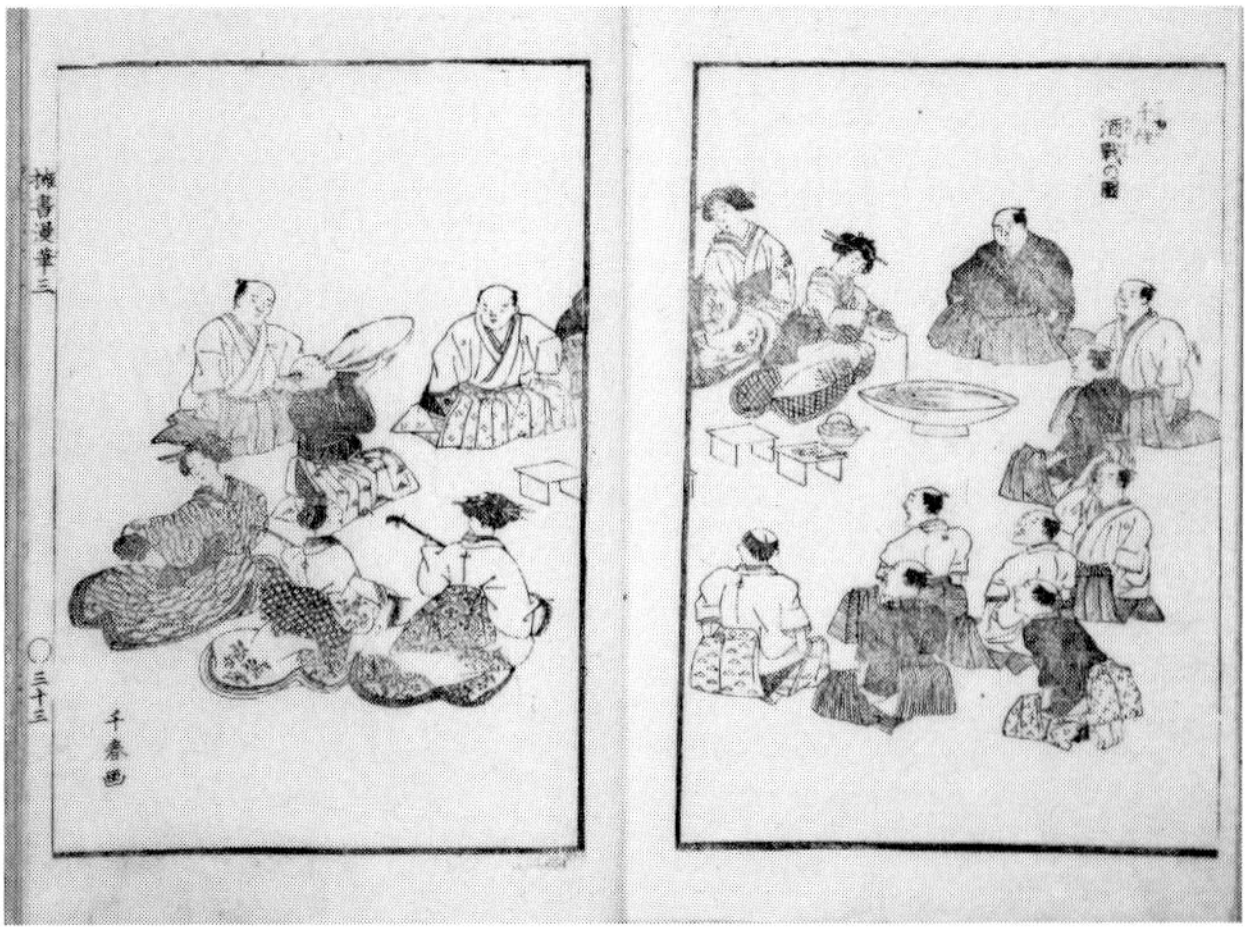

上　織畑家文書『一枚刷り闘飲図』足立区立郷土博物館蔵
下　『擁書漫筆』挿図　足立区立郷土博物館蔵

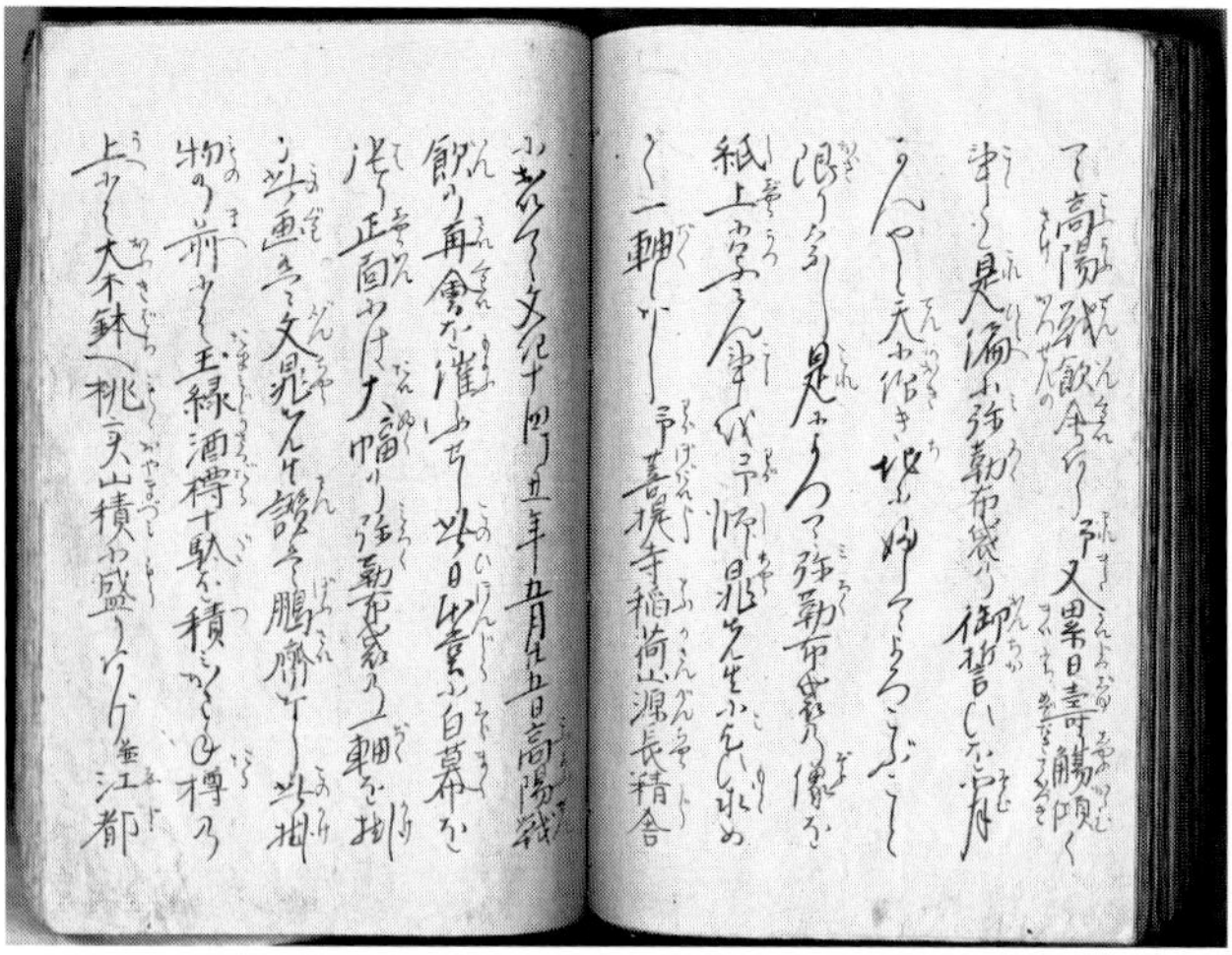

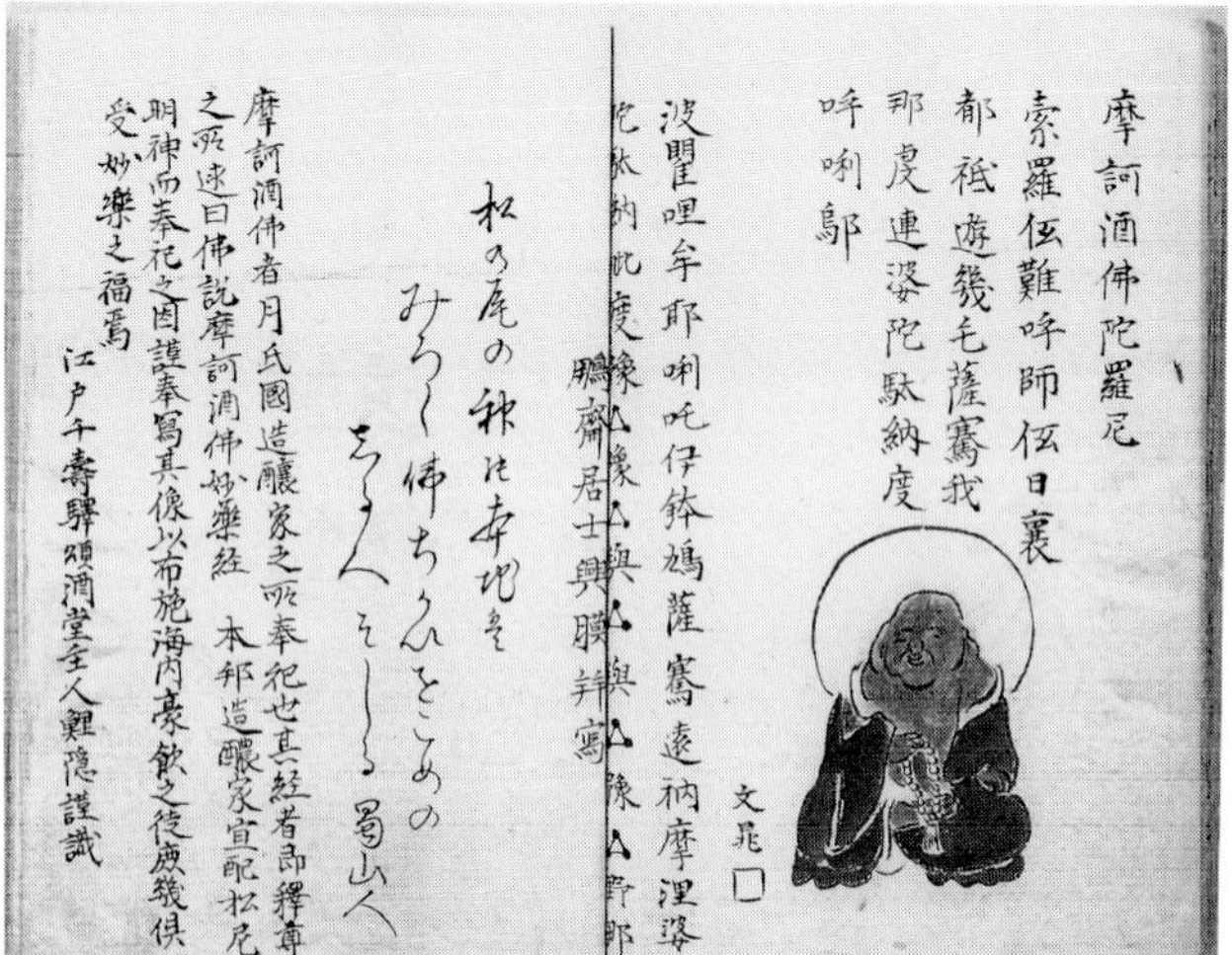

上　永野家文書『旧考録』足立区立郷土博物館蔵
下　「弥勒布袋図写し」『街談文々集要』国立公文書館内閣文庫蔵

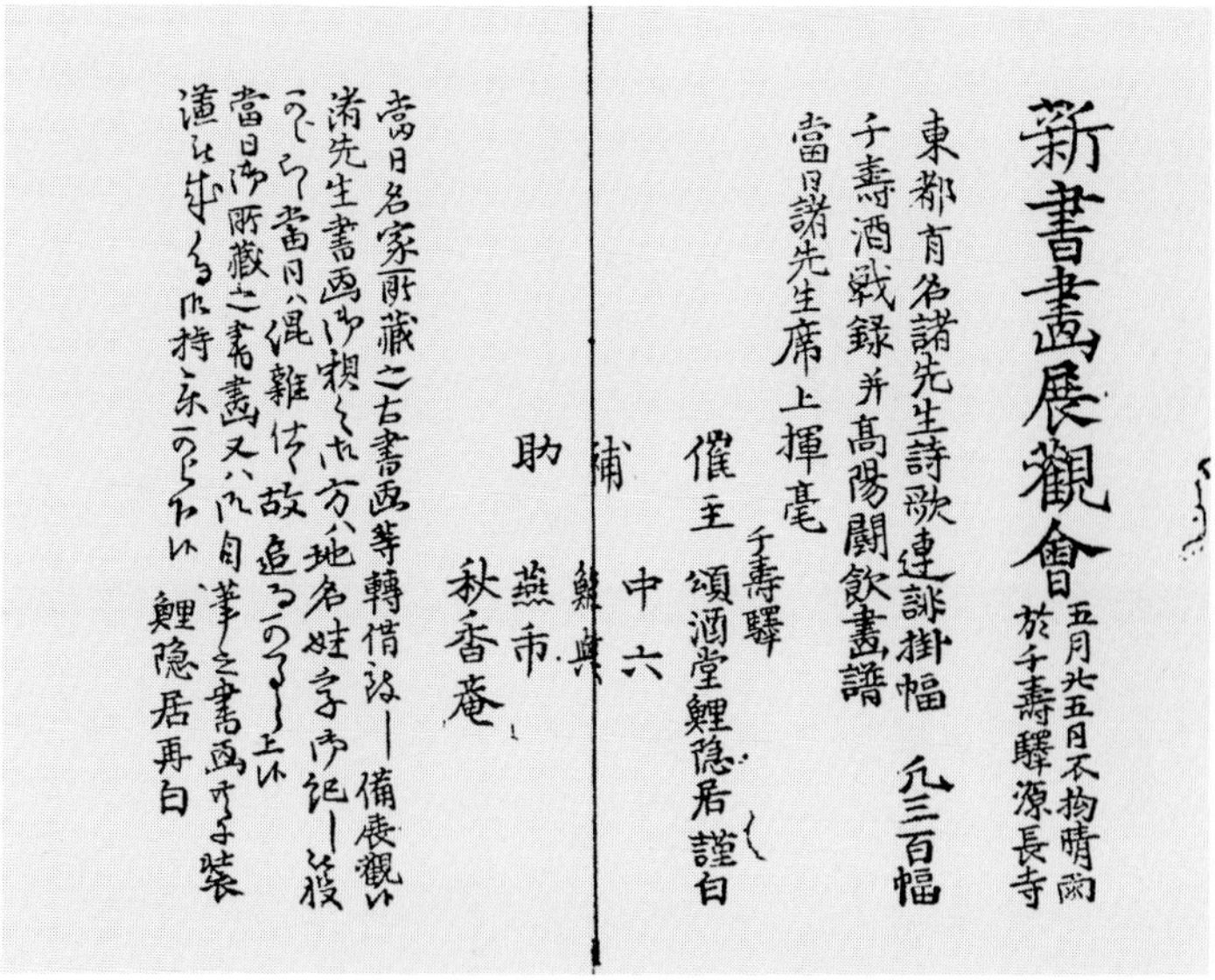

新書畫展觀會 五月廿五日不拘晴雨 於千壽驛源長寺

東都有名諸先生詩歌連誹掛幅 凡三百幅

千壽酒戦録并高陽闘飲畫譜

當日諸先生席上揮毫

催主 千壽驛 頌酒堂鯉隠居 謹白

補 中六 鯨與

助 燕市 秋香庵

當日名家所蔵之古書画等轉借致し備展觀候

諸先生書画御覧之方ハ地名姓名字御記し被

下候 當日ハ混雑仕候故追ゝ御覧可被下候 以上

當日御所蔵之書画又ハ御自筆之書画御表装

遣候ハゝ御持参可被下候 鯉隠居再白

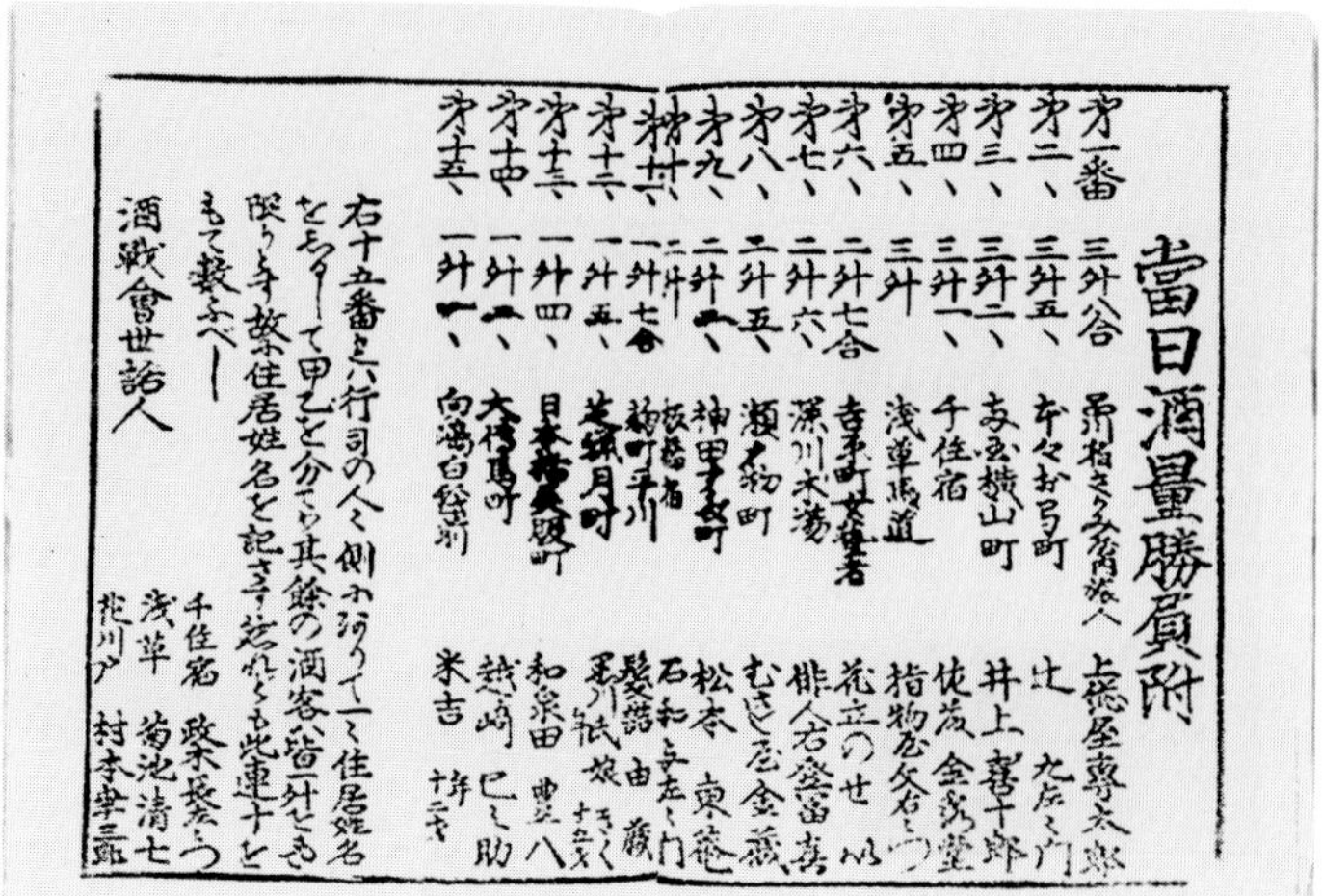

當日酒量勝負附

第一番	三升八合	馬喰町さゝ屋内旅人	大熊屋喜太郎
第二、	三升五、	本郷お弓町	辻 九右衛門
第三、	三升二、	麻布横山町	井上 喜十郎
第四、	三升一、	千住宿	佐茂 金次郎
第五、	三升	浅草馬道	指物屋文右衛門
第六、	二升七合	吉原町大文字屋者	花立のせ 以
第七、	二升六、	深川木場	俳人石野富英
第八、	二升五、	瀬戸物町	むさし屋金蔵、
第九、	二升一、	神田末広町	松本 東蔵
第十、	二升	板橋宿	石和 兵左衛門
第十一、	一升七合	新町平川	髪結 由蔵
第十二、	一升五、	芝神明町	紙漉娘 十三歳
第十三、	一升四、	日本橋本銀町	和泉田 豊八
第十四、	一升一、	大伝馬町	越崎 巳之助
第十五、	一升一、	向島白鬚前	米吉 十二才

右十五番之外行司の人々側ニ而呑候て一々住居姓名をしるして甲乙を分つ 其餘の酒客ハ皆一升ニも限らず 故に住居姓名を記さず 然れとも此連十をもて数ふべし

酒戦會世話人
千住宿 坂本長三郎
浅草 菊池清七
北川ア 村井学三郎

『街談文々集要』国立公文書館内閣文庫蔵

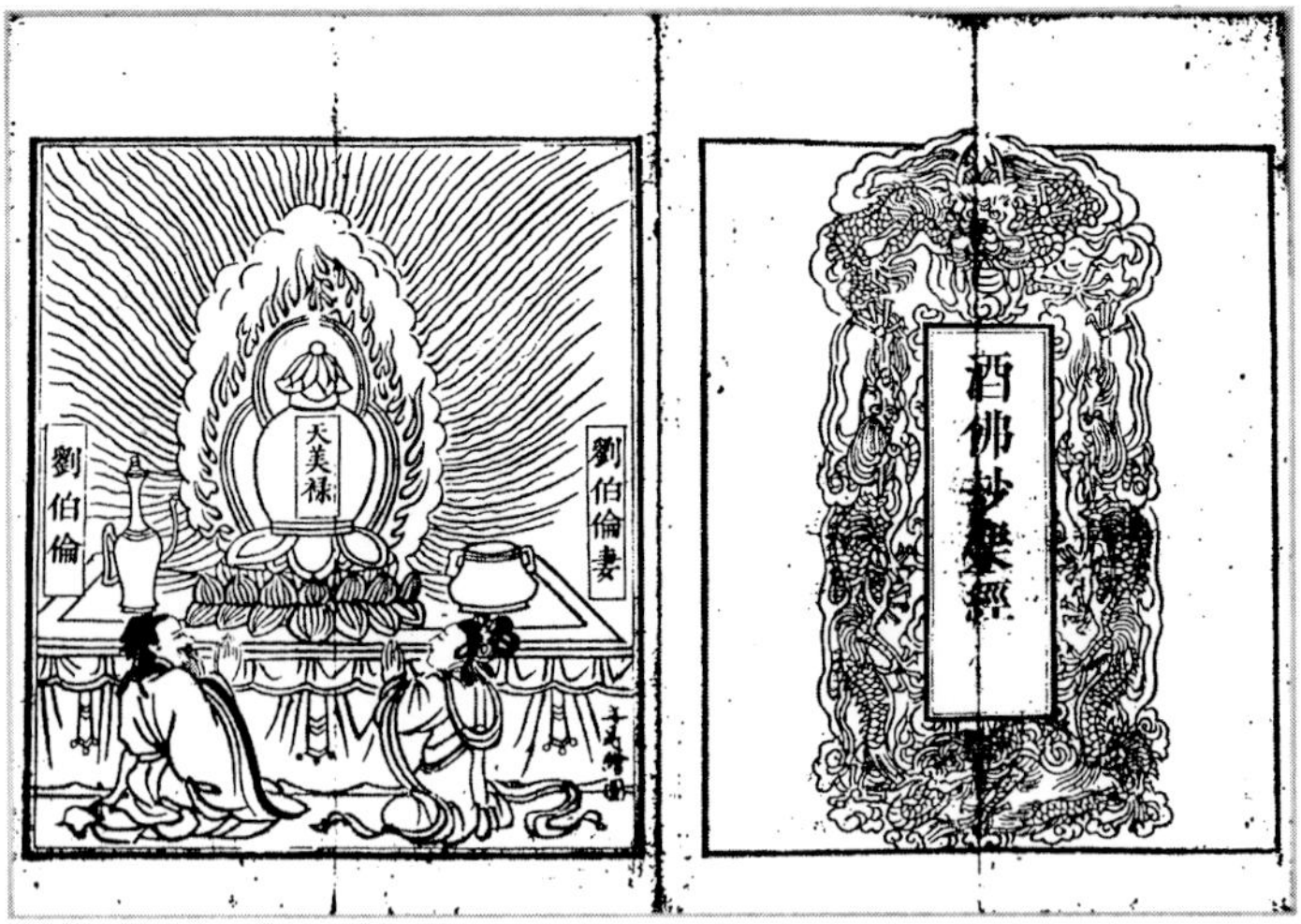

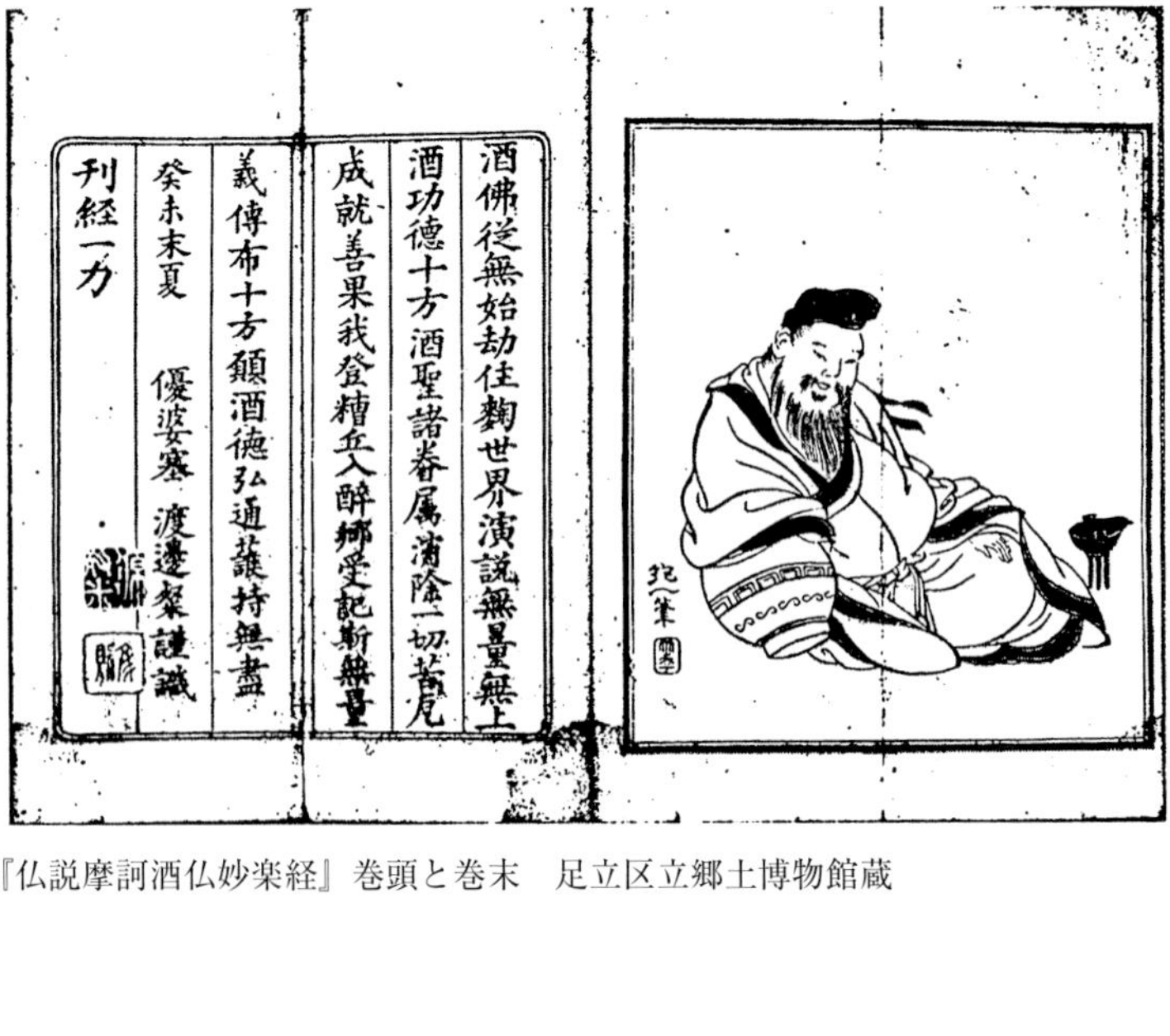

『仏説摩訶酒仏妙楽経』巻頭と巻末　足立区立郷土博物館蔵

目次

第一章　千住の酒合戦とは

一　千住の酒合戦とは何か

文化十二年十月二十一日（西暦一八一五年十一月二十一日）江戸北郊千住宿、現在の足立区千住一丁目の飛脚宿の隠居中六こと中屋六右衛門の家で還暦の祝いがあり、その余興に酒の飲みくらべの大酒会がおこなわれた。世にいう「千住の酒合戦」である。あらかじめ案内を送り、大酒会に参加した者は百人余り、これに当時の著名人で下谷の三幅対といわれた、酒井抱一《ほういつ》・亀田鵬斎《ぼうさい》・谷文晁《ぶんちょう》をはじめとする文人・画家が見物人として招かれ大いに盛り上がったようである。この大酒会の様子は録事《ろくじ》（記録係）となった二世平秩東作《へづつとうさく》がまとめ、それを主催者の依頼を受けて大田南畝《なんぽ》が『後水鳥記』（読みは国書総目録の統一書目に従えば「ごすいちょうき」）と名付けた戯文に仕上げた。

この会のあと、見物の文人・画家らに依頼して会の様子を『高陽闘飲巻《こうようとういんのまき》』（国書総目録の統一書目では「闘飲図巻」）と名付けられた図巻が制作された。跋文に「乙亥嘉平月《おつがいかへいのつき》（文化十二年十二月）」と記され、南畝の文にも言及していることから、南畝の「後水鳥記」もこの時期までに成立し、ほどなく図巻に仕立てられたものと考えられる。この『高陽闘飲巻』は、その名のとおり、鵬斎の「高陽闘飲」の大書と漢文序、抱一の門前図、南畝の後水鳥記、谷文晁・文一《ぶんいつ》合作の酒戦図、大窪詩仏《しぶつ》の漢詩、狩野素川彰信《そせんあきのぶ》の盃図、市河寛斎《かんさい》の漢文跋で構成される高さ三十センチメートル程、長さ十七メートル近い大作である。

かつて、足立区立郷土博物館で「千住の酒合戦」をテーマとした展示会に携わった際に、複数の図巻や冊子に写したものを間近に見る機会を得た。その中にニューヨーク・パブリック・ライブラリーのスペンサー・コレクション所蔵のものがあった。当初は海外流出した「原本又は原本に準ずべきもの」(弘文荘『スペンサー・コレクション蔵　日本絵入本及絵本目録』)とおもわれたが、実際に手に取って見るとだいぶ様子が違うものであった。巻頭が文晁の「太平餘化《たいへいよか》」の大書に変わる。南畝の後水鳥記には酒盃の名称に「緑毛亀盃《みのがめのさかずき》」の書き漏れがあり、抱一の名前が他の図巻の「屠龍公《とりょうこう》」から「抱一君」となる差異がある。成立時期を違える別本の可能性が考えられるものである。彩色、筆跡などから見て原本とはいえないものであり、海外にある品位の低い写しという認識から、それ以上の追及はおこなわないままであった。

その後、『国書総目録』に「闘飲図巻」として記載のある早稲田大学図書館蔵『闘飲図巻』がインターネット上に画像公開されているのを見るとこれが別本であった。ただし、原本を拝見させて頂くと、箱書に「闘飲圖巻　摸本」とあるとおり精密な摸本で落款印も丁寧に描かれたものである。ニューヨーク本(題簽《だいせん》『闘飲記』)と構成は変わらないが、彩色や題簽が異なるものである。

さらに、足立区立郷土博物館が図巻を入手したのを知り、こちらも拝見させて頂いた。『後水鳥記』

の題簽があり、文一筆の闘飲図部分と南畝の後水鳥記別本を記した抄録版であった。見返しに「春城清玩」の蔵書印があり、早稲田大学の初代図書館長市島春城《しゅんじょう》氏の旧蔵品であることがわかる。この『後水鳥記』の闘飲図は描写が丁寧なものだが、図柄が特異である。他の図巻は参加者の脇に提げ弦つきの銚子を傍に置く者がいるだけだが、この図巻では参加者の大盃に銚子から酒を注いでいる。

　国内にも複数の別本が存在し、それぞれ性格が違うものと思われる。この別本の成立には何か契機となった事があったのであろう。それはもう一つの酒合戦といわれる文化十四年五月二十五日（西暦一八一七年七月九日）、千住掃部宿《かもんじゅく》（足立区千住仲町）源長寺で開催された書画会ではないかと考える。書画会引札に「千寿酒戦録 并《ならびに》 高陽闘飲図譜」とあることから別本『闘飲記』が展覧されていたと考える。

　後水鳥記を記すきっかけとなった「千住の酒合戦」は酒の飲みくらべというだけでなく、文化的な一大イベントでもあった。喜多村信節《のぶよ》の『嬉遊笑覧《きゆうしょうらん》』自筆本に[1]「文化十二年十月廿一日、千住宿中屋六右衛門といへるもの、六十の年賀に酒の飲みくらべしたり、其時諸方の詩歌を求めけるに、おのれも狂歌を一首かきてやりぬ。七里の賑のみか飲むことは鯨にまさる人の酒もり」とあり、多くの人に詩歌をお願いしたようである。南畝の『七々集』[2]にも「千住にすめる中屋六右衛門六十の寿に、酒のむ人をつどへて酒合戦をなすときゝて、かの慶安二年の水鳥記を思ひて、よろこびの安きためしのとしの名を本卦がえりの酒にこそくめ、又、はかりなき大盃のたゝかひはいくらのみても乱に及ばず」と書き送っている。南畝はこればかりでなく、当日の掛け物の依頼を受け「犬居目礼古仏座、礼失求諸千寿野」という書を贈ったと「後水鳥記」に記している。信節は『嬉遊笑覧』で南畝は「犬《けん》虎《こ》目礼《もくれい》木《こ》仏座《ぶつのざ》」と書いたが、「犬居目礼古仏座《けんこもくれいこぶつのざ》」の誤りと指摘している。実際に掛け物となったのは「犬虎目礼木仏座」だが、「後水鳥記」では「犬居目礼古仏座」と書き直したようである。そしてさらに依頼があり「後水鳥記」を記し、図巻へと取りまとめられていった。『七々集』の後水鳥記草稿は、『水鳥記』からの引用部分は「犬居目礼古仏座」と記すが、最も原形に近いと思われる福嶋家本『高陽闘飲巻』では「犬居目礼古仏の座」のように「の」が入り、「犬」の字形が右上の「、」を横棒の下に打つ別体となる。この表記と字体は江戸版『水鳥記』と同じである。南畝は、信節の批判を受けて反論するのではなく、細心の注意を払って図巻の原稿を推敲したことがわかる。信節《のぶよ》は、犬居は犬の如く居る也、目礼は字の如く、目にていささか会釈するのみ、古仏座は少しも動かず居る、みな無礼講の振舞なるべしと解説する。博識といわれる南畝も犬虎《けんこ》の説明には窮したのかもしれない。「礼失求諸千寿野」は『漢書』「藝文志」にある「仲尼有言、禮失而求諸野」が出典と思われるが、孔子（仲尼）の言葉の本来の出典は不明である。

文化十二年は、文人の姓名など記す扇面亭編の『江戸當時諸家人名録初編』(3)や江戸の文人を格付した一枚刷り「書画番付」(4)の出版された年でもある。町や村の一般の人々に詩歌や書画の手ほどきして生活する職業文人といわれる人々の台頭とそれと表裏をなす書画会が流行した時期である。

『江戸当時諸家人名録初編』は江戸で最初に刊行された地域人名録で、姓の以呂波《いろは》順に一九五名の学者と文人の姓名・号・専門分野・住所が掲載される。南畝は「博識」、鵬斎は「学者詩書画」、文晁と文一は「画家」、詩仏は「詩書画家」、寛斎は「学者詩人」として載るが、狩野素川彰信と抱一の名はない。彰信はこの時期引退しているが元は表絵師、抱一は大名階級のため掲載されなかったものと思われる。

扇面亭のことは、式亭三馬の日記『式亭雑記』(5)のなかに文化八年の三馬が主催した書画会の記録が次のように記される。「辛未三月十二日、両国ばし向尾上町中村屋平吉方にて書画会、会主三馬（中略）当日世話役　扇面亭、（中略）扇面亭より雇人二人、（中略）扇面亭は、馬喰町肴店に住す扇屋伝四郎が事也、会席にて、扇子、唐紙《とうし》、短冊等を商う人（中略）毛氈、硯の類は、扇面亭より損料にて貸す事也、至極便利にてよし、草履番人、酒番人とも、扇面亭より雇ひ人、甚だ事馴《なれ》たる者どもなり」

扇面亭は書画会の運営一切を請け負う業者で、諸家人名録も書画会開催にあたっての文人名簿の意味合いもあったものと考えられる。

書画会の盛んな様子は、南畝の文化八年閏二月一三日、李囿《りゆう》あて消息(6)でも知られる。

> 書画会と申候て日々所々の酒楼をかり切、書画之名人集会いたし候。右之引札《ひきふだ》くばり申候て日々之様に御坐《ござ》候《そうろう》。百人も二百人も来会いたし、酒食之果《はて》は青楼《せいろう》などへ参り申候。あまりおかしき事故《ゆえ》むかし晋之王義《(ママ)》之が曲水会之引札をこしらへ、右之書画会の札にまぜてくばり候へば、愚智之ものども真之事と心得、蘭亭はどこにある、王義《(ママ)》之とは何所之先生など〻尋《たずね》申もおかしく候。右書画会引札、曲水会之札とも御慰入御覧候。

曲水会とは、中国の永和九年（三五三）暮春の初め、王羲之《おうぎし》が会稽山陰（浙江省）の蘭亭に名士を招いて催した詩会である。せせらぎに浮かべた盃が流れ着く前に詩を賦し、詩ができなければ、罰として酒を飲む、文人ならではの雅宴である。その日、二篇の詩を成した者十一人、一篇の詩を成した者十五人、詩を成せず罰杯として酒を飲まされた者は十六人であった。王羲之はこの詩会で成った詩集の序文を揮毫した。王羲之の最高傑作と賞賛される蘭亭序である。江戸時代は蘭亭序は中国文化に追従する文人を通して知られるようになり珍重された。戯れに本当の書画会引札にまぎれさせて、曲水会の引札を作り配ったということである。配った引札には「曲水会　来三月三日　於会稽山陰蘭亭　催主王羲之再拝」として、王羲之を除く詩を詠んだ二十五人の名を上段に並べ、下段には詩を詠めなかった十六人の名を補助として載せている。蘭亭序のことを少しでも知っていれば、日付・場所・催主・参加者からパロディと判るように仕組んである。中国文化の素養のない人たちが蘭亭はどこにある、王羲之とは何所の先生と尋ねてくる可笑しさを、遠く離れた長崎の李圃《りゆう》に伝えたものである。書画会での飲食の果ては青楼（遊女屋）に繰り込むという文雅を離れたイベントの面を持ち合わせていた。

李圃は、南畝が文化元年の長崎派遣で、官舎の岩原屋敷に勤務していた時の岩原用達を兼務していた町乙名《まちおとな》（地役人）で豪商の中村作五郎である。長崎は幕府直轄地で長崎奉行が置かれたが、行政のほとんどは町乙名が取り仕切っていた。長崎奉行の専横を防ぐため長崎目付が置かれていたが、のちに幕府勘定方の交代勤務にかかわり、南畝も派遣された。南畝は、仕事を離れても李圃と気があったようで度々文通している。南畝の消息が現在も残っていることから李圃も南畝の消息を大事に保管していたことがわかる。

書画会が地方にも広がっていたことは、渡辺崋山の紀行記録『毛武游記《もうぶゆうき》』で知られる。天保二年（一八三二）十月、崋山は桐生・足利を旅していた。十月二十九日画家として知られていたことから岡田東《とう》塢《う》に誘われ、前小屋天神の書画会に弟子の高木梧庵を従え出席した。『毛武游記』は、翻刻の『補訂崋山全集』(7)で容易に見られるが、芳賀徹氏の『渡辺崋山　優しい旅びと』(8)原本の雰囲気のまま現代語訳されているので抄録させていただいた。山深い村の神社の縁日のような様子を描写している。こちらも、文雅の大衆化の一つの姿である。

藪塚、山ノ神、生品神社と田舎道をたどって、尾島の先から老爺のあやつるあやしげな小船で利根の急流をわたり、荒涼たる河原をよじ登っていくという行程だった。寒風の晴天に日光・赤城・浅間の山々がキラキラと磨きあげられたように浮かぶすばらしい眺望だが、また思いもかけぬ大変な辺鄙の地だった。藪のなかの道で、新しい布子に縄を帯にした老農夫が先を行くのを見かけ、梧庵に書画会の会所を訊《き》かせると、わしもそこに行くのだからついてこいとの返事。「こはいかに、かゝるむくつけき人のゆける」とはと驚き、なにかの勘ちがいだろうと、梧庵にもう一度、「書とて字をかき画とて絵をかく会」だと説明させると、老爺は怒ったように、そんな講釈は聞かずとも心得ている、黙ってついてこいとの言葉。さすが剛胆の崋山も呆れはてて後についてゆけば、たどり着いたのはこれまた凄いあばら家。なかでは髪もおどろの婆《ば》さま嬶《かか》さまが赤々と火を焚いて会食の準備をしている。岡田東塢が、さすがに彼自身も呆れ、面目ないといった顔を障子からのぞかせて、挨拶をした。会衆と押しあいながら立て膝で夕飯を喰い、こんどは書画会の会場という前小屋天神の御堂に赴くと、これはまた一段とすさまじい。この辺の百姓男女が階段まで溢れ、それを目当てに芋、鳥、酒、柿、唐紙《とうし》、扇面などを売る商人が群れている。堂内も別当の座敷も、障子も、襖がもともとないのか、はずしたのか、赤城、妙義おろしの風に吹きさらしで、壁や柱にさげた揮毫ずみの紙がはためくという光景。会衆の会費、紙に包んだ銭二緡《さし》二百文はうず高く積まれて富士山をなし、主催者というのを探せば、これは髪もそそけ垢づいた羽織をひっかけたむさくるしい男。雲山という相棒の絵師も岡田東塢もこの情景にはさすがにたじたじとなったが、崋山だけは、（中略）この田舎書画会をかえっておもしろいと思ってなかに乗りこんだ。そして暮れ方までこの田舎の爺さま婆さまどもを相手に、腕のかぎり画や扇面を書きまくってやったのである。

一方、「書画番付」は、江戸の文人たちを東西の大関・関脇・小結・前頭に格付配列した一枚刷りで、東は大関が亀田鵬斎、関脇が大窪詩仏、小結は谷文一など、西は大関が谷文晁、関脇が菊池五山、小結が市河米庵などで、行司には井上四明、大田南畝、市河寛斎が並ぶ。番付の格付をめぐり不平不満が噴出して、犯人捜しが行われ、関脇に位置付けられる詩仏と五山が資金を出していることが判明した。出版の動機について、揖斐高氏は『江戸の文人サロン』(9)のなかで、「職業文人である彼らにとって、生活の糧である書画の揮毫料や詩の添削料が、この種の番付の格付けによって左右されることは十分にあり得ることだった。（中略）実態の知られている江戸などの大都市ではともかく、情報の乏しい地方ではこの種の格付は、彼らに支払われる謝礼の目安として機能したはずである」と指摘される。職業文人の台頭に伴う騒動であったといえる。

闘飲図巻がつくられるようになり千住の酒合戦がいまに伝わるのも、職業文人の台頭あってのことである。

二 舞台となった千住宿

千住の酒合戦がおこなわれた千住宿の前に、現在の様子から見ることにする。東京都足立区の北千住駅のペデストリアン・デッキ（歩行者専用高架通路）で覆われた西口広場側に旧道といわれる日光道中の名残がある。北千住に行かれることがあれば、西口広場に面して建つ北千住マルイに先ず注目されたい。北千住マルイの十階でエレベーターを降りると正面に千住宿の五十分の一模型が展示してある。足立区立郷土博物館の展示物改修によりここに移されたものである。向かって右側が南になるように位置を定めて、千住宿一丁目とそれに連なる掃部宿と二丁目が復元される。右側に悪水堀（排水路）とそこに架かる千住小橋（字千住宿一丁目小橋）が見え、橋の脇に馬が繋がれているのが宿場の馬繋場（ミニチュアの馬がいる）で、隣が酒合戦の舞台となった中屋である。真向かいが宿場業務を取り仕切っていた問屋場で、責任者問屋のもと補佐の年寄と実務を取扱う帳付、馬指、人足指が詰めていた。また、橋の両側には髪結床があり、闘飲図巻で酒井抱一に描かれた門前図にも、橋と髪結床の一部が描かれる。模型を製作するために街並調査を行った一九八五年当時は古い建物も残っていたが、現在はごくありきたりの商店街が続くだけなので、酒合戦当時の様子を知る格好のお勧めスポットである（二〇二〇年九月現在）。

それでは、再び西口広場のマルイの前に戻る。マルイに向かって左側（西側）の道路は再開発で道幅が拡がったが元は宿場の裏道にあたる。駅前通りを西に国道四号方面に進み信号機のある所が旧日光道中との交差点である。この裏道から旧道までが、もともと一軒の敷地の長さにあたる。一つの建物があったわけでなく、街道に面して店があり、住居と蔵が続き、更に隠居所、庭、畑、貸家と連なっていた。裏道の外側は寺社と畑地があった。

駅前道路と旧道の交差点を右（北）に向かうと五丁目方面で五百メートル程進むと水戸佐倉道との分岐点に行きつく。左（南）に向かうと一丁目方面でやはり五百メートル程で中屋のあった場所につく。そのまま更に五百メートル程進めば掃部宿（千住仲町）・河原町（千住河原町）・橋戸町（千住橋戸町）を経て千住大橋に行きつく。千住大橋を渡ると荒川区南千住になるが、かつては旧町名の小塚原町・中村町も千住宿の一部とされていた。この十カ町を総称して千住宿と呼ばれたが、河原町・橋戸町を掃部宿に含めて数え千住八カ町と呼ばれていた。一丁目の中屋は千住大橋からほぼ一キロメートルの場所であった。

日光道中千住宿は江戸の北の出入口にあたり、東海道中品川宿、甲州道中内藤新宿、中山道板橋宿とならび江戸四宿と呼ばれている。日光道中は宇都宮までは奥州道中と重複するので、江戸時代の主要な街道である五街道のうち二つが千住宿を通っていた。四宿は江戸の出入口にあたるため、宿場というよりは、旅立つ人を送ってきて別れを惜しんだり、旅から帰ってきた人を迎える出会いの場であった。また江戸市中に隣接することから遊興の場として多くの人々で賑わっていた。千住一丁目から五丁目を本宿または千住北組、掃部宿に河原町・橋戸町を加えて千住中組、小塚原町・中村町を千住南組といった。南組の旅籠屋を中心に飯盛女（食売女）が置かれ遊里としても機能した。近郊農家と江戸市中をつなぐ流通の拠点でもあり、ヤッチャバと呼ばれた青物市場が河原町に立ち青物問屋が多くあり、地回り米を扱う米問屋も多かった。

天保十五年（一八四四）に幕府が五街道の宿場に提出させた「宿村大概帳[10]」という宿場の概要書によって、家数・人口を比べてみると千住宿が最も多いことがわかる。

千住宿　家数　二三七〇軒、人口　九九五六人、旅籠屋　五五軒
品川宿　家数　一五六一軒、人口　六八九〇人、旅籠屋　九三軒
内藤新宿　家数　六九八軒、人口　二三七七人、旅籠屋　二四軒
板橋宿　家数　五七三軒、人口　二四四八人、旅籠屋　五四軒

千住宿模型の解説書（『千住宿』足立区立郷土博物館）は、文政十年（一八二四）の「日光道中千住宿村差出明細帳」をもとに千住宿の暮らしの様子を述べている。

主な商売をあげると、太物（木綿や麻の太い糸の織物）・木綿・川魚・瀬戸物・米穀・干鰯（干イワシの肥料）・薬・酒・酢・醤油・味噌・荒物・塩肴・材木・薪・炭・古着・質屋・船問屋（舟運）などのさまざまな職業が並んでいる。職人も主なものは、大工三十二人、髪結三十二人、鳶《とび》十五人、桶職十四人、足袋八人、紺屋七人、屋根職十一人、蝋燭《ろうそく》四人、車力六十二人、船頭十八人というのが多いものである。このほかに髪結床が三十七軒、湯屋が六軒というのが目につく。髪結職人の三十二人の中には千住宿以

外に勤めているものもいるので髪結床三十七軒というのはかなり多いといえる。髪結床が多い理由は江戸に入る旅人が身だしなみを整えたものと考えられる。湯屋が六軒というのも村方でなく、町場であったことを示しているといえる。車力六十二人というのも青物市場へ物資を運び込んだり、市場から江戸市内に物資を運ぶ人たちと思われる。旅籠屋の数は増減があったが、文政十年では六十二軒、その内十五軒が平旅籠で残り四十七軒が飯盛女を置く食売旅籠である。飯盛女の数は、明和元年（一七六四）から品川宿全体で五百人、千住宿、板橋宿、内藤新宿はそれぞれ百五十人に定められた。江戸から町続きの宿場であったことがわかる。

酒合戦の舞台となった千住一丁目の飛脚宿中屋は、飛脚の取次と昼食の提供をする茶屋を合わせて営み、六右衛門は問屋場の年寄も勤めている。飛脚宿は飛脚の常宿という印だが、使い勝手のよい宿という一種の商標だったようで、『旅行須知《りょこうしゅち》』(11)という武士の旅行の詳細な指導書では、飛脚宿の宿泊を勧めている。

旅行須知（安政二乙卯年十二月下旬房州北條於御陣屋寫之　岩藤傳太郎源義方）

獨《ひとり》道中する時ハ或ハ夜深なとして泊る處《ところ》なくは飛脚宿といふに泊るへし、飛脚宿ハ何時《いつ》にても旅人を留るなり、其上《そのうえ》ニ風呂とも常ニ立てをる故《ゆえ》ニ夜遅く泊りても勝手甚よろし、宿《しゅく》ニも飛脚宿のある所ハ甚宜しき也、飛脚宿ハ上下人數少《にんずうすくなく》ても泊るなりこの記事の前には、凶宅として泊まってはいけない宿を、具体的に名称と理由をあげている。妖怪の事とは、騒がしいこととしているが、鼠《ねずみ》や蟇蛙《ひきがえる》はともかく、枕返しや虚無僧妖怪となると、まさに妖怪の出る宿に対する注意である。

道中處《ところ》ニ依て凶宅あり、夜中ニ妖怪の事ある八物騒しくあしく、金谷に黒木屋七郎兵衛と云者《いうもの》有凶宅のよし、沼津に左加《か》わ藤田屋金兵衛といふて夜中鼠多く出て妖怪をするといへり鼠宿とい丶来り、外《ほか》ニ本陣助左衛門宅に枕返しをする聞有、間宮喜左衛處《ところ》に虚無僧妖怪有、高田彌三左衛門處《ところ》におと斗《と》の蟇《がま》といへり、坂の下ニ大竹屋小竹屋といふ旅籠屋有是《これ》も妖怪の事ありとそ

安政二年（一八五五）の安房国北條（千葉県館山市）は、海辺防備のため備前岡山の池田慶政が幕府より警備を命じられていて、ここに陣屋が設けられた。岩藤傳太郎は北條に派遣された岡山藩士と考えられる。須知とは「ぜひ知っていること」の意味である。

三　闘飲図巻の文人たち

闘飲図巻にかかわった、八人の文人画家の人物を紹介する。

大田南畝　寛延二年（一七四九）三月三日、牛込中御徒町の御徒組《おかちぐみ》の組屋敷の生まれ。大田家は代々、幕府の徒士《かち》衆を勤める小身の幕臣である。本名は覃《ふかし》、通称は直次郎。狂歌名は四方赤良、蜀山人。狂

詩号に寝惚先生。戯号に山手馬鹿人。その他の号多数。十五歳から内山賀邸に国学と和歌を、十八歳から松崎観海に漢詩文を学ぶ。狂歌で名を上げるが、洒落本、黄表紙も執筆。四十六歳で第二回学問吟味に御目見以下の筆頭成績で合格、二年後に支配勘定となる。寛政十三年（一八〇一）大坂銅座出張。文化元年（一八〇四）長崎奉行詰に二度目の抜擢、長崎ではロシアのレザーノフ来航に遭遇、初めてコーヒーを飲む。文化五年六十歳で最後の出張となる玉川巡視の傍ら、川崎の大師河原村を訪れる。この間、文政五年まで四十八年間に及ぶ筆録『一話一言』書き続けた。揮毫を乞う者が多く、毎月十九日に自宅で会を開いたが、亀屋と呼ばれた文宝亭こと亀家久右衛門に代筆させていた。文化十二年には六十七歳。文政六年（一八二三）四月六日、七十五歳で没す。住いは駿河台太田稲荷向。

亀田鵬斎　学者・詩人・書家・画家として知られる。名を長興、初名は翼、字は穉竜、号は鵬斎を早くから用い、善身堂とも号した。通称を文左衛門という。宝暦二年（一七五二）十月四日に江戸の鼈甲商の家に生まれる。十四歳で医学塾である躋壽館で井上金峨から儒学を学ぶ。二十三歳の頃、最初の家塾を開く。三十四歳で駿河台に育英堂を開く。寛政異学の禁で批判を受けたという。四十六歳の時に本所出村に退隠。五十歳の時下谷金杉に移り、以後は酒徒を以って任じる。多くの著述を残して、文政九年三月九日に七十五歳で没す。文化十二年には六十四歳。

谷文晁　江戸画壇の大御所といわれた画家である。名を文晁、字も文晁、通称を文五郎という。宝暦十三年（一七六三）九月九日、田安家家臣の家に生まれた。文晁も田安家奥詰見習となり、後に老中職にあった松平定信付となる。画ははじめ狩野派を学んだ。南宗画、北宗画、西洋画を加えた折衷的画風を生んだ。また書画会の初めは寛政四年（一七九二）に文晁や妻の幹々らが柳橋万八楼に集って書画を揮毫したのが最初といわれる。野村文紹『写山楼の記』に中年迄は酒を禁じ、後年殊の外酒をたしなみ、日々朝より酒宴始、夜に入迄もたえずとあり、非常に酒を嗜んだ。文化十二年には五十三歳。天保十一年（一八四〇）十二月十四日に七十八歳で没す。住いは武家地の通称・下谷二長町。

谷文一　文晁の養子で画家。文晁と同居していた。名を文一、字も文一、号を痴斎といった。天明七年（一七八七）生れ、江戸の人で薬研堀の医師利光寛造の子であったが、乞われて文晁の娘婿で養嗣子となり、画法を養父に受けて最も妙手となった。文化十五年三月八日に三十二歳で没した。南畝の『丁《てい》丑《ちゅう》掌《しょう》記《き》』に三、四年前より羸《るい》病《びょう》にて近頃愈たりしが遂に亡せりとある。文化十二年には二十九歳、すでに病んでいた。病床にあっても画を乞われれば応じたという。

大窪詩仏　詩人・書家として知られる。明和四年（一七六七）に常陸国で生れる。父が江戸日本橋で小児科医を開業すると、父について医業を学ぶが父の死により二十四歳で詩人に転身する。名は行、字は天民、通称は柳太郎という。詩仏は号でほかに痩梅・江山翁などがある。堂号に、既酔亭・詩聖堂・江山詩屋などがある。もっとも通用しているのが詩仏である。当時の医学の基礎学問は儒学であった。詩仏も医術修行のかたわら山中天水の塾で儒学を学んだ。市河寛斎の江湖詩社に参加、さらに山本北山の奚疑塾に入門し詩人としての基礎を固めた。父の死後は、文雅を好む地方豪農などに寄食して書画を揮毫して潤筆料を稼ぐ遊歴生活を送る。文化三年神田お玉が池に新居を構え、杜甫の像を祀り改めて詩聖堂と名付けた。文化十二年は四十九歳。天保八年（一八三七）二月十一日、七十一歳で没す。

市河寛斎　学者・詩人として知られる。寛延二年（一七四九）六月十六日、川越江戸定府の山瀬蘭臺の次男として生まれる。蘭臺はもと市川氏の出である。十九歳のとき山瀬新平と称していた寛斎は川越藩主秋元侯に召し出されたが、二十七歳の時に士籍をぬけ、父祖の地である上州下仁田に身を寄せ、山瀬の姓から父の本姓である市川小左衛門と称するようになる。やがて市川を市河と書くようになり定着する。名は世寧、字は子静、号は西野・半江・寛斎などだが、通用は寛斎である。二十八歳の時、幕府大学頭林家に入門し、湯島聖堂に付属する林家の塾舎に寄宿する。三十四歳で林家塾舎の塾長となるが寛政異学の禁により職を辞する。これをきっかけに江湖詩社を結成し、詩人として歩み出す。生計のため富山藩に仕官、江戸定府のはずが隔年国元勤務となり、以後六十三歳で致仕するまで家族を江戸に残し隔年詰であった。隠居後、旧知の牧野成傑《しげたけ》の長崎奉行赴任に随行して文化十年から十一年まで一年に渡る長崎滞在で清人たちとの筆談での交流をした。文化十二年には六十七歳。文政三年（一八二〇）七月十日に七十二歳で没す。住いは和泉橋通藤堂侯西門前。

狩野素川彰信　酒戦で用いられた盃を描いた画家で、猿屋町代地狩野家の当主であった。宝暦十三年（一七六三）に生まれ、十六歳で家督を継いだが、寛政十二年（一八〇〇）三十八歳の若さで退隠する。以後の後半生は気楽な隠居の日を送る。狩野素川藤原彰信筆と盃画に署名があるように、彰信《あきのぶ》が名だがのちに章信《あきのぶ》と改めた。遊蕩を好み、つねに手巾を頭に被り、花街に出入したという。吉原の娼妓に門下生が多いという。『古画備考』によると、客の前でも手巾を脱がないが、町方寄力三村吉兵衛宅を訪れるときだけ手巾を脱ぎ、綺麗な禿頭と伝わる。酒戦の時は五十三歳、文政九年（一八二六）十月二日に六十四歳で没す。

酒井抱一　後に姫路藩主酒井雅楽頭《うたのかみ》となる忠以《ただざね》の弟として宝暦十一年（一七六一）七月一日に生まれた。本名は忠因《ただなお》、通称栄八。三十歳の時に、兄が急逝し甥の忠道《ただひろ》が家督を継ぐ。三十七歳の時、忠道が弟忠実《ただみつ》を養嫡子とするのを確かめ出家する。出家後は作画の号は抱一がもっぱらとなる。狩野派・沈南蘋派・浮世絵など学び、さらに尾形光琳に私淑し江戸琳派を確立し、多くの弟子を擁した。狂歌・俳諧・書でも名を成した。酒戦に出席した時は五十五歳である。下戸の抱一が出席したのは、下谷の三幅対として連れ立ったのか、前年亡くなった建部巣兆との交遊によるものか。また『水鳥記』の作者地黄坊樽次こと茨木春朔は、酒井家が姫路に移る前、前橋時代の家臣であったことからか。文政十一年（一八二八）十一月二十九日に六十八歳で没する。住いは、鵬斎の居宅近く下谷根岸。

第二章　水鳥記から後水鳥記へ

一　『水鳥記』の諸本

南畝が「後水鳥記」と名付けたのは、自身の手控え『七々集』に「かの慶安二年の水鳥記を思ひて」とあるように、慶安期に川崎大師河原（神奈川県川崎市）で、地元の名主池上太郎右衛門幸広（大蛇丸底深）と江戸大塚（東京都豊島区）に住む前橋藩酒井家の儒医地黄坊樽次こと茨木春朔（伊舟城春作）がそれぞれ一族を率いて酒の飲みくらべ（酒合戦）をおこない、その顚末を樽次が『水鳥記』と題して著わしたことによる。喜多村信節『筠庭雑録』[1]に「水鳥は酒ノ字の謎なり」とあるように、酒の解字である氵（さんずい）と酉（とり）から、「水鳥」は「酒」をあらわすといわれる。『水鳥記』の序も「酒の縁起を尋るに、異国にて杜康と云人の妻、癸酉の年、はじめて作りそめけれは、三ずいに酉とかきてさけとよむ、是を水鳥の二字に通用して、かく名付たるへし」とある。もっとも「酉」は酒壺《さかつぼ》をかたどった象形文字でそれに「氵《さんずい》」を付けた「酒」は壺からしずくが垂れるさまである。「酒飲み」の意味でも使われる。『水鳥記』における用例も目録だけでも「在々の水鳥等南河原にはせきたる事」、「近郷の水鳥等そこふかに加勢する事」とあるとおり「酒飲み」の意と解される。『水鳥記』は「酒飲みの物語」であり、「後水鳥記」は「後の酒飲みの物語」の意味とみるべきである。なお、北宋の竇苹《とうひょう》の『酒譜』は酒に関する名物・故事を集めたもので、整ったかたちで現在みられるものでは最古という。「酒の源」の項でいくつかの説を述べ、杜康が酒に始まるのは誤りとしたうえで、最初に始めたのが誰かなどわかるはずがないとしている。中村喬編訳『中国の酒書』(2)を参考とした。

『水鳥記』には写本の系統と板本の系統があり、合戦の年を板本は慶安元年（一六四九）八月とし、写本では翌年二年四月としている。またその結末も板本は底深が樽次に降参となっているが、写本は両軍和睦としている。写本と板本の相違を小原亨氏「『水鳥記』の文芸性」(3)、古江亮仁氏『大師河原酒合戦』(4)は『水鳥記』はあくまで戯文で文芸作品というべきもので、歴史事実の記録ではない。作品の娯楽性と印行する書肆の都合から生じたとする。写本の成立は奥付から慶安三年五月と推察される。板本も寛文期頃に江戸版（三巻三冊）と京版（二巻二冊）が刊行され、江戸版は刊記がないが京版は寛文七年（一六六七）の刊記がある。江戸版と京版では表記上の違いが見られ、京版の方が写本に近いとされる。京版は宝暦十四年（一七六四）の刊記をもつ改題本の『酒戦記』と『楽機嫌上戸』が知られている。また江戸版も多くの伝本が確認されていることから、広く流布していたことがわかる。(5)

南畝も当然読んでいた。国立公文書館蔵の山東京伝『近世奇跡考』文化元年刊は南畝旧蔵書であることが知られる。南畝の蔵書は後刷本や端本が多いといわれるが、実際に手に取ると美本である。『近世奇跡考』に南畝は蔵書を提供していることから、京伝から贈られたものと考えられ、できてまもなく手にしたものであろう。この本は南畝書入れ本[6]としても知られている。十箇所の書入れの一つは「巻五第十三章水鳥記」に「一本ハ酒戦談トアリ」とある。本文割註の「世に流布の印本二本あり。一本は寛文二年京板。一本は江戸板。上木の年号なし。」の京版（寛文二年は寛文七年の誤りとされる）のことをさしている。

南畝の晩年の蔵書目録である国会図書館蔵『南畝文庫蔵書目』（『大田南畝全集』第十九巻）には、「（二巻）随筆　擁書漫筆　五巻。（三巻）稗史奇書　水鳥記　三巻、酒戦談　半本　（補註）水鳥記異版。時事　近世奇跡考　五巻　山東京伝」とある。

それより時期の早いとされる静嘉堂文庫蔵『杏園稗史目録』（『大田南畝全集』第十九巻）は、「（乾冊）時事　近世奇跡考　同附録　五巻。物語部　水鳥記　三、酒戦談　半本　一」とある。

書入れがあることから『近世奇跡考』入手頃に、少なくとも『酒戦談』は持っていたと考えられる。江戸版三冊もすでにあったのかもしれない。

間宮士信《ことのぶ》『地黄坊事蹟考』[7]に「予杏花園蔵本をかりて、かつて展看し畢《おわん》ぬ。また屋代弘賢が所蔵は異本なり、文躰おほかた原本に同じくして少しくことなり」とある。新編武蔵風土記稿」の編纂で知られる幕臣の士信は、南畝の『水鳥記』を借りて見ている。南畝の『一話一言』巻二十九[8]に「大酒官樽次考」として「大酒官の事蹟を贈ることば」が書き留められ、「右ハ間宮正従五郎殿文ナリ」と結んでいる。これは文化五年の書留で『水鳥記』を南畝が揃いで持っていたことがわかる。屋代弘賢《ひろかた》の異本は、小山田与清『擁書漫筆』に「輪池翁のもたれし水鳥記の画巻」とある図巻と考えられる。この図巻は神

奈川県川崎市の平間寺（川崎大師）蔵の不忍《しのばず》文庫の蔵書印をもつ二巻物とおもわれ、板本系統の内容という。(9)

このあと南畝は諸家の家伝をまとめた『家伝史料巻八』(10)に「伊丹（ママ）城春朔　地黄坊樽次」を記している。『地黄坊事蹟考』にある樽次の位牌を写し取り、内容も『地黄坊事蹟考』とほぼ同じである。

文化五年十二月から翌六年四月にかけて、南畝は玉川の堤防点検と補修のため玉川巡視に派遣された。この職務の合間に川崎大師河原の池上太郎右衛門家を訪れている。南畝の『調布日記』(11)の二月九日に「稲荷新田名主六郎左衛門が家にやどれり、（中略）此家にある板本の水鳥記をかり得て、よみつゝ、酒のみてふしぬ。」とあり、翌十日に「大師河原村なる池上太郎左（ママ）衛門が家にいたる。（中略）水鳥記にみえし底深の子孫にして、家に蜂龍の盃といふを伝う。（中略）又制札の板の半かけたるをおさむ。（中略）樽次の書なりと主人はいへり。」とある。南畝の『玉川余波』(12)は「大師河原村の名主池上太郎右衛門が家にて蜂龍の盃をみる。折から庭に牡丹の花さけり。蜂龍の盃とりてさしむかふ庭にも花の底深《そこふか》み草。あるじは水鳥記にみえし池上太郎右衛門尉底深が子孫なればなり。」とある。大師河原村の名主は池上太郎右衛門なので、『調布日記』の太郎左衛門は誤り、池上太郎左衛門は池上新田の名主である。『筠庭《いんてい》雑録』に「底深と異名せしは、大師河原の村をさ、太郎右衛門といえるが、とをつ祖《そ》太郎左衛門が事也。底深が三男太郎次郎といへる者、池上村に新田をひらき、これに住て邑長《むらおさ》となりけるに、底深後には太郎次郎が方に隠居したりとなむ。是に因て池上太郎左衛門とはいひけるとぞ聞えし。太郎右衛門の家に、水鳥の記三巻、古き写本にて巻末に慶安三年五月と有。又件の酒戦に用ひし大なる盃、また其頃設けたりし制札の半ば破れたるあり。」とあり、蜂龍の盃、制札と写本三冊を所蔵していたことが知られている。いずれにしても、南畝は蜂龍の盃、酒令の制札を見ているが、池上太郎右衛門家蔵の『水鳥記』写本は見ていないようである。

古江亮仁氏の『大師河原酒合戦』の池上家略系によれば、池上家は太郎右衛門と太郎左衛門を交互に名乗っていて、太郎右衛門幸広（底深）の三代後の太郎左衛門幸豊のときに池上新田を開き幸豊は隠居後に池上新田に移った。これ以後大師河原村池上家は代々太郎右衛門を名乗り、池上新田池上家は代々太郎左衛門名乗るようになったという。喜多村信節（筠庭）のいう「底深が三男太郎次郎といへる者」が幸豊のようである。幸豊は新田開発だけでなく、サトウキビの栽培と砂糖の生産に成功したことで知られる。

『水鳥記』写本は酒合戦の年が慶安二年と記され、板本の慶安元年と異なるほか、飲みくらべの酒令も写本[13]と京版板本は「犬虎目礼木仏の座」、江戸版板本は「犬居目礼古仏の座」である。南畝が求められて実際に書き送った書は「犬虎目礼木仏座、礼失求諸千寿野」であり、喜多村信節『嬉遊笑覧』で「犬居目礼古仏座」の誤りと指摘され「この事を如何心得たるにかしらず」と批判されている。南畝は自身の蔵書を見て「犬虎目礼木仏座」と記したのであろうが、慶安二年のことは池上太郎右衛門家で知ったのではないか推測される。写本を見ていないのであるなら、話を聞かなければ知り得ない事柄である。制札に慶安二年とあるのを見てのことかもしれない。

『水鳥記』に因むものには、式亭三馬の滑稽本『七癖上戸』文化七年刊[14]が知られる。題簽が「雅名《みやびな》新水鳥記」とあり、その由来が『水鳥記』にあることは冒頭の「七くせ上戸」に「これを新水鳥記と号《なづく》ることは、嚮《さき》に水鳥記といふ冊子あればなり」で明らかにされている。それに続く由来文は、以下のとおり。

樽次が実名は茨木春朔とて、某侯の侍医なり。慶安の頃、世に名高き大酒なり。江戸大塚に住し酒友門人多く、又狂歌をよみぬ。小石川柳町祥雲寺に碑あり。正面に不動の像をきざみ、右に酒徳院樽枕居士とあり、左りに辞世二首

みな人の道こそかはれ死出の山　打ちこえ見ればおなじふもと路

南無三ぼうあまたの樽をのみほして　身はあき樽に帰るふるさと

台石に延宝八庚申正月八日とあり。一説に、ゆいこつをはうぶりしは谷中三崎妙林寺也。実の法名は信善院日宗といふ。祥雲寺の碑は酒門の高弟菅任口が建しとなん。底深は大師河原の富農也。其子孫今尚栄ふ云々。

『近世奇跡考』からの抜粋で『近世奇跡考』にあやかっているのは明白であるあるが、『近世奇跡考』自体が江戸の地誌である『増補江戸惣鹿子名所大全』（元禄三年、改訂版寛延四年）の「妙林寺」と「祥雲寺」の項を引用している。この内容は「続江戸砂子　三」（享保二十年）、『江戸名所図会』（文政十二年成立）にも引き継がれたが誤伝である。祥雲寺の墓は別人の三浦新之丞樽明のものである。祥雲寺は現在

豊島区池袋三丁目に移転、樽明の墓も現存する。山門の前にある豊島区教育委員会案内板は「酒豪といわれた三浦新之丞樽明の墓」と明記される。谷中三崎《やなかさんさき》妙林寺は現存しない。小石川小日向（文京区水道端二丁目）の廓然寺の住職大浄釈敬順は『十方庵遊歴雑記二編』（文化十二年序）に祥雲寺を訪れ祥雲寺の墓は樽明のものとして、妙林寺（「千駄木の坂下にありて、新幡随院法住寺の西に隣る」とある）で樽次の墓を探したが発見できなかった。寺の者に尋ねても不明で樽次の位牌の戒名を写してきただけという。文政年間に幕府が実施した寺社書上『御府内備考続編』(15)には妙林寺（文政九年書上）の記載がある。寺社から書上を提出させるだけでなく、実地確認をおこなったという。『遊歴雑記』では樽次の墓を発見できなかったとしているが、文政書上には「地黄坊樽次墓　墓碑銘無之　長一尺五寸」とあり存在していた。また文政書上には「地處《ちしょ》千駄木坂下町に有之《これ》候得共、前々より谷中三崎町と書上申候」とあり、実際は谷戸川（藍染川）を隔てた西隣の千駄木坂下町にある。文政書上は法住寺の配置図があるので、安政三年「根岸谷中日暮里豊島邊圖」尾張屋清七板（復刻・人文社）で位置を確認すると、法住寺の西は往来と川で、小橋を渡ると町家があり裏に妙蓮寺という寺がある。伊能忠敬の文化十四年『御府内實測圖』（復刻・人文社地図センター）では同じ場所に明林寺《みょうりんじ》とあり妙林寺の当て字である。嘉永三年『谷中本郷駒込小石川辺絵図』近江屋吾平版（復刻）は法住寺の西に妙蓮寺がある。妙蓮寺は妙林寺の後の寺名と思われる。妙蓮寺は『本郷區史』昭和十二年刊（臨川書店　昭和六十年復刻）所収の「明治九年本郷圖」に新幡随院と並んで記されるが、『明治五年寺院明細帳』・『明治十年寺院明細簿』(16)に記載がなく明治初年に廃寺になったものと思われる。法住寺は法受寺と名称が変わり他の寺と合併移転して足立区東伊興四丁目に現存する。谷戸川は暗渠となり道路になったが台東区と文京区の区界としてあり、三崎坂との交差点の東南部にあたる文京区千駄木二丁目三十五番が妙林寺跡と特定できる。

『七癖上戸』の内容は裏長屋や居酒屋での酔客の酒癖を描いたもので、飲みくらべとは全く異なる。巻末には新水鳥記二篇の広告があり、三馬が大病ののち、文化十年に『一盃綺言』として刊行したもので、前作同様に酔客の酒癖を描いているものである。

もうひとつ『水鳥記』に因むものに、酔仙世界教主虚生白真人《ひいさんはのまつと》の『続水鳥記』という近世初期の写本のみで伝わる散文がある。黒木千穂子氏「『続水鳥記』の作者」(17)の調査により、その内容が知られるが、仮名序に「先に樽次が水鳥記は上戸との酒論。まろが書は下戸をすゝむるの引導。いづれ水鳥の左右のつばさのごとく酒の事をかきつゞくれば続水鳥記と名付けらし」とあり『水鳥記』に倣う戯文である。真名序から延宝七年に草稿がなり、仮名序から貞享元年に清書の完成があり、『水鳥記』の刊行時期（寛文期）に近いことがわかる。上総国山辺郡東金（千葉県東金市）を舞台に上戸方と下戸方に分かれて酒合戦をおこない、制札を作るなど『水鳥記』に極めて類似した内容である。ここでは肴を食さず酒を飲むを上戸とし、肴を用いて酒を飲むを下戸とする。『続水鳥記』写本のうち国立公文書館内閣文庫の叢書「墨海山筆」のものは次の跋文をもつ。

此書延宝の元本は散失し畢《おわんぬ》。反古《ほご》のうらに右の草書の有しを見出て、かいやり捨んもおしと、つゝりとゝめぬ。後の上戸、我と志の同しきものは酒飲時のなぐさめになれかしとなん。

此一巻以不忍《しのばず》文庫之本令書《れいしょ》写之　畢《おわんぬ》。弘化三年丙午三月

屋代弘賢《ひろかた》の蔵書を弘化三年に写したものだが、知られていないものであったようである。小山田与清は『擁書楼日記』(18)文化十四年三月三十日に南畝から後水鳥記図巻を送られた際に「大田南畝がもとより、千住酒戦の事を記せし、続水鳥記をおこせぬ」と記していて、この『続水鳥記』のことは知らない。弘賢にならぶ蔵書家の与清でも知らないもので「後水鳥記」に影響したものではないようである。

二　『後水鳥記』の諸本

南畝の「後水鳥記」は、図巻とそれから派生したと考えられる写本の『後水鳥記』で知られるが、板本も存在したようである。「後水鳥記」の諸本の例を概観してみる。

(1)『蜀山雑稿』【外題】　形態：写本　天理図書館蔵

南畝自筆の草稿本である。もとは南畝の手控えの『七々集』の一部であったものが抜取られ、『蜀山雑稿』一冊となったものと考えられている。収録されるのは「後水鳥記」のみである。「後水鳥記」にしるされる門前の聯《れん》は「南山道人書」の後に「冊《さく》」とも読める一文字があるのが目に付く。主要な見物客である酒井抱一・谷文晁・亀田鵬斎の名が「屠龍公、写山、鵬斎二先生」と記される。主要な盃の名称は「盃」が使われる。

(2)『高陽闘飲巻』【外題】 形態：図巻 福嶋家本

亀田鵬斎の鵬斎狂叟《ぼうさいきょうしゅう》の印がある「高陽闘飲」の大書と漢文序、酒井抱一の門前図、南畝の後水鳥記、谷文晁・文一合作の酒戦図、大窪詩仏の漢詩、狩野素川彰信の盃図、市河寛斎の漢文跋で構成される。後水鳥記は、門前の聯の「南山道人書」の後に「冊」のようなものはない。主要な見物客の名が「屠龍公、文晁、鵬斎二先生」となる。主要な盃の名称には「杯」が使われる。會津の旅人の部分「きかしむるに、次の日辰のときに出立しとなん」の一行分が脱漏する。このため、文が「きかしむるに」以下が不自然に途切れる。この図巻とよく似たものが、国立公文書館蔵の石塚豊芥子『街談文々集要』に写された「弘化四丁未年八月十九日 越智真澄」の識記をもつ図巻である。

(3)『闘飲記』【外題】 形態：図巻 アメリカ、ニューヨーク公共図書館、スペンサー・コレクション蔵

文晁の畫學齋《ががくさい》の印がある「太平餘化」の大書と漢文序、抱一の門前図、南畝の後水鳥記、谷文晁・文一合作の酒戦図、大窪詩仏の漢詩、狩野素川彰信の盃図、寛斎の漢文跋で構成される。後水鳥記は、門前の聯の「南山道人書」の後に「冊」のようなものはない。盃の名称の前にある主要な見物客の名が「抱一君、写山、鵬斎二先生」となり、主要な盃の名称には「盃」が使われる。「出すその盃は」と盃の容量・名称の「一升五合入 緑毛亀盃」の二箇所が脱漏する。このため、盃の数が五つのように見える。これとよく似たものが、早稲田大学図書館蔵の『闘飲図巻』である。

(4)『高陽闘飲』【外題】 形態：写本 国立国会図書館蔵

国会図書館本は、十五丁からなる写本であるが、周囲に枠を入れたレイアウト（匡郭）と版心題「後

水鳥記」を備え、板本の写しと考えられる。『江戸叢書巻の七』[19]の「高陽闘飲　後水鳥記」に底本の記載はないが、巻末の識語「唯時《とき》天保戊戌《つちのえいぬ》晩夏之日　一日一夜ニ写之」も一致するので、この写本が底本である。『江戸叢書巻の七』では「唯」が「維」となっているが、誤植と判断できる。

　国会図書館本は『高陽闘飲巻』を写した冊子で、鵬斎の漢文序・門前図・後水鳥記・酒戦図・詩仏の漢詩・盃図・寛斎の漢文跋が記されている。主要な見物客の名が「屠龍公、文晁、鵬斎二先生」となり、門前の聯は「蜀山老人の書」と誤記されるが、後ろに「冊」のようなものはない。「きかしむるに、次の日辰のときに出立しとなん」が脱漏する。詩仏の漢詩と盃図の間の余白に「文晁文一合作、文政三歳庚辰《かのえたつ》次（ママ）八月上旬、長谷川雪旦摸、歌川季勝写」という板本としての識語のようなものが記されている。文政三年の長谷川雪旦による闘飲図巻の画の摸写を歌川季勝がさらに写して版下としたように読める。そののち天保九年（一八三八）に板本を丸一日かけて書写した人がいた。外題は「高陽闘飲　全」、版心題は「後水鳥記」であり、江戸叢書でタイトルを「高陽闘飲　後水鳥記」とした由縁となる。外題の「高陽闘飲」がタイトルと図巻の大書を兼ねているのではないかと見られる。

　また、巻末に「江都　狂文亭主人写書　全　青交楼季勝写図」とある。本書の板行時期が書写された天保九年頃ならば、この時期に狂文亭を名乗っていた人物に人情本の作者為永春江《ためながしゅんこう》がいる。『国書人名辞典第三巻』[20]に「文化十年—明治二十二年十二月二十六日、七十七歳、号為永春江、狂文亭、通称は一説に知久泥堂、江戸飯田町に住す。為永春水（初世）に学び人情本を著す。明治十年頃から新聞小説を執筆。また『芳譚《ほうたん》雑誌』の記者を務めた。著作『春色初若那《しゅんしょくはつわかな》』天保十一年、十二年、『花美止里《はなみどり》』・

『六玉川』天保十一年」とある。狂文亭主人というのは、師匠の為永春水の狂訓亭主人に倣ったものとみられる。神保五弥《かずや》氏『為永春水の研究』(21)によれば、春江が春水に入門したのが天保七年、春江の名が春水人情本に見えるのは、天保九年の作品が最初で、同年刊『春色英対暖語《えいたいだんご》』初編巻之一の挿絵に狂詠一首を書き入れ「狂文亭春江」と署名している。また同年刊の四・五編に校合者としてその名が見え、やはり同年刊『春色恋白浪《こいのしらなみ》』初編巻之三の巻末に春暁・春友と並んで校合者として名を連ねる。春江は、入門した天保七年から春水人情本に名が見られる同九年の間、天保八年頃に『高陽闘飲』の筆工として最初の仕事を任せられたのではないかと考えられる。

特徴として、酒戦図の部分で他の闘飲図巻と異なる描写がある。台所の図で「玉緑《たまみどり》」の酒樽の銘の中に「剣菱」が一つ混ざるといった違いである。「玉緑」は伊丹の酒であるが、天保期に灘に移っているようである。国会図書館蔵『天保改《あらため》江戸積銘酒大寄《おおよせ》大新板』(22)という番付の末尾に「灘、玉緑、嘉納」とあり、天保期には灘の嘉納《かのう》(嘉納を名乗る家が多いようで、現在の菊正宗酒造・白鶴酒造の前身ではないらしい)の銘柄となっている。このため伊丹の代表銘柄「剣菱」に一部改変したとも考えられるが、図柄を変えるにあたっては、「剣菱」を販売しているスポンサーの存在が想定される。「剣菱」といえば内田屋清右衛門がよく知られるが、内田屋清右衛門は剣菱を商標に使っているが、銘柄は「瀧水《たきみず》」である。山東京伝の洒落本『仕《し》懸《かけ》文庫』寛政三年刊(23)の「第二回朝─夷─名祐─成酔二風─流一忘レ還(朝夷名(朝比奈)三郎と曾我十郎祐成が、風流な遊びに酔うて、帰ることも忘れる)」に、出された酒を一口飲んだ朝比奈三郎の次の台詞がある。

こいつアあんまり甘《あめ》へ。（中略）［剣菱の商標］があらば、ちつとわつてくんねへ。したが、三河へ水をかめちやア、あやまるぜ（［割註］三河ものへ水をわると、けんびしとのめるゆへに、かくいふ。すいをかめるとは、みずを入る事、酒だなのつう言なり）

［剣菱の商標］を描いたところには「たき」と読みが記される。内田屋清右衛門の「瀧水」のことである。

白酒や本直し（味醂と焼酎を合わせたもの）で有名な豊嶋屋は「剣菱」でも知られている。十返舎一九『道中膝栗毛発端《はじまり》』[24]に次のように記される。

生國は駿州府中、栃面屋弥治郎兵衛といふもの、親の代より相應《そうおう》の商人にして、百二百の小判には、何時でも困らぬほどの身代なりしが（中略）旅役者華水《はなみず》多羅四郎が抱《かかえ》の鼻《はな》之助といへるに打込（中略）若衆とふたり、尻に帆かけて府中の町を欠落するとて（中略）頓《やが》て江戸にきたり、（中略）すこしの貯《たくわえ》あるに任せ、江戸前の魚の美味に、豊嶋屋の劔菱《けんびし》、明樽《あきだる》はいくつとなく、長屋の手水桶に配り、終《つい》に有金《ありがね》を呑なくし、是ではすまぬと鼻之助に元服させ、喜多八と名乗せ、相應の商人かたへ奉公にやりし（中略）弥治郎は又國元にて習《ならい》覚たりしあぶら繪《え》などをかきて、其日ぐらしに（後略）

文化十一年刊の『道中膝栗毛発端《はじまり》』の中で「豊嶋屋の劔菱」は有名店と有名銘柄だとしても、販売店名と銘柄名を記すことは、スポンサーの可能性もある。

巻末の識語「唯時《とき》天保 戊 戌《つちのえいぬ》晩夏之日　一日一夜ニ写之」とあるのは、翌日に返さないと料金が加算される新刊の貸本(25)なのでと思われる。名古屋の貸本屋大野屋は仕入れた本を処分することがなく『大野屋惣兵衛蔵書目録(26)』で仕入れた本を確認することができる。この目録に『高陽闘飲』ないし『後水鳥記』はない。春江の師匠春水が書肆《しょし》で貸本屋でもあったので、元になった板本は、豊嶋屋の配り物で私家版の可能性もある。私家版の板木を流用して、貸本屋の新刊本に仕立てたとも考えられる。この本には奥付が記されない。元本に無かったたか、書写の際に省略したとも推測されるが、再版の際に除いたとも考えられる。

(5)『後水鳥記』【外題】　形態：写本　川崎市立中原図書館蔵

色刷り表紙をもつ七丁（一丁は内題のみ、一丁は白紙）からなる冊子で、表紙に「後水鳥記」の題字が書かれている。内容は南畝の後水鳥記のみで、「人をしてこれを、きかしむるに、次の日辰のときに出立しとなん」が脱漏し、見物客の名は「屠龍《とりょう》公、文羅君、鵬斎先生」とある。「文晁」が「文羅」となるなど誤字脱漏が甚だ多いものだが、文末に興味深い三行の識語がある。書写の年記や書写した人物の名はないが、用字用例から江戸期の人物によるものとみられる。変体仮名が多いので現用仮名に改め、適宜、句読点を付け加えたものを次に示す。

この後水鳥記本は、読みときがたき字あまた有之。文意も解しがたき事多く有。文の書付為《なす》、蜀山翁とはしれず、然れども言わく。翁の書連《かきつら》しるす写し、ひろめらるるや。進《すすみ》て好本を得て、正すべし。

この識語によれば、誤字脱漏は入手した写本に由来するもので、多くの写しがあるようなので、質のよい写本を入手して内容を正したいとしている。面白い戯文として『後水鳥記』は多く伝わったが誤写が多いということであろうが、「進《すすみ》て好本を得て」と考えたのは、この本が貸本屋の持ち込みの書本《かきほん》なのではないかと思われる。貸本屋が書き写したものが元本になったと考える。

(6)『後水鳥記』【外題】　形態：写本　東京都立中央図書館蔵（特0410A）

田安家用人の蜂屋茂橘《もきつ》、号椎園による写し。茂橘は随筆を多く残していて、自筆稿本『椎の実筆』で知られる。『水鳥記』江戸版板本の写本の後ろに『後水鳥記』写本を綴じ合わせている。『高陽闘飲巻』の「後水鳥記」と同じ内容だが、門前の聯の「南山道人書」の下に「册」とも読めるが花押のようにも見える一文字があり、脇に「一本ナシ」と朱筆で記される。「天満ヤ美代女」の脇にも「姑一本」と朱筆がある。そのほかにも「言慶」に朱筆で「いせや」など主要人物に注記がある。図巻に記される「後水鳥記」に花押のようなものはないので、いずれかの写本を見てのことと思われる。美代女を姑女とするものは「酒戦会番付」に見えるので番付を見てのことと思われる。

この本に似たものに国立公文書館蔵の宮崎成身の見聞雑録『視聴草　九集之十』[27]に記される後水鳥記

がある。

門前の聯の「南山道人書」の下に判読不明の花押のようなものがある。略名で記される「中六」「言慶」「大長」「松勘」「石市」「鮒与」「天五」の箇所にそれぞれ「中や六右衛門」「いせや」「大坂や長兵衛」「松や勘兵衛」「石や市兵衛」「鮒や与兵衛」「傳馬や五郎左衛門」の補記がある。「九集之十」の巻頭の目録を見ると「後水鳥記」の前に「高陽闘飲」がある。「高陽闘飲」は鵬斎の高陽闘飲序では酒盃が「自《より》五升而登《のぼり》之、或一斗」となり、「七升」が欠落する。詩仏の漢詩も「生来我亦太愛」となる箇所が「生来我亦太愛酒」と「酒」が補われる。これらから南畝の『一話一言』から写されたものと推定される。

三 「後水鳥記」の命名と流布

南畝が「後水鳥記」と名付けたのは、地黄坊樽次の『水鳥記』に因むと「後水鳥記」の中に記されているとおりである。酒合戦の戯文を依頼される前、求められて狂歌を書き送る際に「かの慶安二年の水鳥記を思ひて」と記している。南畝は『水鳥記』板本を文化元年頃には所蔵し、文化六年には職務の合間に川崎大師河原の池上太郎右衛門家を訪れ狂歌を詠んでいる。慶安二年と記していることから、このとき写本系統の内容を聞かされて知り得たのかもしれない。

曲亭馬琴の『近世物之本江戸作者部類』(28)に「地黄坊樽次が水鳥記［（割註）慶安年中の印本］（中略）是等《これ》は今も好事者流《ひろまる》に十襲《おおくかさね》愛玩せらる丶もの也」とあるように、『水鳥記』自体が広く親しまれ、水鳥記の載る『近世奇跡考』も続編の『骨董集』がでるほど好評となり、水鳥記と近世奇跡考にあやかった「雅名《みやびな》新水鳥記」の外題をもつ滑稽本も第二篇まで刊行されるなどしている。早稲田大学図書館蔵『大野屋惣兵衛蔵書目録』巻一―十五（内巻七欠）は、明和四年創業と伝える名古屋にあった貸本屋、胡月堂大野屋惣八が明治三十年頃に廃業して蔵書を処分する際に作成したといわれるもので、収録部数二一、四〇一部である。この中に『水鳥記』京版と改題本『楽機嫌上戸』のほか、『近世奇跡考』と続編の『骨董集』、『七癖上戸』と二編の『一盃綺言』が見出せ、広く普及していたようである。土地柄なのか『水鳥記』江戸版と『高陽闘飲』・『後水鳥記』はない。

江戸市中で知られた『水鳥記』や関連作品から「後水鳥記」と名付け、その面白さから評判となった。『後水鳥記』を入手して書き写したが不備があるので良本を手に入れて正そうとする人も出てきた。その後板本も出された。南畝のネーミングが功を奏したというべきであろうか。

第三章　文化十二年の酒合戦を読み解く

一　「後水鳥記」の翻刻と現代語訳

文化十二年の千住の酒合戦がどのようであったか、その様子を記す南畝の後水鳥記から見ていく。

後水鳥記は、自筆と考えられる別本の足立区立郷土博物館蔵『後水鳥記』を底本にし、同じく別本であるニューヨーク本、早稲田大学本も参考とした。別本では「一升五合入、緑毛亀盃《みのかめのさかずき》」の部分が書き漏れているため、万寿無疆盃《ばんじゅむきょうのさかずき》二升五合入のように見えてしまうが、文中に「農夫市兵衛は一升五合もれるといふ万寿無疆盃を」と正しく記載のあるのは、別本では郷土博物館本だけで、他の二本は「二升五合」となっている。流布本ではもちろん「一升五合」となっている。「小山の佐兵衛ときこえしは、二升五合いるゝといふ緑毛亀の盃にて」の部分は別本も流布本でも「二升五合」の「緑毛亀」は異同がない。同じ別本でも郷土博物館本は誤記が少ないとみることができる。

また、流布本の図巻の原形をよく残す写本である福嶋家本『高陽闘飲巻』（文政六年摸）により別本との比較をおこなった。流布本の写本としては国立公文書館蔵『街談文々集要』（弘化四年摸の写しあり）、国会図書館蔵『高陽闘飲』（文政三年摸からの版刻の写し）も参考とした。

「後水鳥記」の翻刻にあたって別本での書き漏れは、特徴的な箇所を含め（一升五合入　緑毛亀盃）などのように（　）付きで表記した。流布本との異同は［盃（杯）］のように表記し、（　）部分が流布本での表記である。別本にのみある部分は［きかしむるに、次の日辰のときに出立しとなん］のように［　］付きで表記した。なお、「きかしむるに、次の日辰のときに出立しとなん。」の部分は、南畝草稿[1]には記載があるが、ほぼ一行分が欠落する。このため、この文の前段「人をしてこれを」で文章が不自然に途切れている。別本と流布本の異同は［盃（杯）］のように表記、（　）部分が流布本。数字は行数。

後水鳥記

文化十二のとし乙亥霜月廿一日、江戸の北郊千住のほとり、中六といえるもの丶隠家にて酒合戦の事あり。門に［ひと（一）］つの聯をかけて

不許悪客　下戸・理窟　入庵門　南山道人書

［としるせり（なり）］。玄関ともいふべき所に袴きたるもの五人来れるものにをの〳〵の酒量をとひ、切手をわたして休所にいたらしめ、案内して酒戦の席につかしむ。白木の台に大［盃（杯）］をのせて

出すその［盃（さかづき）］は
江島［盃（杯）］五合入　鎌倉［盃（杯）］七合入
宮島［盃（杯）］一升入　万寿無彊［盃（杯）］（一升五合入　緑毛亀杯）二升五合入
丹頂鶴［盃（杯）］三升入
をの〳〵その盃の蒔絵なるべし。
干肴は台にからすみ、花塩、さゞれ梅等なり。
又［一（ひとつ）］の台に蟹と鶉の焼鳥をもれり羹の鯉のきりめ正しきに、はたその子をそへたり、これを見る賓客の席は、紅氈をしき青竹をもて界をむすべり。［所謂（いわゆる）抱一君（屠龍公）写山（文晁）］・鵬斎の二先生、その外名家の諸君子なり。うたひめ四人酌とりて酒を行ふ、言慶といへる翁はよわい六十二なりとかや。酒三升五合あまりをのみほして坐より退き、通新町のわたり秋葉の堂にいこひ、一睡して家に［帰（かへ）］れり。大長ときこえしは四升あまりを尽して近きわたりに酔ひ臥したるが、次のあさ辰の時ばかりに

起きて、又ひとり一升五合を［傾（かたぶ）］けて、きのふの人々に
一礼して家に［帰（かへり）］しとなん。掃部宿にすめる
農夫市兵衛は一升五合もれるといふ万寿
無疆の［盃（杯）］を、三つばかりかさねてのみしが、肴には
焼る蕃椒みつのみなりき。つとめて、叔母なるもの
案じわづらひてたづねゆきしに、人より贈れる
牡丹［もち（餅）］といふものを、囲炉裏にうちくべてめしけるも
おかし。これも同じ［ほとり（辺）］に米ひさぐ松勘といへるは
江［の］島の［盃（杯）］よりのみはじめて、鎌倉・宮島の［盃（杯）］と
つくし万寿無疆の盃にいたりしが、いさゝかも酔い
しれたるけしきなし。此日大長と酒量をたゝかはしめて
けふの角力の［ほてうらて（最手占手）］をあらそひしかば、明年
葉月の再会まであづかりなだめ置けるとかや。
その証人は一賀、新甫、鯉隠居の三人なり
小山といへる駅路にすめる佐兵衛ときこえしは
二升五合いるゝといふ緑毛亀の［盃（杯）］にて三たび
かたぶけしとぞ。北のさと中の町にすめる大熊

老人は盃の数つもりてのち、つゐに万寿の［盃（さかづき）］をかたぶけ、その夜は小塚原といふ所にて傀儡をめしてあそびしときく。浅草みくら町の正太といひしは此会におもむかんとて森田屋何がしのもとにて一升五合をくみ、雷神の門前まで来たりしを、その妻おひ来て袖ひきてとゞむ。その辺にすめる侠客の長とよばるゝもの来、なだめて夫婦のものをかへせしが、あくる日正太千住に来りて、きのふののこり多きよしを［語（かた）］り三升の酒を升のみにせしとなん。石市ときこえしは、万寿の［盃（杯）］をのみほして酔心地に大尽舞のうたをうたひまひしもいさましかりき大門長次と名だゝるをのこは、酒一升酢一升醤油一升水一升とを、さみせんのひゞきにあはせ、をの〳〵かたぶけ尽せしも興あり。かの肝を鱠にせしといひしごとく、これは腸を三盃漬とかやいふものにせしにやといぶかし。ばくろう町の茂三は、緑毛亀をかたむけ、千住にすめる鮒与といへるもおなじ盃をかたぶけ、終日客をもてなして小盃の数かぎりなし。天五といへるものは五人とともに酒のみて、のみがたきはみなたふれふしたるに、をのれひとり恙なし。うたひめおいくお文は終日酌とりて江［の］島・鎌倉の［さかづき（盃）］にて（酒）のみけり。その外、女がたには天満屋の美代女万寿の盃をくみ酔人をたすけえて、みづから酔る色なし。菊屋のおすみは緑毛亀にてのみ、おつたといひしは鎌倉の［盃（杯）］にてのみ、近きわたりに酔ふしけるとなん。此外酒をのむといへども、其量一升にみたざるははぶきていはず［写山（文晁）］・鵬斎の二先生はともに江［の］島・鎌倉の盃を傾け、小盃のめぐれる数をしらず。帰るさに会主より竹輿をもて送らんといひおきてしが、今日の賀延に此わたりの駅夫ども、樽の［かがみ（鏡）］をうちぬきひさごをもてくみしかば、駅夫のわづらひならん事おそれしに、果してみな酔ふして輿かくものなし。この日調味の事をつかさどれる太助といへるは、朝よりさけのみてつゐに丹頂のつるの［さかづき（盃）］を傾しとなん。一莚の酒たけなはにして［盃（杯）］盤すでに狼藉たり。門の［そとも（外面）］に案内して来るものあり。たぞととへば会津の旅人河田何がし、この会の事をきゝて、旅のやどりのあるじをともなひ推参せしといふ。すなわち席にのぞみて江島・鎌倉よりはじめて、宮島・万寿を尽し、緑毛の亀まで五盃をのみほし、なお［丹頂の（丹頂）］［鶴のさかづき（鶴の盃）］のいたらざるをなげく。ありあふ一座の人々肝をけしてこれをとゞむ。かの人のいふ、さりがたき所用ありてあすは故郷に帰らんとすれば力をよばず、あはれあすの用はなくば今一［盃（献）］つくさんものをと一礼して帰りぬ。人をしてこれを［きかしむるに、次の日辰のときに出立しとなん。］
この日文台にのぞみて酒量を記せしものは

二世平秩東作なりしとか。むかし慶安二のとし大師河原池上太郎左衛門底深がもとに、大塚にすめる地黄坊樽次といへるもの、むねとの上戸を引ぐしおしよせて酒の［たゝかひ（戦）］せしとき犬居目礼古仏（の）座といふ事水鳥記にみえたり。ことし鯉隠居のぬし来て、ふたゝびこの［たゝか（戦）］ひを催すとつぐるまゝに、犬居目礼古仏座、礼失求諸千寿野といふ［こと（事）］を［かき（書）］贈りしかば、その日の［かけ（掛）］物とはせしときこえし。かゝる長鯨の百川を吸ふごときはかりなき酒のともがら、終日しづかにして乱に及ばず、礼儀を失はざりしは上代にもありがたく、末代にも又まれなるべし。これ会主中六が六十の寿賀をいはひてかゝる希代のたはぶれをなせしとなん。かの延喜の御時、亭子院に酒たまはりし記を見るに、其選に応ずるものわづかに八人満座酩酊して起居［しづか（静）］ならず、あるは門外に偃臥し、あるは殿上にゑもいはぬものつきちらし（て）、わづかに［みだ（乱）］れざるものは藤原伊衡一人にして、駿馬をたまはりて賞せられしとなん。かれは朝廷の美事にしてこれは草野の奇談なり。今や［すみだ（墨田）］川のながれつきせず、筑波山の［しげ（茂）］きみかげをあふぐむさしの、ひろき御めぐみは、延喜のひじりの御代にもたちまさりぬべき事［此（この）］一巻をみてしるべきかも。

六十七翁蜀山人
緇林楼上にしるす

内容をより理解するために、拙稿[2]に掲載させていただいた揖斐高氏の後水鳥記草稿の現代語訳を再掲させていただく。

後水鳥記（現代語訳）

文化十二年十一月二十一日（十一月は十月の誤り、南畝の錯誤である）、江戸の北の郊外千住のほとり、中六（中屋六右衛門）という者の隠宅（隠居所）で酒合戦という事があった。会場の門には一つの聯《れん》（看板）が懸けられてあり、「悪客（割註：下戸、理窟）庵の門に入るを許さず　南山道人書」と記してあった。

玄関とでも言うべき所に袴をはいた者が五人いて、来会者に各自の酒量を質問し、参加証を渡して控室に入らせ、案内して酒合戦の席に着かせた。酒合戦の会場では、白木の台に大盃を載せて出していた。その盃は、江島盃五合入、鎌倉盃七合入、宮島盃一升入、万寿無彊《ばんじゅむきょうの》盃《さかずき》一升五合入、緑毛亀《みのがめの》盃《さかずき》二升五合入、丹頂鶴盃三升入というもので、その名称はおのおのその盃に施された蒔絵によっているのであろう。干肴としては台の上には、からすみ、花塩、さざれ梅などが盛ってあった。もう一つの台の上には、蟹《かに》と鶉《うずら》の焼鳥とが盛ってあった。鯉の身が美しく調理された羹《あつもの》（濃漿《のうしょう》＝鯉濃《こいこく》）があり、それには鯉の卵も添えられた。

酒合戦を観戦する来賓の席には、紅の毛氈が敷かれ、青竹を使って囲ってあった。来賓は屠龍公《とりょうこう》（酒井抱一《ほういつ》）、それに写山《しゃざん》（谷文晁）、鵬斎《ぼうさい》（亀田鵬斎）の二先生、その他有名な方々であった。歌妓《うたいめ》四人が酌をして勧めた。

言慶（伊勢屋言慶）という老人は六十二歳とかいったが、酒三升五合あまりを飲み干して座を退き、通新町あたりの秋葉社のお堂で休憩し、一眠りしてから家に帰った。大長（大坂屋長兵衛）とかいった男は四升あまりを飲み尽くして、会場近くに酔って臥していたが、翌朝辰の時（午前八時頃）に起き、また一人で一升五合の酒を飲んで二日酔いを醒まし、昨日世話になった人々に挨拶して家に帰ったという。

掃部宿《かもんじゅく》（千住宿の一部）に住んでいる農夫市兵衛は、一升五合入るという万寿無疆盃を三盃ほど立て続けに飲んだが、肴として口にしたのは焼いた唐辛子三つだけであった。翌朝、叔母が心配して市兵衛の家を訪ねて行くと、人から貰った牡丹餅というものを囲炉裏で焼いて食べていたというのもおかしい。

また、これも市兵衛と同じ所で米屋をしている松勘（松屋勘兵衛）という男は、江島盃から飲み始めて、鎌倉、宮島盃を飲み尽くし、万寿無疆盃までいったが、少しも酔った様子はなかった。この日、松勘は大長と酒量を闘わせて、当日の相撲の一位、二位を争ったが、決着がつかず、明年八月の第二回の酒合戦まで預かり勝負となり、両人をなだめて置いたという。その証人は一賀、新甫、鯉隠居《こいのいんきょ》（坂川屋利右衛門）の三人である。

小山という宿場に住んでいる佐兵衛という男は、二升五合入るという緑毛亀盃で三度飲んだという。北里の中の町に住む大熊老人（大野屋茂兵衛）は盃を重ねた後、最後には万寿無疆盃を傾け、その夜は小塚原という所で遊女を呼んで遊んだと聞いている。浅草御蔵前の正太という男は、この会に行こうとして、森田屋某のもとで一升五合の酒を飲み、雷門の前まで来たところ、その妻が追いかけて来て袖を引っ張って止めた。その辺りに住む侠客の親分と呼ばれている者がやってきて、仲裁に入り、なだめてこの夫婦を家に帰したが、翌日正太は千住にやってきて、昨日は参加できなくて残念だったことを語り、三升の酒を一升枡で一気に飲んだという。

石市（石屋市兵衛）という男は万寿無疆盃を飲み干して、酔心地で大尽舞の唄を唄い舞ったのも勇壮であった。大門《おおもん》長次（荻江長次）という有名な男は、酒一升、酢一升、醤油一升、水一升を三味線の響きに合わせて、それぞれ飲み尽くしたのも面白かった。あの『宇治拾遺物語』や『源平盛衰記』に肝を鱠《なます》にすると言っているように、腸を三杯漬とかいうものにしたのだろうかと、不思議に思われる。

馬喰町の茂三は緑毛亀盃を傾け、千住に住んでいる鮒与（鮒屋与兵衛）という者も同じ盃を傾け、一日中客をもてなして、小さな盃で飲んだ数は限りがない。天五（天満屋五郎左衛門）という者は五人と一緒に酒を飲んで、飲敵はみな倒れてのびてしまったが、自分ひとりは平気であった。歌妓のおいく、お文は一日中お酌をして、自分たちも江島盃や鎌倉盃で酒を飲んだ。そのほか女性陣では、天満屋の美代女が万寿無疆盃で酒を飲み、酔った人の世話をしたが、自分は酔った様子には見えなかった。菊屋のおすみは緑毛亀盃で飲み、おつたという女は鎌倉盃で飲み、酔って近所に寝てしまったという。このほか、酒を飲んだとはいえ、その量が一升に満たない者は省いてここでは言及しない。

写山、鵬斎の二先生はともに江島盃と鎌倉盃を傾け、そのほか小さな盃で飲んだ回数は数えられないほどであった。主催者は会の帰りを駕籠で送らせましょうと言っていたが、今日の祝いの宴席に、この辺りの宿場人足たちも酒樽の鏡を打ち抜いて瓢《ひさご》で汲み、思う存分に飲んでいたので、宿場人足たちが嫌がるのを恐れていたが、やはり皆酔い倒れてしまって駕籠をかくものがいなかった。この日の料理を掌った太助という男は、朝から酒を飲んでいて、ついに丹頂鶴盃を傾けたという。

宴席の酒もたけなわになって、すでに盃や皿があちらこちらに散乱するというありさまになっていた。

そうした頃、門の外から案内を請うて入って来た者があった。「どなたですか」と問うと、「会津からの旅人某ですが、この会の事を聞いて、宿屋の主人と押しかけて参りました」と言う。すぐに会場の席に座って、江島盃、鎌倉盃より始めて宮島盃、万寿無疆盃《ばんじゅむきょうのさかずき》を飲み尽くし、緑毛亀盃《みのがめのさかずき》まで合わせて五盃を飲み干し、なおそのうえ丹頂鶴盃にまで及ばないのを歎いた。その場にいた一座の人々はびっくりして、丹頂鶴盃への挑戦はおしとどめた。その人は「よんどころない所用があって、明日は故郷に帰るつもりですので、どうにも仕方がありません。ああ、あすの用さえ無ければもう一盃を飲みつくしましょうものを」と言って一礼して帰っていった。人を遣わしてその後の様子を聞かせると、翌日の辰の刻（午前八時頃）に旅立ったとか。この日、机に向かって酒量を記録したのは、二世平秩東作（鈴木光村）であったとか。

むかし慶安二年、大師河原の池上太郎左衛門底深のもとに、大塚に住む地黄坊樽次というものが主だった上戸を引き連れて押し寄せ、酒合戦をした時の「犬居目礼す古仏の座」という記事が『水鳥記』に見えている。今年、鯉隠居の主人がやってきて、「再びこの酒合戦というものを催します」と語るので、「犬居目礼す古仏の座、礼失して諸《これ》を千寿の野に求む」ということを書いて贈ったところ、この日の掛物にしたと聞いている。

このように巨大な鯨が百の川の水を吸い尽くすような際限のない酒豪たちが、一日中静かに飲んで乱れることがなく、礼儀を失わないというのは上代にもめったになく、末代にもまた稀なことであろう。これはこの度の会の主催者である中六の六十の賀を祝って、このような世にも稀なる戯れ事をなしたのだという。

あの醍醐帝の延喜の御代、「亭子院《ていじいん》に酒をたまわりし記」を見るに、その時選ばれて参上した者はわずかに八人だったが、一座の者はみな酩酊して立居もままならず、ある者は門の外に倒れ臥し、ある者は御殿の上に何とも言えぬものを吐き散らし、わずかに乱れなかったのは藤原伊衡《これひら》ひとりだったので、駿馬を賜って誉められたということである。それは朝廷の美談であるが、こちらの酒合戦は民間草莽における奇談である。

今や隅田川の流れは尽きることなく、筑波山の草木の茂る御山容を仰ぎ見る武蔵野が広々と広がっているように、広大な今の世のお恵みが、延喜の御聖代にも勝っているであろうことは、この一巻を見て知るべきであろう。

六十七翁蜀山人　緇林楼上にしるす

二　「後水鳥記」から見る酒合戦

南畝が引き合いに出した「亭子院《ていじいん》に酒たまわりし記」は平安後期の漢詩文集『本朝文粋』に紀納言（紀長谷雄）「亭子院賜飲記」として収められている。刊本は寛政六年刊と正保五年刊とその後印本で、十四巻と目録一巻を付した古活字本が知られる。南畝の蔵書目録『南畝文庫蔵書目一』（『大田南畝全集』第十九巻）に「本朝文粋　十五巻　活字本」とあるのは、そのいずれかで、南畝は自身の蔵書をみていたことがわかる。延喜十一年（九一一年）六月十五日に宇多法皇のすまいである亭子院でおこなわれた酒の飲みくらべのおおよそは南畝の文でわかるが、どのような飲み方であったのかを「本朝文粋」『新日本古典文学大系』岩波書店[3]の書き下しからみる。

爰《ここ》に勅命有り、二十盃を限り、盃の内に墨を点じ、その痕際を定め、増せず減せず、深浅平均なり。逓《たがひ》に各《おのおの》雄と称して、口に任せて飲み、六七巡に及び、満座酩酊せり。(中略)纔《わず》かに乱れざるものは伊衡《これひら》一人なり。殊に抽賞有りて、一駿馬を賜ふ。事十盃に止まり、更にまた酌まず。(中略)各各《おのおの》に纏頭《てんとう》ありて、倒載して帰る。(中略)ああ、始めその名を聞きては、伯倫《はくりん》再び生まるとも、なほ相抗すること難しと。(中略)古《いにしえ》のいはゆる羊公《ようこう》の鶴とは、諸君の喩《たとえ》か。

新日本古典文学大系本の補注をもとに現代語にしてみる。

勅命により、一人二十盃に限るとされ、盃の内側に墨で印を付け、増やしたり減らしたりせず、みな同じ量になるようにする。皆それぞれに自分こそ一番だといって、口にまかせて、六盃、七盃と飲んだところで、満座のものは酩酊した。(中略)わずかに乱れなかったのは藤原伊衡一人だけである。伊衡は殊に優れたものの功賞として駿馬一頭を賜ったが、飲んだのは十盃まででそれ以上は飲むことができなかった。(中略)参加した者はそれぞれ引出物を賜ったが、酔っぱらってしまい逆さまに車に乗せられ帰っていった。(中略)賜酒に応じた酒豪の名を聞いた当初は、皆あの劉伯倫が再び生まれ現れたとしても、やはりかなうまいと思ったが、劉伯倫に対抗するなど出来なかった。昔の羊公の鶴というのは、参加者諸君のことを喩《たと》えていったものか。羊公鶴とは、羊祜《ようこ》のもっていたよく舞うはずの鶴が客の前では羽をバタバタさせて舞おうとしなかった、期待外れのことの喩えである。

期待外れの酒豪らと伝えられたが、酔い潰れて車に逆さまにのせられ帰っていったのに比べれば、駿馬を賜った藤原伊衡《これひら》は朝廷の美事なのだろう。飲み方は、一定の位置に印を付けた盃を用いて公平を期して盃数を競うものである。伊勢貞頼が室町後期の享禄元年（一五二八）に著わした武家故実の書『宗五大草子』(4)に「十度《とたび》のみ」という飲みくらべのことが記される。同じような飲み方をしたのだろう。

十度《とたび》のみとは。縦《たとえ》バ十人丸く居て。盃を十中に置きて。先壹人《いちにん》盃とてうし（銚子）を取りてはじめさせ申し。さて次に人にさして。其人にてうし（銚子）を可渡。扨又次の人のみて前のごとくすべし。まはり酌也。盃を請取てから銚子を人に渡し候迄。物をもいはず肴をもくはず口をものごふべからず。若《もし》さやうの事あれば。とがおとしとてのませらるゝ也。盃ハ人の器用によりて三ど入白《しろ》土器《かわらけ》などにても侍る也。あひの物などにてハ見をよび候はず候つる。とがおとしの盃ハ。あひの物五ど入りなどにて候し。又十度のみの盃には酒の入候程墨を付候。

車座に座り、各自前に盃を置き、最初の者が銚子から自分の盃に注いで飲み干し、次の者に酌をしてやり、銚子を渡す。次の者も同様に順次繰り返していく。盃を受けてから銚子を渡すまで、言葉を発したり、肴を食べたり、口を拭ってはいけない。そのようなことがあれば罰杯を飲まされる。十度のみの盃には酒の量を一定にする印が付けられた。

千住の酒合戦での最初に飲む量を申告しての飲みくらべは、どこから思いついたものか。『五雑組』ではないかと考える。『五雑組』との関係は別の章でくわしく述べる。

文化十二年十月二十一日（西暦一八一五年十一月二十一日）(5)に江戸北郊千住宿、現在の足立区千住一丁目の飛脚宿の隠居中六こと中屋六右衛門の家で還暦の祝いがあり、酒の飲みくらべ会を開いた。その様子を南畝は「後水鳥記」にまとめたが、揖斐高氏が酒合戦展解説(6)で述べているように伝聞のかたちであることから、南畝は出席していなかったようである。「後水鳥記」に、この日酒量を記録したのは二世平秩東作とある。小山田与清『擁書漫筆』巻第三(7)に酒戦の記録を要約して記したあと「この酒戦記は平秩東作が書きつめたりし也」とあり、二世平秩東作が取りまとめたものを、おそらく鯉隠居が南畝のもとを訪れて闘飲記の作成を依頼したものと思われる。

門にかけた看板は禅寺の不許葷酒入庵門をもじったもの

門に「不許悪客　下戸・理窟　入庵門　南山道人書」という聯《れん》をかけたとある。聯を看板と考えると通常は木の板が想定される。南畝草稿を見ると南山道人書のあとに、判読しがたい文字のようなものが一つある。強いて判読すると「冊《さつ》」に読める。国立公文書館蔵『視聴草《みききぐさ》　九集之十』所収の「後水鳥記」と東京都立中央図書館蔵の『後水鳥記』にも同一箇所に「册《さく》」のように見えるものがそれぞれ一つある。どれも「かきもの」と読むと紙に書いたものと推定できる。それでは南山道人は誰であろう。道人を「どうじん」と読めば書家であるが、「どうにん」と読めば僧侶となる。書の内容は禅寺の門前にある戒壇石「不許葷酒入庵門」に倣ったものである。この時期に存命で、書家として江戸で有名な禅宗の僧、なおかつ南山道人の号を用いている人を調査すると、仙台の正宗山瑞鳳寺（臨済宗妙心寺派）第十四世住職の南山古梁《なんざんこりょう》が比定される。仙台に住居するが相模国の生まれ、江戸で修業をして、寛政五年（一七九三）に瑞鳳寺住職に迎えられている。書家としても有名で南山道人の号を用いている。代表作の一つに東北歴史博物館（宮城県多賀城市）の「富士図自画賛」があり、これも南山道人の号である。「富士図自画賛」は東北歴史博物館のホームページで画像公開されていて、拡大して見ると畳の目が読み取れる。席画ではないかとされるものである。南山と席画の関係でみると、寛政十年に仙台城下の西光院で書画会が開催され、南山と交流をもつ文化サークルが形成されていたという。(8)

遠く離れた仙台の南山とどのような交流があったのかを考察すると、中屋六右衛門の家業である飛脚宿と関係すると思われる。巻島隆氏「千住酒合戦の舞台「中六」とは？広がる飛脚ネットワーク(9)」で、中屋が江戸定飛脚問屋京屋弥兵衛の手引帳『京屋大細見』（逓信総合博物館蔵）に名前が確認される。江戸定飛脚京屋のネットワークを利用すれば京屋仙台店まで物を届けることが可能である。また飛脚屋の支配人層は文芸に関心を持つ者が多いという。京屋仙台店を通じて中屋が南山と交流した可能性は高い。それにしても、なぜ遠い仙台の南山に依頼したのか。南山から祝いの書をもらい、『詩経』「鹿鳴之什天保(10)」にある「南山之寿《なんざんのじゅ》」（人の寿康を祈り、祝う詞句）として当日の掛け物としたかったのではないか。送られてきたものが、禅寺の門前にある戒壇石をもじった「不許悪客　下戸・理窟　入庵門」という書であったので、聯として門前に掲げた。このため、当日の座敷の掛け物は改めて南畝に依頼したものと考える。この聯には伝説がある。建部巣兆の秋香庵の入口に同様の聯が掛けられていて、文化十二年の酒戦会でも使ったという。さらに詳細な後日譚が伝わる(11)。

秋香庵の此の聯は後になって、明治中期頃に、河原横町の途中にある三峯小祠の土抱になってあったのを発見して、同地青物川魚問屋二合半中田勝太郎氏が所蔵されて居たそうであるが、同家の後嗣が絶えたので、此の聯も今は何處に行っておるか判明しない。此の聯が三峯小祠で発見された時は、それが途中から折れて半分は失われてゐたので、秋香庵のすぐ附近に住んでゐた光琳派畫家村越向榮が文字を加えて継ぎ足した。

戒壇石をもじった同一内容の聯が庵の入口あったとしても、それを酒戦会のものとするのはあまりにも短絡である。同一内容の別の物と見るべきである。

この日、用意された盃は、江島盃五合入、鎌倉盃七合入、宮島盃一升入、万寿無疆盃《ばんじゅむきゅうのさかずき》一升五合入、緑毛亀盃《みのかめのさかずき》二升五合入、丹頂鶴盃三升入の六種で高蒔絵の大盃である。後水鳥記に宮島盃は一升入りとあり、『擁書漫筆』に厳島《いつくしま》杯（宮島盃）は九合盛とあるが、後水鳥記に「其量一升にみたざるははぶきていはず」とあり、「高陽闘飲序」も「其の籌の斗（一升と思われる）に満たざる者は、此の数にあらず」とあるところから、一升入りが正しいのであろう。万寿無疆盃の「万寿無疆《ばんじゅむきゅう》」という言葉も『詩経』「鹿鳴之什　天保」にあるもので、長寿を祝う詞句である。
肴は料理人多助が腕をふるう鯉濃などなど
酒の肴は、からすみ（ボラの卵巣の塩漬を干し固めたもの）の薄切り、花塩（焼塩を花の型に入れて固めたもの、どのような形か記載はないが長寿の祝いなら菊花か）、さゞれ梅（小梅漬、『本朝食鑑』では梅干しとは区別している）。蟹があるがこの時期ならば、江戸湾で捕れたガザミ（ワタリガニの仲間）(12) を茹でたものを酢または二杯酢で食したものであろう。鶉の焼鳥は鶉の開いた胴部の一羽分を串焼きとしたもの。羹《あつもの》（汁のある煮物）は綾瀬川で捕れた鯉を筒切の切り身にして味噌で煮た濃漿《のうしょう》（鯉濃《こいこく》）で、椀の脇に黄色味を帯びた鯉の卵を酒で煎ったものを添えて出した。ほかに焼いた蕃椒（唐辛子）もあったようで、掃部宿の農夫市兵衛はこれだけ三つを肴にしている。
この日の料理を掌った太助は、朝から酒を飲みながら最後に三升入り丹頂鶴盃を傾けたとあるが、茶屋兼飛脚宿中屋の元々の料理人なのか疑問がある。天保末期の随筆「貴賤上下考」(13) に次の記事がみえる。

享和より、文化、文政の頃迄、江戸料理やに、名高き料理人をかゝへて、王子のなべ金蔵、今その種を残して、長いも、玉子焼のこる、大おん寺前田川屋の店開きは田助が名を残す、八百松は木挽町芝居茶屋高島やの五助に名を揚る、大伊の小伊のは二町まちに居て、その茶屋を繁昌させる、大坂喜八は薬研堀に見せを開きて人をよぶ、そのまへに至りて多くの料理人有れども、名に聞へたるは此人々にて、世の中の通り者客は、料理人をたづねて、その内へ行、田介を喰に行く、八百松を喰と、人をさしてたづね行しもの、今の世の中には更になし、故にその茶屋にて、高金を出して料理人をかゝへしものといふ、当節は名高きものありても、客は一向構はず

「貴賤上下考」に太助の名はないが、後出の「酒戦会番付」は一区画を設けて太助の名がある。特別に頼まれた名の知られた料理人と考える。闘飲図巻の台所の場面で洗い方に背を向けて、板の間に置かれた俎板（坐り板）の前に座り、庖丁を握っているのが親方の太助である。背を向けていても、親方は鍋の煮え加減、炭火の熾き加減を音を聞いて判断し、洗い方に指示をしていた。

酒は辛口で人気の伊丹の玉緑

酒は伊丹の銘酒「玉緑（たまみどり）」である。この酒の銘柄について、長崎平戸藩の前藩主松浦静山は『甲子夜話』[14]に「予が相撲二代目錦は、かの伊丹の産にして、今茲京帰のとき、刻行のものを上《たてまつ》る」として抱え力士の土産の伊丹銘酒の薦包《こもづつみ》印六十四種を板行したものを綴りこみ、その中に玉緑が見られる。時代は下るが東京都中央図書館蔵『新撰銘酒寿語録』文久元年刊は双六の体裁をとりながら銘酒八十種を載せ、色刷りの玉緑の薦包印を見い出すことができる。玉緑は銘柄としては有名なもののようである。伊予節の替唄に「これは新川名酒の名寄せ、強い剣菱、男山、泉川には四方の瀧水、白菊、泡盛、玉みどり、宮戸川には満願寺、七つ梅には三國山、かみやの菊に壽、めでたい老松、養老酒、萬年酒」というのがあると、忍頂寺務氏「酒のお江戸」[15]にみえる。

伊丹の酒を吉田元氏『江戸の酒—その技術・経済・文化』[16]は次のように述べる。

近世初期の江戸向け酒の主生産地は伊丹で、伊丹酒は「丹醸《たんじょう》」と呼ばれたが、その麹《こうじ》歩合は奈良酒よりも低く、汲水《くみみず》（加える水）をやや多くするタイプだった。また上槽前に焼酎を加えて酒質を強化し、すっきりとした辛口酒が出来た。この技法は「柱焼酎」と呼ばれ、今日のアルコール添加のはしりである。伊丹の小西酒造（白雪）に伝わる文書によれば、元禄十六年（一七〇三）の仕込みは、三段掛けで総米九石七斗、醪《もろみ》の総量十五石三斗六升で、先の南都諸白より十数倍も増加している。麹歩合は酛《もと》が三割三分、添《そえ》の各段階で二割五分から三割である。このように次第に生産規模は増大したが、加えた水の量を総米で割った汲水歩合は奈良諸白とあまり違わない〇・五八（五・八水という）にとどまり、後年の灘酒に比べるとまだ低い。伊丹酒とさらに後発の灘酒を比較すると、灘酒はアルコール濃度を低下させることなく、米を有効に利用し、同一量の米からより多くの酒をつくることができた。幕末の灘酒が米十石に対し水十石を加える「十水《とみず》」の仕込みという、「延びのきく酒」の大量生産を可能にしたのにくらべ、伊丹酒の技術面での立ち遅れが目立ってくる。

伊丹の酒が辛口のすっきりした酒であったことがよくわかる。亭子院《ていじいん》の酒合戦の酒が「甘みが強く、トロリとした粘稠性のある濃醇酒」（小泉武夫『日本酒ルネッサンス』）であったのとは対照的である。また伊丹の酒が衰退した理由として、天保十一年の灘での宮水の発見や灘が港に近いことがよくいわれるが、「延びのきく酒」という技術的なことも一因であるのがわかる。玉緑も後には伊丹から灘に移っていったようである。

飲みくらべの酔客で名があがるのは十一人

後水鳥記に酔客の名は二十一人あがっているが、『擁書漫筆』も参考にして整理してみると次のようになる。

見物客（二人）

文晁（谷文晁）江島・鎌倉盃（一升二合）のほか小盞多数

鵬斎（亀田鵬斎）江島・鎌倉盃（一升二合）のほか小盞多数

飲みくらべ参加者・酒量順（十一人）

下野小山・佐兵衛　七升五合

河田某（会津の旅人）　六升二合

千住掃部宿・農夫市兵衛　四升五合

大長（馬喰町・大坂屋長兵衛）四升（翌日に一升五合）

千住掃部宿・松勘（松屋勘兵衛）三升七合

言慶（新吉原中の町・伊勢屋言慶）三升五合

馬喰町・茂三　二升五合

浅草御蔵前・森田屋出入の左官正太　三升（ただし翌日のこと）

大熊老人（新吉原中の町・大野屋茂兵衛）一升五合ほかに小盞数盃

石市（千住掃部宿・石屋市兵衛）一升五合
大門長次（新吉原）水一升、醤油一升、酢一升、酒一升
接待側（八人）
鮒与（千住掃部宿・鮒屋与兵衛）差添　緑毛亀盃（二升五合）ほか小盞
天五（千住掃部宿・天満屋五郎左衛門）差添　三、四升（『擁書漫筆』）
天満屋美代女（天満屋五郎左衛門の妻）酌取　万寿無疆盃（一升五合）
おいく　酌取　江島・鎌倉盃（一升二合）
お文《ぶん》　酌取　江島・鎌倉盃（一升二合）
菊屋おすみ　酌取　緑毛亀盃（二升五合）
おつた　酌取　鎌倉盃（七合）
太助　料理人　丹頂鶴盃（三升）

飲みくらべ参加者は十一人で、『擁書漫筆』によれば最高位は六種の盃をすべて飲み干し合計九升二合飲んだ、松勘こと掃部宿《かもんじゅく》（千住宿の一部）に住む米屋の松屋勘兵衛であるが、これでは四升飲んだ大長こと大坂屋長兵衛と最手占手《ほてうらて》（第一位・第二位）を争う余地がなくなる。松勘が飲んだのは、後水鳥記にある江島盃から万寿無疆盃までの三升七合ということなのだろう。後水鳥記と『擁書漫筆』の盃の大きさや飲んだ量の差異は、共に酒戦の記録を書き送った二世平秩東作に責があると考えられる。

記録係の二世平秩東作は文武両道の神主

二世平秩東作《へづつとうさく》のことは森銑三氏が「平秩東作の生涯(17)」で次のように記している。

この人については、芍薬亭長根の『芍薬亭文集』初篇の中に（中略）「後《のち》の平秩庵東作、氏は鈴木、名は光村、武蔵国豊島郡豊島村、紀州明神の祠官也。年を享事六十八、文政八年八月廿日に卒。（中略）水筆を揮へば雲を起こし、龍の跳る勢あり。竹刀を舞せば風を生じて、虎を撃の気あり。わきてひな歌に心をとゞむる事深かりし。（中略）」と記してゐるのによって一通りのことが知れるが、（中略）東作の歿した寛政元年には三十二歳だったのであるが、東作との関係は明らかでない。（中略）あるいは東作の歿後、その遺族の許を得て、勝手に二世を稱したのではあるまいか。

『芍薬亭文集』は芍薬亭長根の文をまとめたもので、文武両道の神主で狂歌も詠んだという二世東作の碑文が掲載される。二世東作の石碑は、六阿弥陀第一番・西福寺（北区豊島二丁目）に現存する。紀州明神も現存する紀州神社（北区豊島七丁目）である。現在は神職を柏木神社（北区神谷三丁目）が兼務のため常住していないが、以前は二世東作の子孫が神職を務めていたという。王子町編『王子町誌』昭和三年刊には、刊行当時の紀州神社神職鈴木誠次氏によればとして、二世東作・光村は鈴木誠次氏の曾祖父であるという。

二世東作は、酒合戦の頃千住宿に住んでいたようである。写本で伝わる『諸家人名江戸方角分』（国会図書館蔵、請求番号は別18—20）は南畝の手許にあったもので、奥書に「此書歌舞伎役者瀬川富三郎所著也」「文政元年七月五日竹本氏写来　七十翁蜀山人」と二条の記載がある。成立は文化十四年から同十五年（文政元年）にかけて。江戸を四十八の区画に区分して各区分ごとに人名を収録するが。千住宿の項に二世東作の名が見える。

千住宿

（狂歌師の合印）東作　二世　橋向　杵屋内

号平原屋　多門　元飛鳥山麓　神主

（俳諧師の合印）巣兆

千住宿の項には、二世東作を含め二名の記載があり、もう一名は建部巣兆ですでに故人だが故人の合印はない、消し忘れなのだろう。千住宿も江戸の範疇になっているが、（大橋の）橋向とあり、千住本宿か掃部宿の杵屋に居たらしい。翻刻が和装本の『諸家人名江戸方角分《ほうがくわけ》』近世風俗研究会(18)としてある。書誌・考証については、中野三敏氏の『写楽　江戸人としての実像』中公新書(19)が詳しい。

中野三敏氏によれば、『諸家人名江戸方角分』の内容・性格は以下のようである。

純然たる現存人名録、江戸板の最初は文化十二年（一八一五）九月、西村宗七板の扇面亭扇屋伝四郎編『江戸当時諸家人名録』中本一冊であろう。（中略）文化十二年板の『諸家人名録』全二百二十一名、同編者、同書肆による続編である文政元年板が、初編の洩れを拾って百三十八名。次いで文政三年には文化十二年板の校改板と見返しに記した初編の改訂板が出たが、これは初編と比べてわずかに二名の増補と一名の入れ替えを見たに過ぎない。（中略）『方角分』は明らかにこの現在人名録の系統をひいた新顔の人名録である。そして、千七十七名という収録人員の多さと、その種類もいわゆる「雅人」のみでなく、俳諧師・狂歌師・戯作者・浮世絵師といった俗文壇の人々をむしろ多く採用している。今『方角分』の編者の真意を忖度《そんたく》すれば、京坂に人名録の多きにもかかわらず、江戸にその挙なきを憂えていたところ、たまたま文化十二年に『江戸当時諸家人名録』の刊行をみたが、内容のあまりに雅人に傾けるを飽き足らずとして、俗雅を網羅する人名録の編纂にのり出したもの、とみておくことが出来るのではなかろうか。というのは、編者富三郎はその役者としての発端を上方芝居に属していた人であり、また『方角分』には、文化十二年板『諸家人名録』の収載人員二百二十一名のすべてをそっくりとり込んでいるというようなことを勘案して言えることである。

千住宿二丁目の名主永野家に伝わる古文書に『旧考録《きゅうこうろく》』(20)という古記録がある。前編と後編に分かれる。前編は千住二丁目の神社縁起で弘化二年の成立で作成者は永野彦右衛門政重。後編は千住の過去から当時までの事跡や千住にかかわる著名人の事跡など嘉永期までの内容が記載され、時期から永野長右衛門忠導と推測されている。後編に「平秩庵東作」の項があり「文化之年間に宿の半字《なかば》虎斑に住居す、後の平秩庵東作」で始まり、後には『芍藥亭文集』と同じ内容（西福寺の後平秩庵東作碑の碑文）が記される。「字虎斑《あざとらふ》」というのは千住宿一丁目の宿外にあった将軍鷹狩の鳥見役《とりみやく》の役宅である鳥見屋敷のあった辺りである。屋敷神が虎斑稲荷として信仰され、現存している。

参加者の中には幇間・男芸者

酒だけでなく水一升、醤油一升、酢一升、酒一升合計四升を飲んだ「名だゝるをのこ」大門長次はどんな男であろう。山東京山の『蜘蛛《くも》の糸巻《いとまき》』弘化三年序[21]に「北廓のたいこもち、名高かりし五町と云ひし者」という幇間《たいこもち》を「名高かりし」とした用例がある。三味線の伴奏付きで飲み干すのも座敷芸のようであり、大門《おおもん》とは吉原大門のことと思われる。幇間（男芸者）ではないかと推測された。「吉原細見」で確認してみると、『新吉原細見　文化十三年春』[22]の男芸者之部に荻江《おぎえ》長次の名があり、当時荻江風（明治になり荻江流という）といった三味線の伴奏で唄う座敷芸の一派の男芸者とみてよいであろう。『新吉原細見　文化十一年春』、『新吉原細見　文化十一年秋』（東京都立中央図書館蔵）には荻江長次の名はなく、文化十二年から座敷に出ていたと思われる。また当日の記録を記した「酒戦会番付」[23]に「吉原　荻喜」、「同　荻佐」という名があり、「吉原細見」をみると男芸者之部に「荻江喜十」、「荻江佐久助」の名があることから、長次が朋輩を引き連れて参加したのであろう。

南畝は、長次を評するにあたり「かの肝《きも》を鱠《なます》にせしといひしごとく」といっているが、これは『宇治拾遺物語』[24]にある「盗跖《とうせき》と孔子の問答の事」の「我が心にかなはば用ひん。かなはずは肝鱠《きもなます》に作らん」や『源平盛衰記』[25]にある「屋島合戦 付《つけたり》 玉蟲立扇与一射扇事」（那須与一の扇の的）にある「此扇誰か射よと仰られんと。肝鱠を作。難唾《かたず》を飲る者もあり」を想起したのかもしれない。あるいは『荘子《そうじ》』[26]にある「孔子が盗跖の所に行くと、折しも人間の肝の鱠を食べていた」ことを思ったものなのであろうか。

宴会の半ばで唄や踊りを披露することを「お肴舞《さかなまい》」[27]といい、宴席の肴は料理だけでなく唄や踊りも含まれ主人、客ともこれを鑑賞するという。客が唄うものも芸人が唄うものもあったという。石市の大尽舞の唄や踊り、大門長次の酒一升、酢一升、醤油一升、水一升を三味線の響きに合わせて、それぞれ飲み尽くすという芸は、お肴舞である。

大酒会のプロデューサーは青物問屋の鯉隠居

南畝のもとを訪れ、酒合戦を再び催すと告げて掛け物を依頼し、おそらく二世平秩東作の記録を持参して酒戦記を依頼した鯉隠居《こいのいんきょ》こと坂川屋利右衛門（山崎氏）のことは、すでに『東京市史稿』の編纂をしていた島田筑波（一郎）氏が昭和十年に探訪記[28]で発表している。千住河原町（千住宿の一部）のクワイなどの土物を扱う青物問屋の主人で、絵画（別号に六々隠居、頌酒堂）や俳諧（俳号鯉隠）もする文化人である。子孫の家で過去帳を確認し、「弥勒庵無着信士　安政元寅年七月十七日　鯉隠事」というのを見ている。鯉隠居は文化十四年五月に千住掃部宿の源長寺で行われた書画会の開催前後に、小山田与清のもとを度々訪れていたことが与清の日記『擁書楼日記』[29]の記事（文化十四年四月二十九日、五月十九日、六月十一日）からわかる。同様に南畝を訪れたのであろう。

正面の掛け物は水鳥記と千住を読みこんだもの

南畝が鯉隠居に依頼されて書き贈った掛け物「犬居目礼古仏座《けんこもくれいこぶつのざ》、礼失求諸千寿野《れいしつしてこれをせんじゅのやにもとむ》」を喜多村信《のぶ》節《よ》（筠庭《いんてい》）は『嬉遊笑覧《きゆうしょうらん》』(30)に次のように記す。

> 水鳥記といふ草子は酒戦の戯文なり、其中に犬虎目礼木仏座といえることあり。近年千住宿にて酒の飲みくらべしたる時、江戸の聞人《ぶんじん》に詩歌など乞いける。太《（ママ）》田南畝がこの冊子の語をとりて犬虎目礼木仏座、礼失求諸千寿野と書たり。この事を如何心得たるにかしらず。此草子もとより誤字多し。おもふに犬居目礼古仏座なるべし。犬居は犬の如く居る也。目礼は字の如く、目にて聊かゑしやくするのみ、古仏座はすこしも動かず居る、みな無礼講のふるまひなるべし、なめげなるを、此会の法とするなるべし。

南畝は、後水鳥記に「犬居目礼古仏座《けんこもくれいこぶつのざ》」としているが、信節の批判を後で知って草稿作成時に直してしまったのであろう。南畝の『玉川砂利』（『大田南畝全集第九巻』）に「犬居《ケンコ》目礼古仏の座など丶いへる酒宴の道云々」と記しているが、欄外にさらに「犬居目礼古仏の座」と書き込んでいる。「犬居目礼古仏の座」を知らなかったわけではない。

強いて推論すれば、江戸版『水鳥記』の板元が「犬虎目礼木仏座」から変えたのではないかと考える。「犬虎目礼木仏座」では意味不明のため、「犬居目礼古仏座」に変えたのではないか。これなら信節の解釈したように理解できる。「犬居《いぬい》」は用例があり、「古仏《こぶつ》」も用例があり悟った者をいい悟った者は不動といわれる。京版『水鳥記』で慶安元年を慶安二年に時期を変え、両者和睦を樽次の勝ちに変えたのと比べれば、些細な変更にすぎない。

後水鳥記の執筆は南畝の自宅緇林楼

南畝は「緇林楼《しりんろう》上にしるす」と締め括っている。緇林楼は文化九年七月五日に引越した駿河台淡路坂（千代田区神田駿河台四丁目）の拝領屋敷を名付けたもので、晩年十一年を過ごした永住の地である。神田川を隔て湯島聖堂が望め、聖堂にある「杏壇《きょうだん》」の額にちなみ、『荘子』「漁夫」から緇林楼と名付けた。南畝はこの新居で後水鳥記をまとめことがわかる。出典を明治書院『新釈漢文大系8』を参考に示す。

（原文）孔子游乎緇帷之林、休坐乎杏壇之上。弟子読書、孔子弦歌鼓琴。

（書き下し）孔子緇帷の林に游び、杏壇の上に休坐す。弟子、書を読み、孔子、弦歌して琴《きん》を鼓す。

（通釈）孔子はある時、こんもりと繁った林の中に行き、杏《あんず》の木のはえた高台に腰をおろして休息した。弟子たちは書物を読み、孔子は歌を歌いながら琴《きん》をひいていた。

第四章　亀田鵬斎「高陽闘飲序」を読み解く

一　「高陽闘飲序」から見る酒合戦

文化十二年の千住の酒合戦がどのようであったか、その様子を記す闘飲図巻の亀田鵬斎《ほうさい》高陽闘飲序から見ていく。

高陽闘飲序は、南畝『一話一言』自筆本[1]に記載のある「高陽闘飲巻」のものを使用した。図巻のオリジナルに近いものとして採用したが、図巻との比較で脱漏と認めた箇所「或は七升」を図巻から補い［　］で示した。また、書き下しは拙稿[2]掲載の嵯峨寛氏の教示によるものを使用させていただいた。

高陽闘飲序

千寿駅、中六亭主人、今茲年六十。於是開初度之宴、為闘飲之会。乃先期発招単、大集都下田間之飲客。如狂花俗言波良多智上戸、病葉俗言祢武利上戸、酒悲俗言奈起上戸、歓場害馬俗言利久津上戸之類、則概断。卜吉之日、相会者凡一百余人。皆一時之海量。各々左右分隊相坐、毎方一人升席。左右二人、相対而挙白焉。乃立觴政、置録事而督之。嬌女三人侍其側而給仕焉。皆柳橋之名妓也。一人捧盃而進、舎其前。二人各執注子、左右注之。其酒即謂玉緑、即伊丹之上醸。其羹則鯉魚、即綾瀬之鮮鱗也。肴核雑陳、種々不一。其盃則描金彫鏤、実希世之珍也。自五升而登之、[或七升]、或一斗、或一斗二升、受三斗為至大而已。或有一口吸尽者、或有数口而竭之者。大小之盞、一々傾其籌者、是為第一名焉。其余則次之為差、各々簿録、以課甲乙輸贏。其籌不満斗者、不在此数。各々双手捧盃引満、轟飲不余一滴。実如長鯨吸百川矣。観者皆吐舌、座客喝采不已。至飲畢、衆莫有多言喧嘩。皆致礼辞謝而帰。余亦酒人也。雖然吾自知其量之不敵、退逃其隊、在傍而観之。乃歎云。古人謂酒有別腸者、如今日之人邪。宋張安道、劉潜、石曼卿、日夜対飲、而不別輸贏。明王漸、白下道士、闘飲而定甲乙、水蓮道人輯酒顛、無懐山人著酒史、以述其事、為太平之盛事。不亦宜乎。嗚呼主人寿已六十、而又、自祝此太平之盛事。則主人之先、其有天之美禄者乎。時文化十二年、歳舎乙亥、冬十月廿一日也

関東鵬斎老人與稺竜父撰

高陽闘飲序（書き下し）（嵯峨寛氏の教示による）

千寿駅、中六亭主人、今茲《ことし》年六十。是に於て初度（誕生日）の宴を開き、闘飲の会を為す。乃《すなわ》ち期に先だちて招単（招待状）を発し、大いに都下田間（近郊）の飲客を集む。狂花《きょうか》俗に言うハラタチ上戸、病《びょう》葉《ば》俗に言うネムリ上戸、酒悲《しゅひ》俗に言うナキ上戸、歓場害馬《かんじょうがいば》俗に言うリクツ上戸の類の如きは、則ち概《おおむ》ねこれを断つ。吉の日を卜《ぼく》し、相会する者おおよそ一百余人。皆一時の海量《かいりょう》なり。各々左右に隊を分かちて相坐し、毎方一人席に升《のぼ》る。左右二人、相対して白《はく》（諸白《もろはく》）を挙ぐ。乃《すなわ》ち觴政《しょくせい》を立て、録事を

置き之を督《とく》す。嬌女三人其の側に侍して給仕す。皆柳橋の名妓なり。一人盃を捧げて進み、其の前に舎《お》く。二人各《おのおの》注子を執《と》り、左右に之を注ぐ。其の酒はいわゆる玉緑、即ち伊丹の上醸。其の羹《こう》は則ち鯉魚、即ち綾瀬の鮮鱗なり。肴核（果物）雑陳、種々一ならず。其の盃は則ち描金彫鏤《ちょうる》、実に希世の珍なり。五升よりして之を登り、［或は七升］、或は一斗、或は一斗二升、三斗を受くるを至って大と為なり。或は一口に吸い尽す者有り、或は数口にして之を竭《つく》す者有り。大小の盞《さん》、一々其の籌《ちゅう》を傾くる者、是《こ》れ第一名と為すなり。其の余は則ち之を次いで差となす、各々簿録、以って甲乙の輸贏《しゅえい》を課す。其の籌《ちゅう》の斗に満たざる者は、此の数にあらず。各々双手盃を捧げて満を引き、轟飲一滴を余さず。実に長鯨の百川《ひゃくせん》を吸うが如し。観る者皆舌を吐き、座客喝采已《や》まず。飲み畢《お》わるに至るも、衆多言喧嘩有ることなし。皆礼を致し辞謝して帰る。余も亦《また》酒人なり。然りと雖《いえど》も吾自ら其の量の敵せざるを知り、退いて其の隊を逃げ、傍に在りて之を観る。乃《すなわ》ち歎じて云う。古人謂《い》へらく酒に別腸なる者有りとは、今日の人の如きか。宋の張安道、劉潜、石曼卿は日夜対飲するも、輸贏《しゅえい》を別たず。明の王漸、白下道士は闘飲して甲乙を定め、水蓮道人酒顚《しゅてん》を輯め、無懐《ぶかい》山人は酒史を著して、以て其の事を述べ、太平の盛事と為す。亦《また》宜からずや。嗚呼《ああ》主人寿已《すで》に六十、而して又、自ら此の太平の盛事を祝う。則ち主人の先《せん》（先祖）、其れ天の美禄《びろく》有る者か。時文化十二年、歳（太歳星）乙亥《おつがい》に舎《お》る、冬十月廿一日なり

関東、鵬斎《ぼうさい》（号）老人與《おこる》（名）穉竜父《ちりゅうほ》（字）撰す

高陽闘飲序（現代語訳）

千住宿の中六亭主人は今年六十歳、誕生日の宴を開き、酒の飲くらべの会を行った。開催の期日に先立って招待状をおくり、大いに近郊の酒呑みを集めた。狂花《きょうか》（腹立ち上戸）、病葉《びょうば》（眠り上戸）、酒悲《しゅひ》（泣き上戸）、歓場害馬《かんじょうがいば》（理窟上戸）の類は概《おおむ》ねこれを断った。吉日をうらないさだめ、集まった者は一百余人。みな一時の大酒呑みである。左右に分かれて、それぞれ一人ずつ席につく。左右の二人、相対して酒の入った盃を飲み干す。飲酒の規制をさだめ、記録係を置き監督する。美女三人がその側で給仕する。みな柳橋の名妓である。一人が盃を捧げて進み、客の前におく。二人おのおの注子を執って、左右に酒を注ぐ。酒は玉緑《たまみどり》という、伊丹の上等な酒である。羹《あつもの》は鯉魚で、綾瀬川でとれた新鮮なものである。酒の肴と果物はいろいろなものをおおくならべる。用いる盃は金で描いた高蒔絵で、実に世にまれなものである。五升入りからはじまり、七升入り、一斗（中国の斗のことか）入り、一斗二升入りで、三斗入りがもっとも大きい。盃の酒を一口に飲み尽す者や数口で飲む者がいる。大小の盞《さかずき》を一つ一つ数とりして傾ける者を最初に名をとどめる。そのほかは順番を定めて、おのおの記録をして、勝負順位を割り当てる。飲んだ量が斗（一升の意と思われる）に満たない者は、この数に入れない。おのおの両手で盃を捧げてなみなみとついだ酒を飲む、がぶ飲みして一滴ものこさない。杜甫が飲中八仙歌の中で飲むこと長鯨（大きな鯨）の百川を吸うが如しと詠んだとおりである。観る者は皆ひどく驚き、座客の喝采はやまない。飲みおわっても、みなおしゃべりや喧嘩はない。礼をしてあいさつしてからもどる。私もまた酒呑みである。とはいえ自らの酒量の敵せざるを知って、その隊列を離れ、傍でこれを観る。とても感心する。古えの人がいうように酒は別腸（別腹）（宋の司馬光『資治通鑑』(4)にみえる）という者がいるとは、今日の人をいうのであろうか。宋代の張安道、劉潜、石曼卿は日夜飲くらべしたが、勝負が決まらなかった。明代の王漸と白下道士は飲くらべして順位を定だめ、水蓮道人（夏樹芳《かじゅほう》）は『酒顚《しゅてん》』（酒狂いの意）に飲酒家の逸話をまとめ、無懐山人《ぶかいさんじん》（馮時化《ふうじか》）は『酒史』に飲酒家の小伝を著して、酒の飲くらべのことを述べ、太平のめでたいこととした。よいことである。主人は六十の長寿、そして、自らこの太平のめでたいことを祝う。『漢書』(5)に酒は天の美禄《びろく》とあるが、主人の先祖は天からの賜り物の有る者であろうか。時に文化十二年、十二支の位置を示す太歳星（木星）が乙亥《おつがい》にある、冬十月二十一日のことである。

鵬斎が「高陽闘飲」としたのは、司馬遷『史記』にある酈食其《れきいき》が沛公《はいこう》（後の漢の高祖）に面会を求めて儒者とは会わないと断られたとき「吾は高陽の酒徒なり、儒人に非ざるなり」といった高陽酒徒の逸話によるとされる。ただ、司馬遷が記したのは別の話で、高陽酒徒は後の人が『史記』に付け加えたとされていて、『史記』の解説書では省略されることが多い。我が国にある『史記』の南宋版の板本（国立歴史民俗博物館本）の影印本(6)をみると、酈生陸賈列伝《れきせいりくかれつでん》第三十七ではなく朱建伝の末尾にあり、付け加える際に場所を誤ったとされる。この話のもとは『太平御覧《たいへいぎょらん》』(7)巻三百四十二（兵部）と巻三百六十六（人事部）にある司馬遷と同時代の陸賈《りくか》の『楚漢春秋』にある高陽酒徒の逸話とされる。

鵬斎は、明の夏樹芳《かじゅほう》の『酒顚《しゅてん》』と馮時化《ふうじか》の『酒史』を見て序文をまとめている。張安道らのことは『酒顚上巻』に「宋の張安道、字は方平。（中略）劉潜、石延年（石曼卿）、李冠と飲むに何杯飲むなどと言はず、ただ何日飲むとのみ言った」とある。王漸らのことは『酒史』に「王漸は臨江の人。（中略）或時南京で一人の善く飲む道士と飲み競べした。まず酒を甕の中に満たし、起って道士に一礼して甕を捧げ、鯨の川を吸うが如く一気に飲みほした。復び酒を満たして道士に勧めた。道士が飲んだ。そこで再び前の如く酒を満たして、道士に先に飲めと命ずると道士は強《し》ひて飲んで半ばに至り、跪《ひざまず》き謝《あやま》って云う「君には勝てません」と。王漸笑って曰ふ「是《こ》れしきのことで、何《どう》して飲み相手になれようか」と。更に大盃で酌み、一石《こく》を盡して（中略）遂に酔ふに至らなかった。」白下道士は白下（南京の異名）の道士の意味である。『酒顚下巻』には酈食其《れきいき》の記事もある。「食其《いき》は儒者の衣服を着て軍門に謁した。沛公は儒者を好まず、使者をして謝《ことわ》らしめて曰ふ「未だ儒者を見る暇はない」と。食其は剣を按《おさ》え使者を叱って曰ふ「我は高陽の酒徒だ、儒者ではない」と。沛公は遽《にわ》かに之を延《まね》き入れて面會した」とある。鵬斎はここから高陽闘飲を想起したのかもしれない[8]。

鵬斎が李白に傾倒していたことから、『史記』の逸話というより、李白の梁甫吟に引用する高陽酒徒ではないかと考える。梁甫吟四十三行のうち該当箇所を武部利男氏[9]の書き下しと通釈でみる。

梁甫吟（十一行から十八行の部分）と書き下し

君不見高陽酒徒起草中　君見ずや高陽の酒徒、草中に起り
長揖山東隆準公　山東の隆準公に長揖《ちょうゆう》せるを
入門開説騁雄弁　門に入り説を開き雄弁を騁《は》すれば

両女輟洗来趨風
東下斉城七十二
指麾楚漢如旋蓬
狂客落拓尚如此
何況壮士当群雄

両女洗うことを輟《や》めて来たって風に趨る
東のかた斉城七十二を下す
楚漢を指麾して旋蓬《せんぽう》の如く
狂客落拓するも尚《な》お此《かく》の如し
何ぞ況《いわ》んや壮士の群雄に当るをや

梁甫のうた（十一行から十八行の部分）の通釈
君は知らないか、高陽の大酒のみが雑草の中から身をおこし
山東の鼻の高いおやじ（沛公）に軽い会釈をしたことを
門を入るなり議論をはじめよくまわる舌でまくしたてたので
二人の女はおやじの足を洗うのをやめ、あわてて彼のきげんをとった
彼は東方におもむき舌先三寸で斉の七十二城を降伏させ
楚と漢の両軍を指揮して風に舞うよもぎの穂のように手玉に取った
きちがい先生と呼ばれおちぶれていた者ですらこういった仕事ができる
まして血気さかんな志士が英雄たちにぶつかろうとするならなおさらだ

梁甫吟には不遇の志士の時期到来を待つ気持ちを詠いあげているが、草野にいる李白の鬱屈がみえる。

鵬斎も寛政異学の禁に反対し、自らの学塾を閉めてしまい「吾は高陽の酒徒なり、儒人に非ざるなり」の心境であったであろう。小山田与清の『松屋筆記』巻之十四の「文人の素性」[10]によれば、この時期の鵬斎は「大田南畝は御徒也今は支配勘定に登用せらる（中略）亀田鵬斎は横山町の鼈甲屋也（中略）かくいふ与清は（略）」と南畝らとならび記されていて、李白の心情に共感するものがあったとみるのは、うがち過ぎであろうか。

二　大窪詩仏「題酒戦図」を読み解く

闘飲図巻の詩仏の漢詩を見る。詩仏の漢詩にはなぜだか「酒」の文字が脱漏するので、南畝の『一話一言』に従い「酒」を補った。

大窪詩仏の題酒戦図

酒戦場中勒二酒兵一　東西排列各策レ名
肴如レ陵酒レ如海　飲似三千尺横二潮鯨一
時今太平無二一事一　纔於二酔郷見二戦争一
鴛鴦杯、鸕鷀杓　満々斟来軽々傾
将二此酒軍一有レ所レ向　定識天下無二愁城一
生来我亦太愛レ□（脱）酒カ　糟邱會欲レ因二君営一
題酒戦図　詩仏老人大窪行

題酒戦図（書き下し）

酒戦場中、酒兵を勒《ろく》す（集結する）
東西排列し 各《おのおの》 名を策《さく》す（名札をつける）
肴は陵《おか》の如く、酒は海の如く
飲むこと千尺の潮鯨（大きな鯨）を横たふるに似たり
時に今太平一事無し
纔《わず》かに酔郷に於《おい》て戦争を見る
鴛鴦《えんおう》（オシドリ）の杯と鸕鷀《ろじ》（鵜の鳥）の杓
満々と斟《く》み来たり軽々と傾《かたむ》く
此の酒軍を将《ひき》（率の意）いて向う所有らば
定めて識る天下に愁城《しゅうじょう》（悲しみの町）無からん
生来我も亦 太《またはなはだ》だ酒（原文では脱する）を愛す
糟邱《そうきゅう》は會《かなら》ず君の営（陣営）に因らんと欲す
　酒戦図に題す。詩仏《しぶつ》（号）老人、大窪行《おおくぼぎょう》（名）

補注　この詩は七言歌行という楽府体の詩。よって七言句の中に、三言二句が混じることがある。「本能寺、溝幾尺」で始まる頼山陽の有名な詩もこれと同じである。鸕鷀の杓は、鵜の首の黒く長いのを酒を汲む柄杓になぞらえたものか。糟邱は酒糟の丘、即ち酒かすを積み上げた丘、転じて飲酒にふけること。夏の桀《けつ》王の故事による。結句の會の字は唐詩に慣用のことばで、會須なども使い、必ずの意である。

詩意　酒戦の会場に酒飲みを集結させる。相撲の取組のように東西に分け名前を呼び出す。肴は丘のように盛られ、酒は海のように満たされる。その飲む様は大きな鯨が海の水を吸い込むようだ。今は太平の世で争いもない。ただ酔い心地の中に酒の戦《いくさ》を見るのみ。見事な蒔絵の鴛鴦《おしどり》の羽のように美しい杯に、鵜の首の様な黒い杓で満々と酒を汲み、軽々と杯を傾ける。これらの酒飲みのいくところ全く愁いなどない。私も大酒飲みではあるが、かれらには、とてもかなわない。

参考　楽府《がふ》は、漢代の主として民間の歌謡だったが、唐以降は歌詞だけが残り、それに倣って新しく作詞され、古詩の一体（楽府体）となった。『白氏文集』によって日本ではよく読まれたことから、特に唐の白居易の新楽府をいう。頼山陽『日本楽府』(11)に収められた本能寺は、冒頭詩句より「吾敵正在本能寺」の方が知られるようになった。楽府の詩句は長短句の混じったもの（雑言《ざつげん》）が多い。

本能寺

本能寺、溝幾尺　　本能寺、溝幾尺《いくせき》なるぞ
吾就大事在今夕　　吾れ大事を就《な》すは、今夕《こんせき》に在り
茭粽在手併茭食　　茭粽《こうそう》手に在り、茭《こう》を併せて食ふ

四簷梅雨天如墨　四簷《しえん》の梅雨、天《てん》墨の如し
老阪西去備中道　老阪《おいさか》西に去れば備中の道
揚鞭東指天猶早　鞭を揚げて東を指せば、天猶《てんな》ほ早し
吾敵正在本能寺　吾が敵は正《まさ》に本能寺に在り
敵在備中汝能備　敵は備中に在り、汝《なんじ》能く備へよ

参考の注　茭粽はちまき。茭はちまきを包むマコモ。四簷は四方の軒。老阪は山城と丹波の境。吾敵とは織田信長。敵とは豊臣秀吉。汝とは明智光秀。

鴛鴦《えんおう》（オシドリ）は男女の仲むつまじいたとえが多いが、ここでは美しいものの形容として用いている。参考例を李白の宮中行楽詞の第二首に翡翠《ひすい》（カワセミ）とともに鴛鴦をつややかで美しいもののたとえを引く。久保天随訳解『李白全詩集[12]』の書き下しと詩意の一部を引用させていただいた。

宮中行楽詞（李白）
柳色黄金嫩。梨花白雪香　柳色は黄金嫩《どん》なり、梨花は白雪香《はくせつ》ばし
玉楼巣㆓翡翠㆒。珠殿鎖㆓鴛鴦㆒　玉楼《ぎょくろう》には翡翠《ひすい》を巣《すま》い　珠殿《しゅでん》には鴛鴦《えんおう》を鎖《とざ》す
選妓随㆓雕輦㆒。徴歌出㆓洞房㆒　妓を選んで雕輦《ちょうれん》に随い、歌を徴して洞房《どうぼう》を出ず

宮中誰第一　飛燕在㆓昭陽㆒　　宮中誰か第一、飛燕（趙皇后）は昭陽に在り

詩意　柳は嫩《わか》い芽を吹き黄金色をなし、梨の花は白雪《はくせつ》の香りを吹くが如く春の真盛りである。宮女（妓）は翡翠《かわせみ》や鴛鴦《おしどり》の羽のようにつややかで美しく、玉楼や珠殿に居を占めている。君主はその特に美なるものを選んで、出遊の際は雕輦《ちょうれん》（人の曳く雕飾のある車）に随はしめ、酒宴の節は歌を歌わせるため洞房《どうぼう》（奥深い部屋）から召し出されるものもある。しかし、宮中において寵幸第一を誇るものは、昭陽殿に在る趙飛燕（飛燕は号）その人で、色芸ともくらべるものはない。

「鴛鴦杯、鸕鷀杓」に似た例は、李白「襄陽歌」の中に「鸕鷀杓、鸚鵡盃」というのがある。鸚鵡はオウムガイの貝殻で作った盃である。(13)

襄陽歌（李白）

鸕鷀杓、鸚鵡盃　　鵜の首形の杓と鸚鵡貝の盃で
百年三万六千日　　一生を百年とし三万六千日
一日須三百盃傾　　毎日三百盃づつ傾けるべきである
遥看漢水鴨頭緑　　遥か看る漢水の鴨頭緑《おうとうりょく》（鴨首の羽色に喩えた緑）
恰似葡萄初醗醅　　恰度《ちょうど》葡萄酒の諸味《もろみ》に添へをしたばかりのようだ
此江若変春酒作　　此の川が若《も》し変じて春酒となるならば

壘麴便築糟丘台　麴を積み累ね糟丘《そうきゅう》台を築かうものを

三　市河寛斎の漢文跋を読み解く

闘飲図巻の寛斎の漢文跋を見る。南畝の後水鳥記、鵬斎の序文を見たとあるので、十二月にはできていたことがわかる。

市河寛斎の漢文跋

前年余在二崎陽一、屢与二唐客劉景筠、江芸閣輩一飲。皆善能飲二其酒一
而不レ能レ飲二吾酒一。因叩二其説一、乃云、苦醇醲而頭痛矣
試味二其所レ齎紹興酒者一、甚淡而帯レ酸、飲至数十盞、始能面潮紅
已因レ是観レ之、八僊歌中、三盃已上、飲至二五斗者、亦甚易々已
頃千住中六隠居、以二酒戦図巻一乞二跋尾一。南畝酔客記レ之
鵬斎酒人序レ之、尽矣。如二余小戸一、夫復何言
唯記前年与二唐客一飲事而返レ之。嗚呼使下此酒兵与二彼十万一
相中当、千倉海上上、則其能不二酔倒一而帰者、亦僅三人也已
乙亥嘉平月、寛斎寧題、時年六十七

漢文跋（書き下し）

前年、余崎陽《きよう》（長崎）に在りて、屢々《しばしば》唐客の劉景筠《りゅうけいいん》、江芸閣輩《こううんかくら》と飲む。皆、能く其酒飲めども、吾酒を飲む能はず。因って其説を叩くに、乃《すなわち》云う、苦《はなは》だ醇醲《じゅんげん》（強い）にして頭痛《いた》むと。試みに其の齎《もたら》す所の紹興酒なるものを味わうに、甚だ淡くして酸を帯び、飲んで数十盞《さん》（盃）に至りて、始めて能《よ》く面潮紅す。已《すで》に是に因って之《これ》を観るに、八仙歌中（杜甫の飲中八仙歌）の三盃已上《いじょう》、飲んで五斗に至る者も、亦《また》甚だ易々《いい》たる已《のみ》。頃《このごろ》千住中六の隠居、酒戦図巻を以って跋尾を乞う。南畝酔客之《これ》を記す、鵬斎酒人之《これ》を序して尽せり。余が小戸如き、夫《そ》れ復た何をか言わん。唯だ前年唐客と飲みし事を記し之《これ》を返す。嗚呼《ああ》此の酒兵をして彼《か》の十万と千倉《ちくら》の海上に相《あい》当らしめば、則ち其の能く酔倒せずして、帰る者も亦《また》僅かに三人ならん已《のみ》。

乙亥嘉平《おつがいかへい》月（十二月）、寛斎《かんさい》（号）寧《ねい》（名）題す。時に年《とし》六十七。

補注　右は市河寛斎の題辞。弘安の役（一二八一年）に元軍覆没して、生還する者三人のみと元史に記されているのを受けての結びであろう。

文意　前年（文化十一年）、私は長崎に滞在していて、来航した清人の劉景筠、江芸閣らとたびたび酒を酌み交わした。彼らの持ち来る酒は皆よく飲むが、私の持参した酒はあまり飲まなかった。このため理由をたずねると、つぎのように答えた。日本の酒はとても強い酒で飲むと頭が痛くなる。試しに彼らの持参した紹興酒というものを味わってみると、甚だ淡くして酸を帯び、数十盃飲んでやっと顔が赤くなってくる。こうしてみると、杜甫の飲中八仙歌にある「三盃已上、飲んで五斗に至る者」も、またきわめて容易なのではないか。この頃、千住中六の隠居、酒戦図巻の跋尾を乞いにきた。南畝酔客がすでに後水鳥記を記し、鵬斎酒人が高陽闘飲序を記している。私のようなさほどの酒飲みでないものが記すようなことはない。ただ前年に清人と飲んだ事をここに記す。ああ、この会に参加したものたちを酒兵として、あの元寇《げんこう》のときのように彼《か》の十万の軍勢とちくらが沖（千倉《ちくら》の海上）で酒戦にあたらせれば、元史に記される故事の如く、彼《か》の軍勢は酔倒せずして帰る者僅《わず》かに三人のみということになろう。

参考　「三盃已上、飲んで五斗に至る者」とは「張旭三盃草聖伝（張旭《ちょうきょく》は三盃にして筆を執り、草書の聖者と伝えられる）」と「焦遂五斗方卓然（焦遂《しょうすい》は五斗飲むと、しゃんとしてどもりがなおった）」のこと。ちくらが沖は朝鮮と日本との潮境をいうが、海上に現れる潮境は異界との境目ともいわれる。詩仏の「纔於酔郷見戦争」から酔郷にたとえたものか。紹興酒のアルコール度は低いものにあたる。同じ醸造酒でも日本の酒はアルコール度が最も高いという。

寛斎は文化十年から文化十一年のほぼ一年間、旧知の牧野成傑《しげたけ》が長崎奉行として赴任するのに随行して長崎に滞在していた。交易船で長崎に来航した清人と交歓した。文化十一年五月に来航した江芸閣とは頻繁に交遊していたことが寛斎の『瓊浦夢余録《けいほむよろく》』[14]で知ることができる。瓊浦《けいほ》は崎陽《きよう》と同様に長崎の別称である。

『元史』巻二〇八外國（外夷）傳・日本に「十萬之衆、得還者三人耳《のみ》（十萬の衆、還るを得たる者三人のみ」とある。参考とした和田清編訳『旧唐書倭国日本伝・宋史日本伝・元史日本伝[15]』の訳註によると、三人は本文にある于闐、莫青、呉萬五であろうという。また『元史』巻一二八・相威傳には「士卒喪十六七（士卒喪《うしな》うこと十の六、七）」、『元史』巻一二九・阿塔海傳には「喪師十七八（師を喪《うしな》うこと十の七、八）」とある。兵の六、七割、将の七、八割を失う大敗を「十萬之衆、得還者三人耳《のみ》」と表わしたようである。

詩仏と寛斎はともに酒兵ということばを用いているが、酒を兵にたとえるのは古くは『南史』の南史列傳陳暄《ちんけん》に見え、これが引用されている。『和刻本正史南史[16]』を参考として見ると「故江諮義有言。酒猶兵也。兵可千日而不用。不可一日而不備。酒可千日而不飲。不可一飲而不酔（かって江総《こうそう》にたずねるとつぎのようにこたえた。酒は兵のようなものだ。兵は千日も用いないで済ませるが、しかし一日たりとも備えなしではすませぬ。酒は千日も飲まずに済ませるが、しかし一たび飲めば酔わずには済ませぬ）」とある。江総は梁・陳・隋の三朝に仕え、陳のとき尚書令となったが、政務を顧みず、宴遊にふけりはなやかな艶詩をつくったという。名言なのか酒飲みの言い逃れなのかわからない。山東京伝『近世奇跡考巻之五』の地黄坊樽次酒戦でも酒戦の説明に「敵味方とわかれ、あまた酒兵をあつめ、大盃をもつて酒量をたゝかわしめて、優劣をわかつたはぶれなり」とあり、よく使われていたようだ。

第五章　鯉隠居と謝肇淛『五雑組』のかかわり

一　類書から教養書に

中国明末の考証随筆で類書といわれる謝肇淛《しゃちょうせい》『五雑組《ござつそ》』[1]は、清朝では「五雑組は中に指斥の語あり」という理由で禁書とされたことから、近代に至るまで中国では忘れられた存在であった。我が国では寛文元年（一六六一）の最初の和刻本以後、繰り返し板行され文政五年（一八二二）の後印本もあることから、江戸期を通じてよく読まれていたことが知られる。例えば、正徳二年（一七一二）序の寺島良安『和漢三才図会』[2]では九十条にわたり『五雑組』からの引用がある。一例を示す。

『和漢三才図会』（巻第十、人倫之用）
酒悖　さけのゑひ（略）
飲レ酒朱顔曰レ酡（割註略）
内経曰（略）白氏文集云（略）江家次第云（略）韻府云（略）

五雑組云古人嗜レ酒以レ斗為レ節若二淳于髡（中略）之輩一未レ有下逾二一石一者上独漢于定國飲至二数石一不レ乱此是古今第一高陽矣（割註略）

現代語訳（竹島淳夫氏訳）

酒悖　さけのよい（略）
酒を飲んで朱顔《あからがお》になるを酡《た》という（割註略）
『内経（黄帝内経）』にいう（略）『白氏文集』にいう（略）『江家次第』にいう（略）『韻府（韻府群玉）』にいう（略）
『五雑組』に古人は酒を嗜《たしな》むのに斗（明代は十七リットル）をもって節《くぎり》とする淳于髡《じゅんうこん》（中略）の輩《やから》で未だ一石（十斗）を逾《こ》えるものはいない独り漢の于定国《うていこく》のみは数石飲んでも乱れずこれこそ古今第一の高陽（酒豪）である（割註略）

『和漢三才図会』では、学者の研究のための類書としての利用であるが、『五雑組』は比較的近い時代の中国の知識を知ることのできる書籍としても親しまれていたようである。

文化十二年（一八一五）十月二十一日[3]に江戸北郊千住宿で行われた中屋六右衛門の六十の祝いでの「千住の酒合戦」のことは、大田南畝の「後水鳥記」や小山田与清の『擁書漫筆』などで知られる。また南畝の後水鳥記と亀田鵬斎の漢文序、谷文晁・谷文一合作の酒戦図などで構成される『闘飲図巻』が作られたことでもよく知られる。主催者は茶屋兼飛脚宿の隠居中屋六右衛門だが、世話役は掃部宿（千住宿の一部）の青物問屋で鯉隠居こと坂川屋利右衛門である。鯉隠居は、千住に住んでいた建部巣兆について俳諧と絵画を学んだ千住連の中心人物であった。当時の知識人として『五雑組』を閲読していただろうと思われるだけでなく、実際にその知識を具現化していたことが「後水鳥記」などから知ることができる。

二　大田南畝「後水鳥記」と『五雑組』の酒量

「千住の酒合戦」は、酒合戦といっても、単純な飲みくらべではないようで、酒合戦の様子を戯文にまとめた大田南畝の「後水鳥記」[4]をみると「来れるものにをのをの酒量をとひ、切手をわたし休所にいたらしめ、案内して酒戦の席につかしむ」とある。さらに、飲む量をあらかじめ定めることは厳格に守られ「松勘といへるは（中略）此日大長と酒量をたたかはしめて、けふの角力のほてうらて（最手占手）をあらそひしかば、明年葉月の再会まであづかりなだめ置けるとかや」と記される。

参加者（厳密には賀宴の招待客）は、受付で自身の飲み干せる酒の量を申し出て切手（受付票）を受け取り控室に案内された後、呼び出されて酒戦の席についたということである。松勘こと松屋勘兵衛は三升七合飲んで、先に四升飲み干した大長こと大坂屋長兵衛よりも飲めるとの申し立てがあったが、今日は先に申し出の酒量まで、二人の飲みくらべは来年八月に改めて行うこととしてなだめ、証人は世話役の鯉隠居ら三人の旦那衆であった。
酒宴の際のとりきめを酒令というが、次のように説明される。「酒宴のときに諸々のとりきめをして、これに違えば罰杯を飲ませたり、諸々の遊戯をして、負けた者が罰杯を飲むなど、酒宴を盛りたてるもので、そのとりきめを令という。遊戯はジャンケンや数取りのような簡単なものから、文字音韻詩賦故事などを用いたものまで、千差万別で、それぞれ何々令と銘打たれている。(5)」要は酒宴を盛りたてるために罰杯を飲ませるものである。

千住の酒合戦のあらかじめ定めた酒量を厳格に守り罰杯を求めないという令《れい》（きまり）は、『五雑組』にならったものではないかと考える。『和漢三才図会』の酒悖《さけのよい》に引用された『五雑組』の「古人嗜酒以斗為節（古人は酒を嗜《たしな》むのに斗をもって節《くぎり》とする）」の項は次のように続いている。

『五雑組』（巻七、人部三）

酒量（『五雑組』に見出しはないので現代語訳の見出し）

汪司馬毎レ飲大小尊罍錯陳以盡二一几一為レ率啜レ之至レ盡略無二餘瀝一（中略）然汪嘗言善飲者必自愛二其量一毎見二人初即レ席便大吸者一輙笑レ之亦可レ謂二名言一也

現代語訳（岩城秀夫氏訳）

汪司馬（汪道昆《おうどうこん》）は酒を飲む毎《たび》に、大小の尊罍《そんらい》（酒甕）をいろいろとりまぜて並べ、一つの几《き》（卓）

に並んでいるのを飲みつくすのを、率《りつ》（標準）とした。そして酒がつきるまで啜《すす》り、ほぼ余瀝《よれき》がなくなるまで飲んだ。（中略）しかし汪（汪道昆）はあるときこんなことをいった。「善く飲むものは必ずその量を大切にする。席につくと、すぐ大吸（がぶ飲み）する人を見るたびに可笑《おか》しくなるのだ」また名言というべきである。

賀宴の世話役であった鯉隠居が催主らと相談して、あらかじめ申し出のあった酒量まで充分に接待したものであろう。催主らも『五雑組』の内容を共有していたと考える。

三　小山田与清『擁書漫筆』と『五雑組』の饅頭こわい

小山田与清の考証随筆『擁書漫筆』(6)にも酒合戦の記事があることは知られるが、「後水鳥記」にはない事柄が注目される。それは「千住掃部宿の八兵衛といへるものは壱分饅頭九十九くひといえり。この酒戦記は平秩東作が書つめたりし也」の記載である。南畝も「後水鳥記」の執筆でも東作のことは「この日文台にのぞみて酒量を記せしものは二世平秩東作なりしとか」と記録係が東作であると述べているが掃部宿の八兵衛の記載はない。後の水鳥記というテーマから外れるため省いたことは考えられる。壱分饅頭は、上巳の節句（雛祭り）に雛人形に供えるため作られる小さめの饅頭である。酒や肴と同様に白木の三方に杉形《すぎなり》に盛られた百個の饅頭を、八兵衛はわざと一つ残して十分に頂戴した意を現わしたとみられる。中六の六十賀宴に招かれた下戸の客に食べ放題の饅頭百個というもてなし方も趣旨は異なっても『五雑組』を参照してのことと考える。

『五雑組』（巻十六　事部四）

饅頭こわい

有窮書生一欲レ食二饅頭計無従レ得一日見三市肆有二列而鬻者一輙大叫仆レ地主人驚問曰吾畏二饅頭一主人曰安有レ是乃設二饅頭百枚一置二空室中一閉レ之伺二於外寂不レ聞レ聲穴レ壁窺レ之則食過レ半矣亟開門詰二其故一曰吾今日見レ此忽自不レ畏主人知二其詐一怒叱曰若尚有レ畏乎曰更畏二臘茶兩椀一爾

現代語訳（岩城秀夫氏訳）

ある貧書生が饅頭を食べたいと思ったが、然るべき考えも浮かばなかった。ある日、市場で饅頭を並べて商売しているものを見るや、大声をあげて地面に倒れた。主人が驚いてたずねると、「わしは饅頭がこわい」という。主人は、「そんな馬鹿なことがあるだろうか」と思い、饅頭百個を用意して、空き部屋の中に置き、書生を閉じこめて、外から様子をうかがっていたが、ひっそりとして物音ひとつしない。壁に穴をうがって窺うと、半分以上を食べてしまっていた。早速戸を開けて、その理由を詰問した。書生が「わしは今日これを見ると、ふとこわくなくなった」というので、主人は騙されたと知って、怒鳴りつけて「貴様には、ほかにまだこわいものがあるか」といったところ、「この上は二杯の臘茶《ろうちゃ》（福建省の茶）がこわいですな」といった。

落語の「饅頭こわい(7)」と饅頭百個の箇所を除きほぼ同じ話である。明末の馮夢竜《ふうむりゅう》の笑話集『笑府《しょうふ》』(8)では「数十個の饅頭」とあり落語の元とおもわれる。小咄本の『気のくすり』安永八年（一七七九）(9)は「たくさんの饅頭」で『落噺詞葉《おとしばなしことば》の花《はな》』寛政九年（一七九七）(10)は「五十個ほどの饅頭」とあるので、小咄本は明和六年（一七六九）序の『笑府』和刻本、風来山人刪訳『刪《さく》笑府』が種本なのだろう。宋代随筆の葉夢得《しょうぼうとく》『避暑録話』(11)に『五雑組』にそっくりの話が載っている。『五雑組』と『笑府』の出典とおもわれる。その意味では『五雑組』も落語の「饅頭こわい」の元といえる。饅頭百個というアイデアは『笑府』や落語・小咄ではなく、『五雑組』によるもので、饅頭百個にこだわりわざわざ小振りの壱分《いちぶ》饅頭を誂えたものと考える。

四　古記録「旧考録」と『五雑組』の蘇晋の繍仏

千住宿二丁目の永野家文書の『旧考録』(12)という古記録の後編に「中六酒合戦」として文化十二年の酒合戦のことが記されるが、「山崎鯉隠、高陽闘飲再会」として山崎鯉隠（鯉隠居）と文化十四年の酒合戦のことも記される。酒合戦の再会としているが、現存する引札と当日酒量勝負附から、書画会とそれに付随する酒宴の記録と判断される。足立区風土記編さん委員会の翻刻を元に示す。

山崎鯉隠、高陽闘飲再会
千寿大橋の最寄字川原に山崎姓某とて
寛政己未年の頃秋香庵巣晁先生の門

弟となり、其後文化の年間に詩歌俳諧並古土佐風の画等の師傳をうけて名を弥勒庵鯉隠と号して風雅人となり、先年中六亭におゐて都下田園《(ママ)》の飲客集りて高陽戦飲會あり。予又累日寿觴傾く事も是偏に弥勒布袋の御誓ひを背かんやと天に仰き地にふしてよろこぶこと限りなし、是によつて弥勒布袋の像を紙上に写さん事を予師晁先生に乞ひ求めて一軸となし、予菩提寺稲荷山源長精舎において、文化十四丁丑年五月廿五日高陽戦飲の再會を催ふせし、此日本堂に白幕を張り正面には大幅の弥勒布袋の一軸を掛る、此画は文晁先生、讃は鵬齋なり、此掛物の前にて玉緑酒樽十駄を積ミかさね（中略）猶又會後、此弥勒布袋の画像を小幅の摺物にして、武州、上州、常州、上總、下總邊の

酒造家より所望にて施板あるときく（後略）

『旧考録』にある巣晁先生と晁先生はともに建部巣兆のことで、「予」というのは鯉隠居のことだが、巣兆は文化十一年に亡くなっているので記された内容は前後している。文化十四年の酒合戦（実際には書画会）の際に会場の正面に掛けられた「弥勒布袋の一軸」というのは弥勒仏を布袋和尚の姿で表現した画幅で、中国では普通に行われるが我が国ではほとんど見られないものである。この大幅は現存しないが、小幅の摺物（縮小した木版刷）は一九八七年開催の足立区立郷土博物館「千住の酒合戦と江戸の文人展」[13]に出展された。谷文晁の布袋像に亀田鵬斎の賛があるものである。布袋像の前に酒樽を積み重ね酒宴も開くのは、やはり『五雑組』を参照してのことである。

『五雑組』（巻十六　事部四）

蘇晋の繍仏

唐蘇晋（中略）学二浮屠術一嘗得二胡僧慧澄繍彌勒佛一本一寶レ之嘗曰是佛好飲二米汁一正與二吾性一合吾願事レ之他佛不レ愛也

現代語訳（岩城秀夫氏訳）

唐の蘇晋は（中略）浮屠の術（仏教）を学んでいたが、あるとき胡僧の慧澄が刺繍した弥勒仏（布袋和尚）の軸を手に入れ、宝としていた。かつてこういっていたことがある。「この仏は米の汁を飲むのがお好きで、わしと性が合う。わしは願わくはこの仏におつかえし、他の仏は愛さないことにしたい」。

唐の蘇晋は杜甫の「飲中八仙歌」で「蘇晋長斎繍仏前、酔中往往愛㆓逃禅㆒」と詠まれた大酒飲み、米の汁は酒のことである。この会の引札「新書画展覧会」には、催主が鯉隠（鯉隠居）、補助には中六など千住連が名を連ねている。文化十二年の酒合戦と同じく『五雑組』による中国の風習に倣ったものであった。岩城秀夫氏訳では弥勒仏は布袋和尚であるという中国の布袋信仰を前提としていて布袋和尚の説明はない。馮時化の『酒史』の杜甫「飲中八仙歌」では「弥勒仏即布袋和尚」と説明される。石井公成氏「仏説摩訶酒仏妙楽経謹解」(14)の『酒史』の蘇晋の翻刻と書き下し文を示す。

『酒史』の「飲中八仙歌」蘇晋（原文）

学浮図術、嘗得胡僧慧澄繍弥勒仏一本、宝之。曰、是仏好米汁、正与吾性合。吾願事之。他仏不愛也。弥勒仏即布袋和尚。嘗於市中飲食猪頭、人不之識。

書き下し

［蘇晋は］浮図の術（仏教）を学び、嘗《かつ》て胡僧慧澄の繍弥勒仏（刺繍の弥勒仏像）一本を得て、之を

宝とす。曰く、是の仏、米汁を好み、正に［酒好きな］吾が性に合《かな》ふ。吾、之に事《つか》ふるを願う。他仏は愛さざるなりと。弥勒仏は即ち布袋和尚なり。［布袋は］嘗て市中において飲酒し猪《ぶた》の頭を食らう。人、之を識らず（真価がわからなかった）。

鵬斎は文化十二年に闘飲図巻の「高陽闘飲序」で馮時化《ふうじか》の『酒史』を引用しているので「弥勒仏即布袋和尚」は理解していた。中国絵画を研究していた文晁も同様と思われる。こうした人びととの交遊を通じても中国文化への理解を深めていったのであろう。

五　宿場の文人サロン

千住の酒合戦は単純な酒の飲みくらべと思われているが、百人を超える招待客に対して、南畝の「後水鳥記」にある「はかりなき酒のともがら、終日しづかにして乱に及ばず」、「これは草野の奇談」を実現できたのは、自己申告で上限を定めた酒の令（きまり）であった。松勘のまだ飲めるという申し出を厳格に守らせたのも『五雑組』から得た汪道昆の酒量の話によるものである。上戸だけでなく下戸に対する対応も愉快なものである。『五雑組』は知らなくても「饅頭こわい」を知る招待客もいたことであろう。『五雑組』を元にしたことは饅頭の数が百個であることから明白である。食べきれるように小振りの壱分饅頭にしたのも見事だが、九十九個食べた八兵衛の対応も見事である。

文化十四年の書画会で弥勒仏に擬えた布袋像を掲げ、酒を供えるという風習は、我が国にはほとんど見られないものなので、『五雑組』から学んだ中国の知識である。この年は建部巣兆追善の発句集『曽《そ》波《ば》可《か》理《り》』の刊行された年であり、書画会の催主と補助に鯉隠居と千住連が名を連ねるのは、書画会が追善発句集の刊行に関わりを示しているとおもわれる。江戸後期の宿場での文人サロンの一つのかたちを現わすものである。

第六章　後水鳥記の草稿と闘飲図巻を見くらべる

一　草稿と「後水鳥記」流布本・別本

現存する後水鳥記草稿と「闘飲図巻」・「後水鳥記」として伝わる写本では表記に明瞭な差異が認められる。「闘飲図巻」も従来『江戸叢書』や『日本随筆大成』に翻刻され読まれてきた系統のもの、ここでは流布本と称するものと、それとは成立の経緯が異なると考えられる別本が存在する。流布本と別本ではそれぞれに特徴的な脱漏等があり明瞭に区別できる。

流布本では草稿・別本にはある「きかしむるに、次の日辰のときに出立しとなん」の一行分が書き漏れ、文章が「人をしてこれを」で途切れ不自然におわっている。また草稿で「屠龍公、写山、鵬斎」となる箇所が「屠龍公、文晁、鵬斎」となる。別本では酒盃の名称部分に「一升五合入　緑毛亀盃」が欠落していて、あたかも五種類の酒盃しかないように見える。別本は流布本の「屠龍公、文晁、鵬斎」の箇所が「抱一君、写山、鵬斎」に変わり、草稿の表記とも異なっていることから、意図的に書き変えられている。酒盃の書き漏れは目立つ部分なので、それに「抱一君」の表記があるのを確認できれば、流布本であるか別本であるかの区別は容易である。
これまで、流布本は数多く写されてきただけに誤字脱漏が多く、多少の表記の違いや書き漏れは注意されてこなかった。このため別本の存在自体が知られることがなかった。今回実際に見ることができたものと翻刻・影印され内容が確認できるものから写本一覧をまとめ、草稿・流布本・別本の基準となるものとして写本一覧から『蜀山雑稿』、「福嶋家本」、「郷土博物館本」を選び、差異一覧で相互の比較を行なった。

「後水鳥記」の写本一覧（題簽なしは「　」付きで内容で表示）

(1)草稿　『蜀山雑稿』天理図書館　一冊本写本（南畝自筆本）

草稿として基本となるものである。『大田南畝全集』第二巻[1]に「七々集・蜀山雑稿」として翻刻されているもので、もとは『七々集』の一部であったものが抜き取られ、『蜀山雑稿』一冊となったものと考えられている。影印本に『天理図書館善本叢書　蜀山人集』[2]がある。門前の聯は「南山道人書」の後に「冊」とも読める一文字があるのが目に付く。本書に写真版を掲載。

(2)草稿　『七七集』慶応義塾図書館　一冊本写本（野崎左文写）

明治のジャーナリスト野崎左文による『七々集』の抄録である。玉林晴朗氏の『蜀山人の研究』[3]に転写本と紹介されているものと思われる。現在は慶応義塾図書館のデジタル・アーカイブとして公開される。序文から始まり、南畝の酒合戦の狂歌や「後水鳥記」の記載はあるが、省略されて抜け落ちた箇所が多く、「後水鳥記」も誤記が見られる。抄録ではあるが『七々集』の原形を物語るものである。

(3)草稿　『後水鳥記』『明治三十六年報告』好古会に掲載の巻子写本の翻刻

第三十九回好古会記事に青山清吉出品「蜀山人自筆水鳥記　一巻」として翻刻が掲載される。「南山道人書」の後に「冊」とも読める一文字があり、「きかしむるに、次の日辰のときに出立しとなん」も存在する。内容の一部に「屠龍公写山鵬斎の二先生」は「屠龍公文晁鵬斎先生の三先生」と記され、「言慶」は「いせや言慶」に「大長」は「大坂屋長兵衛」と記され、訂正されたり注記を加えたものをさらに写したものにみえる。南畝の自筆本とは思えないものである。

(4)流布本　［福嶋家本］『高陽闘飲巻』福嶋家本（現在は別の個人蔵）図巻　本書に図版

郷土史家の福嶋憲太郎氏の旧蔵品で『高陽闘飲巻』の原本の形態を最も伝えているものである。「高陽闘飲」の大書にはじまり、鵬斎の漢文序、抱一の門前図、南畝の後水鳥記、谷文晁・文一合作の酒戦図、大窪詩仏の漢詩、狩野素川彰信の盃図、市河寛斎の漢文跋の全てが丁寧に写されている。弘文荘「待賈古書目録[4]」に昭和二十六年売立「『後の水鳥記　高陽闘飲図巻』山本琴谷自筆摸　安政六年成　一巻」とあるものと思われる。「犬居目礼古仏の座」のように表記に「の」があり、「犬」の字形の右上の「、」が横棒の下に打たれる別体という特徴がある。（拙稿[5]に写真版、以下同じ）

(5)流布本　［田辺家本］「高陽闘飲巻」田辺家本　個人蔵　図巻

千住の旧家に伝わる図巻である。全体の構成や内容はほぼ福嶋家本に似るが、跋文の位置が移動し、巻末に「摩訶酒仏陀羅」の刷り物を写している。「犬居目礼古仏の座」も福嶋家本と同様である。拙稿に全体を写真版で掲載している。

(6)**流布本［内田家本］「高陽闘飲巻」内田家本　個人蔵　図巻**

千住の旧家で酒合戦の関係者である鮒与のご子孫に伝わる図巻である。巻頭の大書がなく、絵画部分と詞書を別々に仕上げて一巻にまとめたもので、原本とは形態が異なっている。詞書を改行せず、続けて記しているため全長が短くなっている。絵画は極めて丁寧に写されているが、酒杯をのせる台を一つ書き漏らしているのが目に付く。門に掲げた聯を「蜀山老人書」としているので原本とは異なる写本を写したものであろう。「犬居目礼古仏座」は二箇所とも同じ表記で、ともに「犬」の字形も「丶」が横棒の下に打たれる別体となっている。拙稿に全体を写真版で掲載している。

(7)**流布本『高陽闘飲之巻』平間寺（川崎大師）図巻**

古江亮仁氏の『大師河原酒合戦』[6]に「後の酒合戦」として、神奈川県川崎市の平間寺蔵の図巻（雲汀摸）の一部を掲載し、「後水鳥記」の内容を紹介している。平間寺は『水鳥記絵詞』もあるという。

(8)**流布本「高陽闘飲巻」新宿区立新宿歴史博物館　図巻**

巻頭の大書と鵬斎の漢文序を欠いている。薄い用紙を用い、印章も含め丁寧に写しとっている。「後水鳥記」は門に掲げた聯を「蜀山老人書」としているほか、酒杯の名称の一部に「杯」の欠落があり「万寿無疆」となっている。特徴的な書き漏れ「きかしむるに、次の日辰のときに出立しとなん」の書き漏れ箇所に「一行欠」と下部に注記が入る。文章が途切れていることから欠落に気付いたものであろう。「犬居目礼古仏座」の表記は、「犬」の字が最初のものは「大」、二番目は「太」といずれも誤記されている。

(9)流布本『後水鳥記』世田谷区郷土資料館　図巻（渡辺崋山摸）

絵画の巻と詞書の巻の二巻一組のものである。絵画の巻の見返しに「後水鳥記　全学堂摸」と記された紙片が貼られ「全学堂」の朱印がある。本文中にも「全学堂」の朱印がある。高さが他の図巻と比べて低く、二巻に分かれた小さな図巻の印象を与える。共箱と渡辺崋石の極書が添付される。詞書の巻に鵬斎の漢文序と「後水鳥記」があるが大書は欠く。後水鳥記部分は新宿区立新宿歴史博物館本とほぼ同様で、門前に掲げた聯を「雨山老人書」としているほか、酒杯の名称の一部に「杯」の欠落があり「万寿無彊」となっている。最初の「犬居目礼古仏座」の「犬」字形は「、」が横棒の下にある別体である。雨山は抱一の号。

(10)流布本『高陽闘飲』国立国会図書館　一冊本写本（板本の写）

長谷川雪旦による文政三年摸の図巻をもとにして作成された板本を、さらに天保九年に写したものである。私家版の板本を貸本に転用したもののようである。「『江戸叢書巻の七』に翻刻されているが翻刻には誤字が多い。拙稿に全体を写真版で掲載している。

(11)流布本『街談文々集要』所収　国立公文書館　写本（石塚豊芥子写）

越智真澄による弘化四年摸の図巻を石塚豊芥子（重兵衛）が街談記録である『街談文々集要』に写したもので、『近世庶民生活史料街談文々集要』三一書房[7]に翻刻がある。拙稿に全体を写真版で掲載している。門前に掲げた聯は「南山老人書」となる。「犬居目礼古仏の座」の表記であるが、最初の「犬」字形の「、」は横棒に並ぶ微妙な位置にある。二番目にある「犬居目礼古仏座」の「犬」字形は「、」が横棒の下にある別体である。「老」の字も含め誤写なのであろう。

⑿流布本『後水鳥記』東京大学総合図書館　一冊本写本

紀州徳川家の「南葵文庫」などの蔵書印を持つ。最後の丁の裏には「後水鳥記」とは関係のない記録が同筆で記され、記録集の一部が取り外され一冊となったように見える。本文とは別筆で朱筆・墨筆の補記や注記があるが一人の手によるものではない。「中六」「大長」「松勘」「鮒与」「天五」の箇所にそれぞれ「本名中屋六右衛門」「大堺や長兵衛」「松屋勘兵衛」「ふな屋与兵衛」「天満屋五郎左衛門」とある。東京大学所蔵の『後水鳥記』は『国書総目録』では二冊となっているが、総合図書館への調査依頼で一冊のみ現存と回答があった。現存する南葵文庫の請求記号A90:624、明治三十六年十二月十二日購入とあるものとは別の物があった記録がある。『東京帝国大学附属図書館和漢書書目目録増加第二』（自明治三十一年一月至仝四十年九月）明治四十四年十月印行の二六二頁「後水鳥記、池上幸豊、写本、請求記号8—1516」が該当するようだが関東大震災で図書館が全焼した際に失われたようである。池上太郎左衛門幸豊は寛政十年に亡くなっているので、この後水鳥記は幸豊による後《のち》の水鳥記だったのかもしれない。

⒀流布本『後水鳥記』東京都立中央図書館　写本（蜂屋茂橘写）

田安家用人の蜂屋茂橘、号椎園による写し。茂橘は随筆を多く残していて、自筆稿本『椎の実筆』で知られる。『水鳥記』江戸版板本の写本の後ろに『後水鳥記』写本を綴じ合わせている。流布本図巻の「後水鳥記」とほぼ同じ内容である。門前の聯は「南山道人筆」の後に「册」とも読めるが花押のようにも見える一文字があり、脇に「一本ナシ」と朱筆で記される。「天満ヤ美代女」の脇に「姑一本」と朱筆がある。そのほか「言慶」に朱筆で「いせや」など主要人物に注記がある。

⑭流布本『後水鳥記』川崎市立中原図書館　一冊本写本

誤記、脱漏の多い写本である。巻末の無名の識語によれば、誤記脱漏は入手した写本に由来するもので、多くの写しがあるようなので、質のよい写本を入手して内容を正したいとしている。もたらした貸本屋による書本と思われる。

⑮流布本『視聴草』所収　国立公文書館　写本（宮崎成身写）

宮崎成身は幕臣として西丸小姓組、小十人組、持弓頭を歴任したことが知られる。幕府の各種編纂事業に編集員として加わり、徳川氏創業史『朝野旧聞裒稿』、歴代将軍の狩猟事蹟『大狩盛典』、対外通行記録『通航一覧』に関わっている。私的にも幕府の法令集『憲法類集』を編纂する。『視聴草』は天保元年の識語があるところから天保以前から慶応年間までの三十年余り継続された見聞雑録である。断片的な抄録でなく一枚または数十丁にわたるものを綴り合わせ、百七十八冊で構成される。「後水鳥記」は「九集之十」に収められる。『内閣文庫所蔵史籍叢刊特刊第二』[8]として影印本がある。鵬斎の高陽闘飲序も記されるが酒盃が「自五升而登之、或一斗」となり、「七升」が欠落する。詩仏の漢詩も「生来我亦太愛」となる箇所が「生来我亦太愛酒」と「酒」が補われる。これから南畝の『一話一言』から写されたものと推定される。鵬斎の漢文序・詩仏の漢詩・寛斎の漢文跋を記したあとに、丁をかえて「後水鳥記」を書き留めている。内容は精緻である。「後水鳥記」も門前の聯が

「南山道人書」とあり、その下に判読不明の一字がある。略名で記される「中六」「言慶」「大長」「松勘」「石市」「鮒与」「天五」の箇所にそれぞれ「中や六右衛門」「いせや」「大坂や長兵衛」「松や勘兵衛」「石や市兵衛」「鮒や与兵衛」「傳馬や五郎左衛門」の補記がある。『視聴草　九集之十』の巻頭の目録を見ると十四の項目が列挙されるが、「高陽闘飲」のあとに「後水鳥記」が後から書き加えられている。

⒃流布本『落穂集』所収　国立公文書館　写本

筆者不明の見聞雑録である。内容は「後水鳥記」の部分を写しているが、脚色が入っている。門前の聯は文字を四角に囲み木製看板を模して取り付け穴まで描いている。「南山道人書」の後には、堂々とした花押にしか見えないものが記される。「屠龍公、文晁、鵬斎」の部分はそれぞれ名の後に「酒井雅楽侯叔父君」などの注記がある。文末にも中六、南山道人、屠龍公、文晁、鵬斎、蜀山人について、それぞれ二行ずつにわけた注記がある。南山道人は「中橋に住し松白堂湘　乃《すなわち》、士僧なり」とあるが、どのような人か不明である。茶屋兼飛脚問屋の中六を「千住に住す鯉鮒をひさぐ乃、問屋なり」と誤っているので、南山道人の注記も誤伝ではないかと考える。

⒄流布本『反古籠・擁書漫筆（抄）』慶応義塾図書館　写本（野崎左文写）

慶応義塾図書館蔵の草稿『七七集』と同じ野崎左文の写しで巻末に「闘飲図巻」の写しがある。脱漏が多いが朱筆で加筆訂正があるので、元となった写本に脱漏があったと見るべきであろう。鵬斎の序文が「高陽闘飲図巻序」で、酒盃に「七升」の記載があり、絵画の抄録（闘飲部分と門前部分）もあることから図巻から写し取った写本をさらに写したものと考える。この写本で興味深いのは小山田与清「擁書漫筆抄」にある左文の書き込みである。「水鳥記のさだ」の文末に朱筆で次の書込みがある。「注　本文ニ、此酒戦ハ二世平秩東作が書けりとあれど、流布の後水鳥記には六十七翁蜀山人緇林楼上に志る寿とあれバ、東作の筆とは誤りなるべし。委しくハ一話一言第三十八巻を覧るべし」。

慶応義塾図書館の書誌では明治二十八年から大正十四年の間に書写とされる。『一話一言』に「後水鳥記」の記載はないので、左文のいう「一話一言第三十八巻」とは、明治四十一年刊の『新百家説林　蜀山人全集第五巻』とおもわれる。慶応義塾図書館蔵『蟹の屋蔵書目録』は左文のもので「(活)新百家説林　蜀山人全集三、四、五巻」の記載があり、これによったものであろう。

(18)流布本「一話一言」『日本随筆大成』ほか所収　齋藤雀志旧蔵図巻　翻刻

最初の翻刻は明治十六年刊の集成館版『一話一言』であるが、『新百家説林蜀山人全集』、新旧版『日本随筆大成』の「一話一言」の「高陽闘飲巻」に翻刻される。「一話一言」にない「後水鳥記」を俳人で蔵書家の齋藤雀志（本名飯田銀蔵のち齋藤氏）所蔵の『高陽闘飲図巻』から補ったものである。この図巻の所在は不明である。門前の聯は「雨山先生書」で、広く流布するが正しく伝わらなかったものである。

(19)別本［ニューヨーク本］『闘飲記』ニューヨーク、スペンサー・コレクション　図巻

ニューヨーク公共図書館のスペンサー・コレクション蔵のもので、弘文荘の目録には「原本又は原本に準ずべきもの」とあるが、筆跡から原本ではないものである。巻頭の大書「太平餘化」にはじまり、鵬斎の漢文序、抱一の門前図、南畝の「後水鳥記」、谷文晁・文一合作の酒戦図、大窪詩仏の漢詩、狩野素川彰信の盃図、市河寛斎の漢文跋で構成される。酒盃の名称に特徴的な書き漏れがあるほか酒盃の名称の前にある「出すその盃は」の部分が脱漏」する。写真は「千住の酒合戦展示図録(9)」と本書にある。

(20)別本　『闘飲図巻』早稲田大学図書館　図巻

早稲田大学図書館のデジタル・ライブラリーとして画像公開されているもので、明治四十三年一月購入の記録がある。初代図書館長市島春城氏の日記「双魚堂日誌(10)」の明治四十三年一月十七日に「広田金松来る。沢庵詩幅、闘飲図巻（影印本）を購ふ」とある春城氏が仲介したものと思われる。実物を見ると印章部分を朱筆で丁寧に写した精密な摸本でニューヨーク本と詞書・絵画とも内容は変わらないものである。「闘飲図巻摸本」と記した箱が附属する。

(21)別本　「闘飲図巻」巻菱湖記念時代館　図巻

新潟市東区にある巻菱湖記念時代館所蔵の図巻である。残念なことに鵬斎の高陽闘飲序が切取られているが、巻末に「文政二年己卯六月　武州千住掃部宿住人　鯉隠居士所持」という貴重な識語が記される。この図巻は極めて丁寧に描かれているうえ、「農夫市兵衛は一升五合もれるといふ万寿無疆盃を」の部分も正しく記される。

(22)別本　「郷土博物館本」『後水鳥記』足立区立郷土博物館　図巻

文一の酒戦図の抄録と「後水鳥記」のみで構成される図巻である。見返しに「春城清玩」の蔵書印があり、早稲田大学初代図書館長市島春城氏の旧蔵とわかる。前三本と比べて文字数がわずかに多く（「出すその盃は」の部分）、特徴的な書き漏れ以外は誤記もない。この写本が別本としては先に成立したものと考えるのが通常だが、成立の状況を考慮するとこちらの方が後ではないかと考えられる。詳細は後述。

(23)別本　「後水鳥記」『書画骨董雑誌』掲載の写真と翻刻　巻子写本

『書画骨董雑誌』第二五六号[11]の「本社現在書画目録」に写真と翻刻が掲載さる。蜀山人自筆とあるが、巻末の居号「緇林楼」に違和感があるうえ、行末が左に寄っていく南畝の書癖もない。盃の名称の前に「出すその盃は」の記載があるが、「農夫市兵衛は一升五合もれるといふ万寿無疆盃を」の部分が「二升五合」と誤記される。足立区立郷土博物館本『後水鳥記』を写したものなのかもしれない。

二　「後水鳥記」草稿と流布本、別本の比較

「後水鳥記」の草稿と流布本、別本の字句を(1)『蜀山雑稿』、(3)福嶋家本、(22)郷土博物館本により相互比較を行った。便宜的に行番号は郷土博物館本の行を用い、草稿と別本で字句に差異があるものに行番号の下に「○」を付している。

『蜀山雑稿』は自筆本であるので基本となるものである。福嶋家本は原本の図巻の形をよく伝えていて、後水鳥記の部分も原本に極めて近いものと推定できる。後水鳥記には「犬居目礼古仏座」という語句が二箇所あるが、福嶋家本の最初の語句は「犬居目礼古仏の座」となるほか「犬」の字形の右上の

「、」が横棒の下に打たれる別体である。この語句と字形は『水鳥記』江戸版板本[12]にあるものと同一である。南畝が後水鳥記のなかで「犬居目礼古仏の座といふ事水鳥記にみえたり」と記しているとおり、自身の蔵書『水鳥記』江戸版板本を見て写したものと考えられる。この「犬居目礼古仏の座」という「の」がある語句は、他の写本では田辺家本と『街談文々集要』にも見られる。また郷土博物館本は同じ別本でも他とは字句がわずかに異なるが、他の別本より脱漏と誤記が少ないので比較の対象とした。他の別本の脱漏は盃の名称の前にある「出すその盃は」の部分で、誤記は「農夫市兵衛は一升五合もれるといふ万寿無疆盃を」の部分が「二升五合」となっている箇所である。図巻の絵画部分の比較を含めてみると、脱漏・誤記というよりは、成立時期がずれるのかもしれない。

「後水鳥記」の草稿・流布本・別本の差異一覧

行	【草稿】	【流布本】	【別本】
3	ひとつ	一つ	ひとつ
5	としるせり	なり	としるせり
8	大盃	大杯	大盃
9	その盃は	そのさかづきは	その盃は
10	江島盃	江島杯	江島盃
10	鎌倉盃	鎌倉杯	鎌倉盃

11	宮島盃	宮島杯	宮島盃
11	万寿無疆盃	万寿無疆杯	万寿無疆盃
11○	一升五合入	一升五合入	（欠）
11	緑毛亀盃	緑毛亀杯	（欠）
12	丹頂鶴盃	丹頂鶴杯	丹頂鶴盃
15	一の台	ひとつの台	一の台
18	所謂	いわゆる	所謂
18○	屠龍公	屠龍公	抱一君
19	写山	文晁	写山
24	帰れり	かえれり	帰れり
26	かたぶけて	傾けて	かたぶけて
27	かへりしとなん	帰しとなん	かへりしとなん
28	万寿無疆の盃	万寿無疆の杯	万寿無疆の盃
32	牡丹餅	牡丹もち	牡丹餅
33	ほとりに	辺に	ほとりに
34	江の島の盃	江島の杯	江の島の盃
34	宮島の盃	宮島の杯	宮島の盃

37	最手占手	ほてうらて	最手占手
41	緑毛亀の盃	緑毛亀の杯	緑毛亀の盃
43	万寿の盃	万寿のさかづき	万寿の盃
51 ○	かたり	かたり	語り
53	万寿の盃	万寿の杯	万寿の盃
65	江の島	江島	江の島
65 ○	鎌倉の盃	鎌倉の盃	鎌倉のさかづき
66 ○	酒のみけり	酒のみけり	のみけり
69	鎌倉の盃	鎌倉の杯	鎌倉の盃
72	写山	文晁	写山
72	江の島	江島	江の島
75 ○	樽の鏡	樽の鏡	樽のかがみ
80	鶴の盃	つるの盃	つるのさかづき
81	盃盤	杯盤	盃盤
81	外面	そとも	外面
86 ○	丹頂の鶴の盃	丹頂鶴の盃	丹頂の鶴のさかづき
90	今一杯	今一献	今一盃

92	きかしむるに次の日辰のときに出立しとなん	（欠）	きかしむるに次の日辰のときに出立しとなん
97○	戦せしとき	戦せしとき	たゝかいせしとき
98	古仏座	古仏の座	古仏座
100	このたゝかいを	この戦ひを	このたゝかいを
101	ことを書贈り	事を書贈り	ことをかき贈り
102	掛物と	かけ物と	掛物と
111○	静ならず	静ならず	しづかならず
113○	つきちらして	つきちらして	つきちらし
113	みだれざるもの	乱れざるもの	みだれざるもの
116	すみだ川の	墨田川の	すみだ川の
117	しげきみかげ	茂きみかげ	しげきみかげ
121	此一巻を	この一巻を	此一巻を

後水鳥記の草稿・流布本・別本を差異のある五十二箇所で比較してみると、草稿と別本では同一箇所（三十六箇所）が多いが、草稿と流布本では同一箇所（○付の十箇所）より差異の方が多い。流布本の原稿では文章の推敲をおこなったが、別本の原稿では草稿をほぼそのまま写している。新たに闘飲図巻を作

成するにあたり原稿を求められたが、流布本の原稿が手元になかったために、草稿から新たに原稿を起こしたものと考えられる。

三　足立区立郷土博物館蔵『後水鳥記』の特異性

別本のうち、足立区立郷土博物館蔵の郷土博物館本は異質である。絵画が闘飲の部分だけというのはともかく、描線が他と全く異なるが谷文一の雰囲気が出ている。[13] 落款印が他の図巻では「文一」なのが「痴斎」となる。何より画面中央の描写が他に類を見ない。他の図巻では座っている人物が、立ち上がって酒盃に酒を注いでいる。別本として先行して成立したものとは考え難いものである。「後水鳥記」も原稿の脱漏に気づいて追記したが、酒盃の名は漏らしたと考える。

また、郷土博物館本は他の別本とも異なる。他の別本では書き漏れる「出すその盃は」が記載される。他の別本では、「農夫市兵衛は一升五合もれるといふ万寿無疆盃を」と誤記の箇所が「二升五合」と正しく記される。

最初の原稿は貸し出されて、幾多の『後水鳥記』の写本を生み出したが南畝の手には戻らなかった。別本の原稿は手元に残り郷土博物館本の成立に関与したのではないかと考える。それでは郷土博物館本は何かというと、南畝から小山田与清に贈られた図巻で、与清の『擁書楼日記』[14]の文化十四年三月三十日に「大田南畝がもとより、千住酒戦の事を記せし、続《(ママ)》水鳥記の図巻おこせぬ」と記されたものと思われる。与清は弘化三年に全ての蔵書を水戸藩徳川斉昭に献納したが、その際に作られた『松屋蔵書目録』早稲田大学図書館蔵[15]の中にはこの続水鳥記ないし後水鳥記の記載はない。すでに手を離れていたと考えられる。

旧蔵者の市島春城氏の入手時期は不明だが『安田文庫へ譲り渡し写図書目録、割譲目録副本』早稲田大学図書館蔵に『後水鳥記』の記載がある。安田善次郎氏（二代目）の安田文庫は大正十二年の関東大震災で焼失しているので、春城氏が震災後に蔵書の一部を安田文庫に譲渡したものと考えられる。春城氏は大正六年に新居を購入するため蔵書のほとんどを売却しているので、『後水鳥記』は大正六年以降に入手し、大正十二年以降譲渡と考える。安田文庫の『後水鳥記』は一部には知られていたようで、玉林晴朗氏『蜀山人の研究』[16]の「南畝の編著と蔵書」の中に「高陽闘飲（後水鳥記）」として「一巻、文化十二年成る。（中略）南畝が仮名文に書き、抱一、文晁等の絵と、鵬斎、詩仏、寛斎の序跋を添えたもの。南畝自筆のもの安田文庫蒐蔵。活字本は「蜀山人全集」第五巻及び「江戸叢書」第七巻所収。」とある。玉林氏が実際に安田文庫の図巻を見たのかは疑問である。「高陽闘飲（後水鳥記）」という名称の表記から『江戸叢書巻の七』大正五年刊を見てのことであろうが、安田文庫の図巻を確認しているとは思えない。江戸叢書にある内容を記すが、江戸叢書にない巻頭の大書には触れない。自筆本の所在は知っていたが、見ていないので内容は知らないようである。昭和十一年十一月に安田善次郎が亡くなってから安田文庫は閉鎖されていることから、『蜀山人の研究』の執筆時期である昭和十八年には見ることができない。玉林氏も安田文庫蔵『南畝集』を見ることを望んだが「同文庫は最近種々複雑な問題があり、完く閉鎖されて居り、幾多有力な方々に御盡力を煩したが、遂に遺憾ながら見る事を得なかった。」と記している。

安田文庫は昭和二十年の大空襲で再び焼失しているが、当時早稲田大学演劇博物館に寄託（のち寄贈）されていた物以外にも焼失を免れた物があるようである。安田文庫の『南畝集』も、森銑三氏は「南畝集雑記[17]」の中で「三都連合入札會の目録に『南畝集』の原本十五冊のでてゐるのに目を見張った。三十年前に安田善次郎邸で一見した本である。その後戦災で亡びたものとばかり思込んでゐたのが、無事でゐてくれたといふことが涙のこぼれるほど嬉しい」と記している。この『南畝集』自筆稿本は、現在日本大学総合図書館蔵となっている。

『後水鳥記』には安田文庫の蔵書印はないが、反町茂雄氏の『日本の古典籍―その面白さその尊さ』には安田文庫のこととして次のように記される。

大きな不幸は、昭和二十年に戦災で平河町の安田邸が全焼したことである。庫主の遺したすぐれた蒐集は、邸とともに全部焼失したとも、一部焼失したともいわれている。実は、ある理由で、かなりの部分が散逸したのであるが、今はこの問題を取りあげるべき時期ではなく、場所でもないであろう。蒐書の視界からまったく、喪失したことを記せば足りる。（中略）安田氏は前半の集書については、「松廼舎文庫」とした長方形の大型の朱印を捺してあって、今もまれに見ることがある。後半期のものについては、蔵印の意に叶ったものがないとして、ほとんど捺印されなかった。ごく僅か、御身近くに出入りしていた会田某の鋳た小印を捺されたものがあるのみである。従って散逸して今に存するものにも、蔵書印のあるものはごく稀れ、一代の富豪の大蒐集を偲ぶべきよすがとなるものはない。

安田文庫の蔵書印の有無での旧蔵者の確認はできないようである。日本大学総合図書館蔵『南畝集』自筆稿本にも安田文庫の蔵書印はない。

第七章　一枚刷り闘飲図と酒戦会番付

一　「後水鳥記」の日付から南畝は欠席していた

文化十二年の酒合戦に際して闘飲図巻が作られた前後に「一枚刷り闘飲図」と「酒戦会番付」が作成されている。その内容から「一枚刷り闘飲図」が先だって作られ、「酒戦会番付」が後に作られたと考えられる。これらから、闘飲図巻成立の状況をうかがい知ることができる。

南畝が「後水鳥記」に酒戦会を霜月二十一日と記していることから、国文学や美術史学では、多くが十一月二十一日としている。[1] 闘飲図巻の鵬斎の高陽闘飲序は十月二十一日のこととしていて、「一枚刷り闘飲図」でも同様、「酒戦会番付」も十月二十一日である。酒戦会の事柄を記す小山田与清『擁書漫筆』[2]や石塚豊芥子『街談文々集要』[3]の記録でも十月二十一日のこととしていてことから、飲食史などでは十月二十一日のこととされる。[4] 刊本の『擁書漫筆』は「一枚刷り闘飲図」の詞書が記されている。自筆稿本である『街談文々集要』は酒戦図を含め「一枚刷り闘飲図」の全体を写し、「酒戦会番付」も書写したものを畳んで貼り込み、闘飲図巻全体も写し取っている。

南畝の「後水鳥記」草稿がある『七々集』[5]は日付の記載は少ないが、「白木や夷講十月廿二日」と十月二十二日に日本橋白木屋での夷講に出席していたことがわかるが、前日の酒戦会のことは何もない。だいぶ離れた位置に「冬至の日、浅草司天台　霜月廿二日天気よし」と十一月二十二日の記載があるが、冬至の日の十六行前に「一枚刷り闘飲図」にある酒戦記の詞書と狂歌が記されている。冬至の日の二十八行後に「後水鳥記」草稿が記されている。記載されている位置からみて、草稿は十二月に入ってまとまられたために、開催の月を誤って記したのではないか思われる。実際には酒戦会の見物に参加していなかったための錯誤と考える。「後水鳥記」の文体が伝聞体なのも参加していなかったことを物語っているものと考える。街談記録である藤岡屋こと須藤由蔵『藤岡屋日記』[6]にある千住の酒合戦の記事は『擁書漫筆』がもとになっていると考えられるが、「此席ニ亀田鵬斎・谷写三抔《など》招れて見物せし也、是を新酒戦水鳥記と云。大田蜀山此事を聞、狂歌有、其詞書ニ」と記して「一枚刷り闘飲図」にある狂歌と詞書を記録している。南畝の詞書が伝聞体で南畝の酒量の記載もないことから出席していないとみている。

二　「一枚刷り闘飲図」と「酒戦会番付」を読む

「一枚刷り闘飲図」

上段右に鵬斎の漢詩、上段左に南畝の狂歌、下段に闘飲図を持つ一枚刷りで、酒戦図は闘飲図巻の構図と類似するが抱一筆とある。縦四十・七センチメートル、横五十・二センチメートル（足立区立郷土博物館蔵品）の大きさである。詞書を次に示す。

鵬斎の漢文序と漢詩

千壽中六、今茲年六十、自啓初度之筵。大會都下飲士、皆一時海龍也各一飲一斗、或有傾四五斗者、可謂太平之盛事矣古人以酔人為太平之瑞宜哉余在其座而親観之時文化十二年乙亥、冬十月廿一日也

海龍羣飲似争珠
双手擎来傾五湖
不是伯倫七賢侶
定應李白八仙徒
太平酔民鵬齋

書き下し

千壽（千住のこと）の中六、今茲《ことし》年六十、自ら初度（誕生日）の筵（酒宴）を啓《ひら》く。大いに都下の飲士（飲み助）を会す。皆一時の海龍《かいりょう》也。おのおの一飲一斗、或は四五斗を傾ける者有り、太平の盛事と謂いつ可し。古人《いにしえのひと》酔人を以って太平《たいへい》の瑞《ずい》（めでたいしるし）と為す、宜なるかな。余《われ》其の座に在りて而して親しくこれを観る。時に文化十二年乙亥、冬十月廿一日也

海龍群飲、珠を争うに似たり、双手を擎《ささ》げ来りて五湖を傾ぶく、是れ伯倫七賢の侶《ともがら》にあらずんば定めて李白八仙の徒《たぐい》なるべし

伯倫は竹林の七賢人の一人で大酒飲みの劉伯倫。李白は大酒飲みで詩仙といわれた李太白で、詩聖といわれた杜甫の飲中八仙歌にうたわれる。七賢のように酒を飲み清談するなどできないのであれば、飲中八仙のようにひたすら酔うだけだといった意味であろう。

南畝の狂歌と詞書

かの地黄坊樽次と、池上
何がしと、酒のたゝかひせしは
慶安二年のことになん
ことし千壽のわたり中六ぬし
六十の賀に酒戦を

もよほせしとき丶て
蜀山人
よろこびのやすきといへる
としの名を本卦がえりの
酒にこそくめ

この「一枚刷り闘飲図」は、千住で作られたもののようである。島田筑波（一郎）「名人鯉の隠居佐可和鯉隠」[7]に次のような記述がある。「勝負附けが一枚刷りとなって出版されてゐる。この版木が現に千住の某家に遺ってゐると見えて、刷り物は新しく刷られたものばかりである」。この勝負附けは文化十四年の書画会に付属したものとおもわれる。「一枚刷り闘飲図」に勝負附けと書画会引札を貼り合わせて一軸としたものがあるが、彫りや刷りのタッチが類似していて同一の場所でつくられたようである。「一枚刷り闘飲図」の版木は現存するが千住にはすでになく、東京都内のコレクターの方が所蔵されている。抱一の闘飲図は当日の席画と思われ、鵬斎の漢詩も席書のようである。南畝の狂歌は南畝の『七々集』[8]に「千住にすめる中屋六右衛門六十の寿に、酒のむ人をつどへて酒合戦をなすとき丶て」とあるとおり、書き送ったもののようである。

鵬斎の漢詩の序文の書き出しは闘飲図巻の「高陽闘飲序」によく似ている。記述のなかに「皆一時海龍也」とあるが、「高陽闘飲序」は「皆一時海量也」で表記が異なる。「海量」は大酒飲みの意なので、用語としてはこちらが正しい。与清の『擁書漫筆』では「海龍」に「カイリウ」と傍訓を付けているが、「かいりょう」と読むべきであろうか。席書の酔余の誤りとみることもできるが、漢詩が「海龍羣飲似争珠」で始まるので、これにあわせ「海龍」としたとみるのがよいようにも思われる。この序と漢詩は、鵬斎の門人たちが鵬斎の序跋や碑文を集めた写本『鵬斎先生遺稿』（別名『善身堂遺稿』全体で二百程あり鵬斎の手控えから写されたものであろうか）にも書き写されている。門人の芳野金陵の手沢本『善身堂遺稿　乙』[9]に「千壽中六〃十賀」の見出しで収められる。善身堂遺稿では「似」が正字体の「佀」となっている。やはり一枚刷りは席書なのだろうか。

翻刻に用いた「一枚刷り闘飲図」は足立区立郷土博物館蔵の織畑家文書のもので江戸期のものである。軸装されていて、裏面に「酒戦会番付」が貼り付けられているが、この番付も江戸期のものであり今回の翻刻に用いたものである。「酒戦会番付」には、版元印や「はんもと　かまくら源五郎」の記載のない後刷りがあるが、比較的新しいものである[10]。江戸期の番付は他に国立国会図書館蔵のものが知られる[11]。

「酒戦会番付」（タイトルは『為賀壽』）

大きさは、縦四七・三センチメートル、横三二・九センチメートル（足立区立郷土博物館蔵品）である。

［張出し］

来ル文化十三年子年八月、於于江戸両國萬八楼上、諸家珍蔵杯合再會

［中央］

為賀壽　文化十二年十月廿一日、仿慶安古例於中六隠宅
　酒量を戦はしめ優劣をわかつ、たはむれをなす
［枠外右］
　鈴伊（版元印）改
［枠外左］
　はんもと　かまくら源五郎

この番付は「後水鳥記」とは内容に微妙に異なるところがあるが、「後水鳥記」には記されない事柄もあり、酒合戦の全容を知る好史料である。

中央に相撲番付の「蒙御免」に倣った「為賀壽」の文字があり左右に分けて「文化十二年十月二十一日、慶安の古例にならい中六の隠宅において、酒量を戦はしめ優劣を分かつ戯れをなす」という酒戦会の趣旨が記される。その下に見物人の名が「蝶々先生（文晁）、緇林先生（南畝）、鵬斎先生。竹塚東子、平秩東作、其外名家諸君子」と記される。竹塚東子《たけのつかとうし》は竹塚（東京都足立区竹の塚）の在で洒落本『田舎談義』などがある戯作者。平秩東作（二世）は酒戦会の記録係。南畝の名があるのは有名人で「後水鳥記」を記したためであろう。抱一の名がないのは、大名階級の人物であるために遠慮したものとおもわれる。

中央三段目には銚子方として「両国　天満家、姑代、つた、いく、きく、ぶん」とあるが、鵬斎の高

来ル文化十三年子年八月、於于江戸両國萬八楼上、諸家珍蔵杯合再會
鈴伊（版元印）改

東ノ方

千代倉 丹頂鶴杯 三升入
緑毛亀杯 二升五合入
萬壽無彊 一升五合入

大関 立石 如鯨
関脇 吉原 宮慶
小結 馬喰町 大長
前頭 御蔵前 正太

同 吉ハラ 大熊
同 馬くろ丁 茂三
同 大門 長治
同 千住 百左
同 同 百忠
同 同 伊世七

同 千住 鮒善
同 吉ハラ 荻喜
同 同 荻佐
同 千住 鰹子
同 吉ハラ 耳声
同 千住 中重
同 同 桔平
同 竹塚 和調

同 千 鱈松
同 同 中万
同 同 金儀
同 同 津喜
同 同 川茂
同 同 仙市
同 同 中政
同 同 吉太
草カ 似郷

其外壱升 已下東西ともに 略申之也

當日清酒銘 玉緑 上竹

為賀壽

文化十二年十月廿一日
倣慶安古例於中六隠宅
為賀壽
酒量を戦はしめ優劣をわかつたはむれをなす

見物
蝶々先生 竹翁東子
緇林先生 平秩東作
鵬斎先生 其外名家諸君子

銚子
両国 天満家
幾久屋 吉原
ぶん きく いく つた 姑代 壽美 かつ くめ えん れん

世話役
鯉隠居

勧進元
中六隠居
千住川魚仲間

差添
天満屋五郎左エ門
鮒屋与兵衛

西ノ方

宮嶋杯 一升入
鎌倉杯 七合入
江島杯 五合入

大関 會津旅人 河田某
関脇 千住 石勘
小結 同 百市
前頭 下野 小山佐

同 千住 石市
同 同 鮒源
同 同 煙長
同 同 亀七
同 同 油平
同 同 鮒喜

同 千住 畳太
同 吉ハラ 大又
同 同 三傳
同 同 小熊
同 同 湊佐
同 千住 鮒新
同 同 名倉大
同 同 芋定

同 千 東勘
同 同 鮒傳
同 同 吉忠
同 同 酒新
同 同 石小
同 同 二捨
同 同 會万
同 同 山吉
同 同 煙辰
セサキ 仁左

取持 吉原 一賀
同 新甫
根岸 静養庵

准取持 川原青物市場 三平 乙二郎 冨蔵

料理方 太助

はんもと かまくら源五郎

「酒戦会番付」（タイトルは『為賀壽』）
大きさは、縦 47.3 センチメートル、横 32.9 センチメートル
足立区立郷土博物館所蔵

陽闘飲序は「嬌女三人其の側に侍して給仕す。皆柳橋の名妓なり」とある。『擁書漫筆』に「天満屋みよ女、天満屋五郎左衛門が妻也」「おった、千住の人也」とあるところから、柳橋の嬌女三人は「いくきく、ぶん」ということかもしれない。『擁書漫筆』の「みよ女」(『後水鳥記』では美代女)は「姑代」となっている。東京都立中央図書館蔵、蜂屋茂橘書写の『後水鳥記』は、「天満ヤの美代女」の「美」の脇に朱筆で「姑　一本」とあり、「一本」とは「酒戦会番付」を見てのことのようにおもわれる。誤記とみることもできるが、「姑」は年嵩の女性の意味もあるのを意図的に使ったのかはわからない。

左右の最上段に大杯六種の名称と容量を記しているが、右端の丹頂鶴杯の脇に「千代倉」の記載がある。千代倉は新川(東京都中央区)にある酒問屋で、見立番付にみられるスポンサーのようである。大杯の銘の脇にあるということは、これらの大杯を酒の提供とともに貸し出したのかも知れない。

右側最下段に「當日清酒銘、玉緑、上竹」とあり当日の酒銘を二つ記すが、闘飲図巻の台所に並ぶ薦樽の画は玉緑なので、「後水鳥記」に「今日の賀筵に此わたりの駅夫ども、樽の鏡をうちぬきひさごをもてくみしかば」とある樽酒が上竹(上等な竹葉の意なら読みは「じょうちく」か)なのかもしれない。玉緑は伊丹の酒であるが、上竹も伊丹の酒で『日本山海名産図会』(寛政十一年)[12]に伊丹筵包の印として「上竹」がみられる。玉緑はないので玉緑の方が新しい銘柄ということだろう。千代倉は鳴海(愛知県)の酒問屋だが、この時期は下り酒問屋として、伊丹の酒も扱っていた。

酒戦会の世話役の鯉隠居(坂川屋利右衛門)の先代で享和三年に五十九歳で没した新兵衛という人は、新川の千代倉で働き、その後千住で青物問屋を営んだという。[13] 鯉隠居が先代の縁で千代倉に酒戦会のスポンサーを頼み、番付のスポンサーも依頼したのかもしれない。

最下段右に「其外壱升、已下東西ともに、略申之也」とあるが、「後水鳥記」に「其量一升にみたざるははぶきていわず」とあるので、ここでの「已下《いか》」の意は「以下」ではなく「未満」と解すべきである。

番付の張出し部分に「来ル文化十三年子年八月、於于江戸両國萬八楼上、諸家珍蔵杯合再會」とあるのは、「後水鳥記」に「けふの角力のほてうらてをあらそひしかば、明年葉月の再会まであづかりなだめ置けるとかや」と記される、松勘こと松屋勘兵衛と大長こと大坂屋長兵衛の飲みくらべのことのようである。世話役の鯉隠居、取持の一賀と新甫という三人が証人となっているので実際におこなわれたのは間違いないとおもわれる。なぜ葉月（八月）なのかは不明である。あるいは両国萬八楼で開催される書画会に付随する酒席に便乗したのではないかとも考えられる。文化十二年の暮れに作られ、格付けをめぐって騒動となった「書画番付」[14]に「春夏秋冬之間、於萬八百川両楼上ニ不論晴雨、書画大会興行仕候」とある。南畝も『七々集』に「書画会は多く百川楼、万八楼にてあれば、万八の六書六法五七言落れば同じ百川の水、おそろしや書画の地獄の刀番つるぎの山をふむ草履番」と詞書と狂歌を記している。

酒戦会番付は改印があることから販売されたものであることがわかる。改印の上に「鈴伊」の版元印があるが、売りさばきが「鈴伊」であることしかわからない。各種データベースで検索してみると、静岡県立中央図書館の貴重書画像データベースに国貞の役者絵（文化十五年）一点三枚、日本芸術文化振興会（国立劇場）の文化デジタルライブラリーに国貞と初代豊国の役者絵（文化九、十一、十二年）六点十枚、東京都立中央図書館のデジタルアーカイブに国貞と初代豊国の役者絵（文化九、十一、十二年）十五点十五枚、大英博物館のコレクション・オンラインに国貞と初代豊国の役者絵（文化十三、十五年）三点三枚が画像付きで見ることができる。早稲田大学演劇博物館では国貞と初代豊国の役者絵（文化八―十三年）九十二点がある。大英博物館のコレクションには「perhaps（鈴木伊兵衛）」の注記がある。『増補改訂　近世書林板元総覧[15]』で鈴木伊兵衛を確認すると、増補改訂版から「商標は井筒に大の字」という注記が追加されていて、この板元ではないことがわかる。可能性としては、文化九年に役者絵を出している「鈴屋伊兵衛」が文化八年頃から使い始めたと考えられるが確定されるものではない。小規模な板元から売りさばかれたことがわかるだけである。版権をもつのは「はんもと　かまくら源五郎」と表記されるがこれも不明である。歌舞伎では江戸の仮名に鎌倉とするので江戸の仮名と思われる。「歌舞伎十八番の「暫」の主人公の名前（権五郎ということもある）から源五郎なのだろう。

三　『街談文々集要』と酒合戦

『街談文々集要』は、国立公文書館内閣文庫蔵の石塚豊芥子《ほうかいし》編による文化元年（一八〇四）から文政十三年（一八三〇）までの二十六年間にわたる街談巷説の記録である。書名の「文々《ぶんぶん》」というのは文化・文政の略である。「文々」とした理由を豊芥子自身が自序で述べている。

友人、此書を閲《けみ》していわく、文々《ぶんぶん》と題する故、雅文文章を集し物ならんと思ひしに、いと拙《つたな》し、何を以て文々とは謂《い》ふぞ、予いわく、初の文は文化、のちの文は文政の文にして、両度の時世、廿有六年の間、見るまゝ聞まゝ、真偽にかゝわらず書つけぬ、故ニ文々集要と表題す、然《しか》あれど、俗語平話を旨とし、文も雅もなく、思ひ出るまゝ、拙き筆もて、只《ただ》半百の春秋（五十年のこと）、うつり替りし昔のさまを、今の壮子（壮士＝青年のこと）の見玉（賜）わば、一席一話の語り草にもならんかと、六十二翁、豊芥野叟《やしゅう》（野鄙な翁）、種おろし（家業の芥子屋《からしや》のこと）筆を採る事爾《しか》り。

稿本を読んだ友人に「文々と題する故、雅文文章を集し物ならんと思ひしに、いと拙し、何を以て文々とは謂ふぞ」問われた。豊芥子はこれに応えて「初の文は文化、のちの文は文政の文にして、両度の時世、廿有六年の間、見るまゝ、聞まゝ、真偽にかゝわらず書」、文々集要としたと答えている。豊芥子は名を重兵衛といい、石塚重兵衛、鎌倉屋十兵衛と称した。先祖は天明期に江戸に住み始め、寛政十一年（一七九九）に神田豊島町で豊芥子は生まれた。豊芥子の代になって弘化二年（一八四五）に浅草門跡の裏に転居し、嘉永元年（一八四八）に浅草諏訪町に移った。稼業は芥子の製粉業で、豊芥子の号もこの稼業（芥）と元の住所（豊）から名付けられた。

『街談文々集要』には、「闘飲図巻」、「一枚刷り闘飲図」、「酒戦会番付」、『仏説摩訶酒仏妙楽経』、『水鳥記』江戸版の下巻抄録、『近世奇跡考』抄録、志賀随翁『風聞天の囀』抄録を書写して、「新書画展覧会引札」刷り物、「当日酒量勝負附」刷り物を貼り込んでいる。一連の酒合戦に関する物を書き写しているが、冒頭に「後水鳥記」の一部を記し、参加者の酒量と名前を記している。「我友、酒席の有様を書して贈らるる」とあり、友人から送られた物を記したとしている。「酒戦会番付」に載る人の酒量と名前を「後水鳥記」をもとにしているが、「後水鳥記」に名前のない人の記載もあって、評判となった「酒戦会番付」に載る人を探索していたことがわかる。これは「後水鳥記」に略称で記される人の名を注記として記すのと同じ行為である。次に冒頭部分を翻刻で示す。

街談文々集要　第十五　文化十二年乙亥

第十　千寿催酒戦　（　）は割註

一　文化十二乙亥十月廿一日、千寿宿中屋六右衛門なるもの、隠宅ニおゐて、酒会戦といふ事を催す

是ハ慶安年中にありし、地黄坊樽次、大蛇丸底深と酒戦ありし古例に随ひ、興行せしト云々

我友、酒席の有様を書して贈らるる、其詞雅ならざれども、註せしまゝを爰に誌るす

其日中六隠宅入口の門に聯を懸ケ、其書　抱一翁

　不許悪客（下戸、理窟）入庵門トしるせり

玄関に袴を着せしもの五人、来客にどの位たべ候哉と承り候上にて、切手を相渡し、休息の座江

請ず

　大盃　木具台、干肴（カラスミ、花しほ、サラサ梅）、又、台（海膽《ウニ》、鶉焼鳥）

鯉　角身小口切

見物所ハ、青竹手摺、毛氈鋪有之
屠竜公、鵬斎先生、文晁仙聖、其外諸君子
酌人　妓四人

一　三升五合余　　　伊勢屋某と申者　　　言慶老人
無恙帰宅、一書ニ、通新道秋葉堂ニ休、一眠して帰宅の由

一　四升余　　　大坂屋長兵衛　　　大長
近所へ倒れ臥、翌朝五ツ時頃、迎ひ酒として一升五合かたむけ、取持人銘々の方へ礼してかへる

一　壱升五合入ニ而、三杯　　　掃部宿　百姓市兵衛　　　百市
但し万寿無疆盃
焼とうがらし三ツを肴ニす、翌日叔母なるもの案じ、見舞ニ参りしニ囲炉裏の火ニ而、到来の牡丹餅を焼給居申候よし

一　　　同所、米屋　　　松勘
初メ江の島の盃七合入ニ而、鎌倉の盃壱升二合入ニ飲而、宮嶋の盃壱升入等ニ而飲、夫より万寿の杯壱升五合入ニ而先ヅ止たり、酩酊の躰無之、是は大長と当日の関を争ひし故、来ル子年八月迄、預り置
預り人、一賀、新甫、鯉隠居、已上三人也

一　弐升五合入ニ而、三盃　小山宿　佐兵衛
但、緑毛亀の盃、休てほす
一　吉原仲の丁　大野屋　大熊老人
数盃の上にて、万寿の杯一升五合入ニて飲、かへる道、小塚原町にて遊女を求メ遊ぶ
一　御蔵前　正太
当日千住へ参らんと先江出かけ、浅草辺森田屋某の家ニいたり、底を入て参らんと、壱升五合余飲、夫より千住へ参らんと、雷神門迄来る時、其妻追来り、袖にすがり止る、口論して居る内ニ、近所の者参りかゝり、夫婦をなだめ、蔵前宿所迄送る、正太是をはひなく思ひ、翌日千住に到り、丹頂鶴三升入ニ而のミしよし
一　天満屋五郎右衛門　天五
五人を相手ニし、皆々酔臥させ、自分酔たる気色なし
一　酒　壱升、醤油壱升　大門　長治
水　壱升、酢　壱升
右之四升を、三味線にて拍子とり〳〵飲
一　弐升五合余　馬喰町　茂三
一　右同断　差添、鮒屋与兵衛　鮒与
一　いく女

両人共、江の島五合入、鎌倉七合入、壱杯ヅヽのミ、小盃は数しらず、其上終日酊人なり
ぶん女

一 壱升五合
天満屋
美代女
酔人の介抱をなして、自分酔し気色なし

一 弐升五合
きくや
すミ女
緑毛亀の盃にて、見事ニほす

一 七合
つた女
鎌倉の盃にて呑、途中ニ而臥、近隣の家ニ而休息

一
伝馬町、五郎右衛門
伝五
五人を相手ニなし、皆々酔臥たるに、伝五さらに酔たる色見へず

一
文晁
此人、番付に無載、いかゞ

一
鵬斎
両先生、江の嶋、鎌倉の盃にて見事ニ飲、其外小杯数知らず、両人帰宅の節、駕籠申付候処今日の賀酒ニ而樽の鏡を抜キて、猩々の如く、柄杓にて汲呑候事故、雲介、馬士駕籠舁等、生酔の山をなしたり、かゝる折なれバ、駕籠の者の行衛しれずト云々

一
料理人
多助

大杯小盃数知らず、其上丹頂鶴盃ニ而終ニ呑

既に座も終らんする時、門前より案内を乞う者あり、何方より来りしぞと問ふに奥州會津の

旅人某、酒戦の旨を聞および、参りたるよし、尤千住宿問屋場亭主案内にて、通し、座ニ付

一　六升五合　　奥州會津　　河田何某

江の嶋五合入より始メ、鎌倉七合入、宮島壱升入、万寿無彊壱升五升入、緑毛亀二升五升入

丹頂の杯ニ至らずして止し事を歎く惣座中、是ニ肝をけしたり。今一盃とすゝむ、河田申者

ハ、要用にて明早朝出立ゆえ、やミがたし、左なくバ今一献汲べき、是非なき次第也ト一礼

を述て旅宿へかへり、翌朝相違なく出立しぬ是当日集会第一の強酒トいふべし

一　壱升五合余　　牽頭持　　佐兵衛

一　右同断　　　　　　　　　喜十郎

一　壱升　　千住、穀屋市郎兵衛　　石市

一　右同断　　同、吉見屋市兵衛　　吉市

一　七合余　　同、うなぎや松五郎　　鱸枩

文台筆者、酒量をしるす　　平秩　東作

かゝる大酒会、礼を乱さず目出度納りしは、慶安二年の例、酒林先生法会の遺徳なるべしと一笑

奉仰、頓首百拝

南畝翁本抄、于求己堂

料理の名称に「海膽」と記され「ウニ」と読みを付けているが、「蟹・カニ」であったものが誤記されたのであろう。酒一升、醤油一升、水一升、酢一升を飲んだ大門長次を、「長治」と「酒戦会番付」の表記のまま記す。「天満屋五郎右衛門、天五」と「伝馬町、五郎右衛門、伝五」は同一人（天満屋五郎左衛門）だが二箇所に名があり、「伝五」に「此人、番付に無載、いかゞ」の注記がある。「後水鳥記」の写本（『視聴草』所載）に「天五」を「傳馬屋五郎左衛門」と注記されるので、同様なものをみて、二箇所に記載されたのだろう。「牽頭持（たいこもち）」として「佐兵衛」・「喜十郎」の名がある。名前も番付にある「荻佐」・「荻喜」のことで『新吉原細見　文化十三年春』(16)にある「荻江佐久助」・「荻江喜十」のことと思われる。「壱升、吉見屋市兵衛、吉市」の名があるが番付に名は無い。「七合余、うなぎや松五郎、鱣松」は番付に名はあるが、酒量七合余は番付の「其外壱升已下（未満の意）東西ともに略申之也」と一致しない。誤伝か誤記なのだろう。誤記が目につくが、人物を特定しようとする努力が見てとれる。文末の「酒林先生法会」とは、酒の神といわれる三輪明神（大神神社）の神事の後の直会ことであろうか。「南畝翁本抄、于求己堂（求己堂において南畝翁本を抄す）」とあるので、求己堂主人を名乗り、「求己文庫」・「求己堂記」の蔵書印を使用していた天文学者の高橋景保の書庫で「後水鳥記」を抄録したもののようである。景保は、文化十一年（一八一四）に書物奉行兼天文方筆頭となったが、シーボルト事件に連座し、文政十二年（一八二九）に獄死している。

四　千住の古記録『旧考録』と酒合戦

千住宿二丁目の名主永野家文書の『旧考録[17]』という古記録は、後編に「中六酒合戦」として鯉隠と文化十二年の酒合戦が記される。足立区風土記編さん委員会の翻刻を元にしたものを示す。

中六酒合戦

千寿駅字小橋側に御高札一里塚あり
其邊に中六今茲年六十自啓初度
之延（ママ）大會都下飲士皆一時海龍（ママ）也
各一飲一斗或有傾四五斗者可謂、
太平之盛事矣、古人以酔人為太平
之瑞宜哉、余在其座而親観之時文
化十二年乙亥冬神無月廿一日なり、先
其始は門にひとつの聯を掛其文言曰
不許悪客　下戸、理窟　入庵門と記せり、夫より
玄関といふべき所に袴着たるもの五人在
来者に各々酒量を問ひ切手を渡し

休所いらしめ案内して酒戦之席に
つかしむ、客と會主と一禮を演て
酒合戦始りとかや、此日之大関は文
晁鵬齋之二先生なり、其外江府近郷
近邊より尋来るもの皆名家之諸君子
なり、尚又茲日奥州會津の旅人河田
何某折節通り掛り門に掛たる酒戦會の筵
に到り江島・鎌倉より順盃に呑はじめ、終
に緑毛亀まで飲ほして一坐之連中へ一礼
を演て近き邊りへ旅宿すときく、此日
杯の次第は江島杯五合入、鎌倉杯七合入
宮島杯一升入、万寿無疆杯一升五合入、緑毛
亀杯二升五合入、丹頂鶴杯三升入、干肴ハ
からすミ・花塩・礫梅等なり、各々此杯を
飲ほせハ此日の大関となる、誠に酒合戦
は前代より有事とき〻伝へるといへども
此酒會に来る人ハ皆後世に名を掲る

先生達なり、先屠龍公文晁は書画を善す、鵬齋者高名の儒者なり、蜀山人は哥道に明らかなり、尚又画ハ雪舟流にて抱一道人といふ、後の平秩菴東作は狂哥の大人なり、秋香菴巣兆ハ誹諧の宗匠なり、画ハ古土佐風の画なり、鯉隠居は兆先生の朋弟なり、狩野素川は御繪所にして御止筆ときく、其外出會の人夫数おふきによつて畧之、誠に古今珍しき酒合戦有し事故爰に記し置、今屋墨田川の流れ尽せす、筑波山の茂きみかげをあふき武蔵野ゝ廣御恵ミは延喜の聖りの御世にもたちまさりぬべき事、此書を見て知るべきかも

よろこびのやすきといへる
としの名を
本卦がへりの酒にこそくめ
蜀山人

海龍羣飲似争珠
雙手擎来傾五湖
不是伯倫七賢侶
定應李白八仙徒
太平酔民鵬齋

内容をみていくと、冒頭と終りの部分は、「一枚刷り闘飲図」にある鵬斎の漢文序と漢詩を写しとったものである。漢文序も漢詩と同様にやはり海龍となる。序文のあとには「後水鳥記」の記事を抄録したものが続き、やはり「一枚刷り闘飲図」にある南畝の狂歌と鵬斎の漢詩が写される。興味深いのは「此日之大関は文晁鵬齋之二先生なり」とした箇所と、酒杯の名を挙げたあと「各々此杯を飲ほせハ此日の大関となる」とした箇所である。文晁と鵬齋は共に大酒飲みとして伝わっていた（文晁は晩年）ことから、両名が六つの酒杯を飲み尽くしたという伝承が生じていたのだろう。参加者（実際には見物客）の名に錯誤がある。屠龍公と抱一道人が別人のように二箇所に記載される。「平秩菴東作は狂哥の大人なり」は、まあよいとしても「蜀山人は哥道に明らかなり」は異和感がある。「秋香菴巣兆ハ誹諧の宗匠なり」も文化十一年に没しているので正しくはない。酒合戦から四十年以上経過し、世代が入れ替わってからの記録なので伝承に錯誤があるのだろう。それでも「乙亥冬十月廿一日」を「乙亥冬神無月廿一日」に、「此巻を見て知るべきかも」を「此書を見て知るべきかも」に書きあらため「一枚刷り闘飲図」や「後水鳥記」との違いを出している。伝承を含め、記録があること自体がいかに知られていたかを示すものである。

五　番付にある東の大関「如鯨」

番付には、一升以上飲んだ者が相撲の四股名のような名で合計五十五人が記されている。このうち東西合わせ上位八人を後水鳥記と照らし合わせたのが次に記したものである。下段が後水鳥記である。

東ノ方　大関　立石　如鯨　　該当がない（雷電為右衛門か）
　　　　関脇　吉原　宮慶　　言慶（伊勢屋言慶）
　　　　小結　馬喰町　大長　　大長（大坂屋長兵衛）
　　　　前頭　御蔵前　正太　　浅草みくら町　正太
西ノ方　大関　會津旅人　河田某　　會津の旅人　河田何がし
　　　　関脇　千住　石勘　　米ひさぐ松勘（松屋勘兵衛）
　　　　小結　千住　百市　　農夫　市兵衛
　　　　前頭　下野　小山佐　　小山　佐兵衛

「酒戦会番付」上位者は後水鳥記と少し異なるが、東ノ方の関脇宮慶の「宮」を伊勢神宮の「伊勢」と読み替えれば「伊勢屋言慶」となる。西ノ方の関脇石勘の「石」を「こく」と読めば「穀」に通じ、「米ひさぐ松勘」のこととみてよいであろう。しかし、最高位である東ノ方の大関如鯨については不明である。千住宿の隣村である立石の住人は後水鳥記に出てこない。小山の佐兵衛の七升五合や、六升二合飲んでまだ余裕のある会津の旅人河田某を超える一斗以上飲む酒豪でなければ東の大関とはいえない。この文化十二年という時期に、表に名前の出せない有名な人物で、一斗以上飲むことができた酒豪を探してみると一人存在する。相撲の雷電為右衛門である。文化八年に土俵を下りているので関為右衛門というべきだが、ここではわかりやすく「雷電」とする。

雷電は文化十二年二月、前年に赤坂報土寺に寄進した釣鐘に係る罪で江戸払いの刑に処せられている[18]。江戸払いは、品川、板橋、千住、本所、深川、四谷大木戸の内より追い払うもので[19]、当然千住には立ち入れない。雷電の有名な逸話に享和二年六月、長崎に巡業した折に、陳景山という中国の学者の挑戦を受けて飲みくらべをおこなったというのがある[20]。一斗樽をそれぞれ傍らにおき、二人とも樽を空けた。景山は酔って伸びてしまったが、雷電は五升追加して煽り、一座に挨拶をして帰っていったという。事実かどうかは別にして、広く知られていたということのほうが重要である。また雷電の旅日記の『諸国相撲控帳』二冊と松江藩への報告控え『萬御用覚帳』一冊が現存し、小島貞二『雷電日記』[21]に翻刻と現代語訳がある。記述の最後は『諸国相撲控帳』が文化十二年、『萬御用覚帳』は文政二年である。これらからみた雷電の文化十二年の動向は次のようなものである。

『諸国相撲控帳』文化十二年

一、亥春正月廿九日夜、江戸橋ヨリ舟ニ乗、房州八満村と申所へ参リ、五日興行仕候。弐拾五両ニ定メ取申候、此相撲、大風ニ而候へば、見物出不申候。先中はんぢやうニ御座候。夫ヨリ江戸へ帰申候。

又四月廿六日、江戸出立、廿八日初日、五日興行仕候。夫ヨリ江戸へ帰申候。此相撲はんぢやう致申候。佐倉之目明、元方ニ御座候。

一、享和元酉年七月ヨリ、十五年間之事ニ御座候。

『諸国相撲控帳』現代語訳（小島貞二編『雷電日記』による）

一、亥年（文化十二年）春正月二十九日夜、江戸橋から船に乗って房州八幡村（安房。千葉県市原市八幡）というところで五日間の興行を勤めた。二十五両の場所買い切りと契約したが、台風のために不入りであった。先の巡業は成功したのだけれど…。場所後に江戸に帰った。また四月二十六日に江戸を出立し二十八日初日、佐倉で五日間の興行を勤めたあと江戸へ帰った。この場所は繁盛したが、佐倉の目明かしが勧進元であった。

一、享和元年（酉・一八〇一）七月より十五年間の記録として収めた。

『萬御用覚帳』文化十二年

亥三月廿八日、相撲地捕、御覧被遊ニ付、委敷事ハ調右衛門へ申談置候間、御聞可被候。

其比相撲之者は、日光之方へ参リ、久々百人者よびニ参リ申候。（後略）

『萬御用覚帳』現代語訳（小島貞二編『雷電日記』による）

亥三月二十八日、お殿様が相撲の稽古をご覧あそばれたいとのことなので、詳しい段取りは鼓ヶ滝調右衛門に申し送るよう申しあげると、お聞き届けになられた。

その頃、私どもは、日光に出かけていて、久しぶりに百人もの一行を従えての巡業だった。（後略）

文化十二年中の事柄を一覧にまとめてみる。

一月　八幡村（市原市）で興行。（『諸国相撲控帳』）

二月　報土寺梵鐘事件で「江戸払い」の刑を受ける

三月　日光へ巡業。（『萬御用覚帳』）

四月　佐倉で興行。（『諸国相撲控帳』）

『雷電日記』の編者小島貞二氏は、佐倉の興行から帰った雷電は四ツ谷伝馬町の自宅にいたとしているが、四ツ谷伝馬町は四谷大木戸の内なので江戸払いの範囲である。四ツ谷伝馬町にいたとは考えられない。伝記小説『雷電本紀』[22]の著者飯嶋和一氏は、四谷大木戸の外である内藤新宿に移ったとするが根拠があるとは思えない。四谷大木戸の内では都合が悪いので大木戸の外としたのであろう。いずれも雷電の生家のある信州に通じる甲州街道沿いという発想のようである。文化十二年には現役引退後勤めた松江藩の相撲頭取も辞めている。むしろ雷電の妻八重の実家である下総国臼井（千葉県佐倉市）に通じる水戸街道沿いにいたのではないかと考える。千住宿五丁目には日光街道（日光道中）と水戸街道（水戸佐倉道）の分岐点がある。また千住宿五丁目には、「東の名倉、西の森」と並び称された骨接ぎの「千住の名倉」がある。怪我がつきものの力士には必要なところで、両者とも相撲取りは無料であったという。(23) 千住宿の隣村である立石にいたとしても不思議ではない。

ただし、これは「酒戦会番付」にみえる「如鯨」が「雷電」に比定されるということで、実際に雷電が千住の酒合戦に参加していたとは考えない。実際に雷電が参加していれば主催者にも迷惑が及ぶことなので、雷電がいれば一番ということを匿名にして番付にのせたと考える。引退したとはいえ無双の人気力士であり、寺に新規鋳造の梵鐘を寄進したことで、江戸払いとなった雷電への判官びいきの受けをねらったものかもしれない。

第八章　小山田与清『擁書漫筆』にみる千住の酒合戦

一　小山田与清と『擁書漫筆』

小山田与清は、文化十二年刊の『江戸当時諸家人名録初編』に次のように掲載される。

國學　名與清　字文儒　神田通船屋敷
松屋　　　　　　　　高田正次郎

与清の『松屋筆記』(1)によれば、天明三年（一七八三）三月十六日に武蔵国多摩郡上小山田村（現在の町田市）の郷士田中本孝の次男として生まれた。翌十七日に母が亡くなっている。享和三年（一八〇三）に父が亡くなるとまもなく、見沼通船方高田家の養子となる。神田花房町（千代田区外神田）通船屋敷に住み、庄次郎与清を名乗ったが、後に正次郎に改めている。号は文儒、後に松屋に改めている。文政八年（一八二五）に隠居すると、田中氏が継いでいた小山田氏の廃絶を惜しんで小山田将曹平与清を名乗る。天保二年（一八三一）に水戸藩彰考館に出仕し、弘化四年（一八四七）六十五歳で没している。与清は国学者で蔵書家として知られ、文化十二年七月二十九日に私設公開図書館である擁書楼を落成、その日から『擁書楼日記』を起筆する。日記は文政三年二月までの六年ほどで記事の多くは学者、文人仲間との交友記録となっている。与清の蔵書は、亡くなる前年に水戸の徳川斉昭に献納された。早稲田大学総長高田早苗は与清の曾孫にあたる。早苗の『半峰昔ばなし』[2]によれば「與清翁が家に残された何萬巻かの書物は遂に一册も無くなり、維新前後家道衰へた當時、私がそろ〳〵書を讀むべき年齢になった頃には、四書五經さへも満足に家に傳はつて居なかった」という。与清は多数の著作を残したが、よく知られるのが、蔵書をもとに考証研究をまとめた『松屋筆記』百二十巻と『擁書漫筆』である。

『擁書漫筆』[3]巻第三に収められる「水鳥記のさだ」を日本随筆大成本を参考に、目録・本文・該当引用書目を掲載する。読み易くするため、段落で区切り、割註の部分は（　）でくくる。引用書目は与清の蔵書でここに書名のあるものである。

擁書漫筆巻第三　目録　(廿四) 水鳥記のさだ

○千住酒戦録の大意　○酒戦の図

○平秩東作の伝　○亀田鵬斎が詩

○大田蜀山が狂歌

輪池翁のもたれし水鳥記の画巻は、詞簡略にして、刊本と異なる所おほく、画もいとこまやかにめでたし。序跋目録は省きてしるさず。巻首に、此草紙は承応のころにや、武州大塚にすめる医師、地黄坊樽次とあだなる名にたちて、晋の劉伶、唐の李白にも、をさ〳〵劣らぬ酒呑ありけり。地黄元の性酒をこのみてあかず。また鉄を忌ゆゑに、酔てしかもいからぬといへる意にて、自かく名のりたるべし。しかるに同国の大師河原に、池上太郎左衛門底深とて、是もいみじき上戸ありけり。樽次に逢て、いづれ上戸のけじめを分んと常にはかりしに、あるとき道のしるべありて、樽次同志の友いざなひ、大師河原へ行、春の園の桃李にたはぶれ、秋の紅葉の林に遊し有増を綴て、水鳥記と名づくるならし。酒といふ字につきていへるなるべしと見ゆ。地黄坊樽次が自作也。一本に酒戦談と題号せしもあり。流布の刊本二種ありて、奥書に寛文七年五月五日、寺町二条下町、中村五兵衛開板、としるせしは上下二巻也。三月吉日、松会開板、とあるは上中下三巻にわけたり。

樽次底深がゆゑよしは、江戸總鹿子新増大全二の巻、谷中天台宗の部、同書二の下巻、小石川禅宗の部、続江戸砂子三の巻、近世奇跡考五の巻、直泰夜話、武蔵演露橘樹郡の部、調布日記下巻などに出たれば、閲て知るべし。

因みにいふ。文化十二年十月廿一日、千住宿壱丁目にすめる中屋六右衛門が家にて、六十の年賀に酒の呑くらべせり。その酒戦記一巻、画一鋪あり。今要を摭て記す。

伊勢屋言慶（新吉原中の町にすめり、齢六十二、三升五合を飲）

大坂屋長兵衛（馬喰町に住、齢四十余、四升余を飲）

市兵衛（千住かもん宿に住、万寿無量杯にて三杯呑けりといえり。万寿無量杯は一升五合盛とぞ）

松勘（千住宿人なり、五合盛のいつくしま杯、七合盛の鎌倉杯、九合盛の江島杯、一升五合の万寿無量杯、二升五合の緑毛亀、三升の丹頂鶴などにてことごくのみにけりとぞ）

佐兵衛（下野小山人、七升五合のみけりとなん）
大野屋茂兵衛（新吉原中の町、大野屋熊次郎が父なり。小盞数杯の後に万寿無量杯にて飲）
蔵前正太（浅草御蔵前、森田屋が出入の左官也。三升飲）
石屋市兵衛（千住掃部宿の人也。万寿無量杯にて飲）
大門長次（新吉原にすめり。水一升、醤油一升、酢一升、酒一升を、三味線にて拍子をとらせ、口鼓をうちつゝ飲）
茂三（馬喰町人也。齢三十一、緑毛亀を傾尽す）
鮒屋与兵衛（千住掃部宿の人也。齢三十四五計。小盞にてあまた飲ける上に、緑毛亀をかたぶく）
天満屋五郎左衛門（千住掃部宿の人也。三四升許飲）
おいく（酌取の女也。江のしま、鎌倉などにて、終日のみぬ）
おぶん（酌取の女也。同上）
天満屋みよ女（天満屋五郎左衛門が妻也。万寿無量杯かたぶけて、酔たる色なし）
菊屋おすみ（千住人也。緑毛亀にて飲）
おつた（千住の人。鎌倉などにてあまたのむ）
料理人太助（終日茶碗などにて飲、はては丹頂鶴をかたぶけぬ）
会津の旅人河田（江島より始て、緑毛亀にいたるまで、五杯を飲つくし、たゞ丹頂鶴を残せるをなげく）
亀田鵬斎、谷写三など此むしろに招かれて、もの見せしとぞ。そのをり掃部宿の八兵衛といえるものは、壱分饅頭九十九くひたりといえり。この酒戦記は、平秩東作が書つめたり也。平秩東作は立松博之、字は子玉、世称は稲毛屋金右衛門といひて、内藤新宿の煙草屋也。狂歌に名ありて、万載集などに歌おほく入たり。此人すでに見まかりて年へぬれば、今の東作はその名を襲るなるべし。

鵬斎が詩幷序あり。千壽中六、今茲年六十、自啓初度之筵。大会都下飲士、皆一時海龍也。各一飲一斗、或有傾四五斗者、可謂太平之盛事矣。古人以酔人為太平之瑞宜哉。余在其座而親観之。時文化十二年乙亥、冬十月廿一日也。

　海龍群飲似争珠双手擎来傾五湖
　不是伯倫七賢侶定応李白八仙徒

大田蜀山が狂歌あり。詞書に、かの地黄坊樽次と、池上何がしと、酒のたゝかひせしは、慶安二年のことになん。ことし千壽のわたり中六ぬし、六十の賀に酒戦をもよほせしときゝて。

　よろこびのやすきといへる年の名を本卦がへりの酒にこそくめ

また中六が会日の掛字にせんとてこへるに、書てとらせし語、犬居目礼古仏座、礼失求之《(ママ)》千壽野。こは水鳥記の語により、作たッなるべし。

擁書漫筆引用書目
　水鳥記画巻一名酒戦談、　水鳥記京板、　水鳥記江戸板
江戸總鹿子新増大全、　続江戸砂子、　近世奇跡考、　地黄坊事跡考
直泰夜話、　武蔵演露、　調布日記、　千住酒戦記

「千住酒戦記」は二世平秩東作が記した千住の酒戦録。他は慶安の酒合戦に関するもので、三種の「水鳥記」をあげている。「江戸總鹿子新増大全」と「続江戸砂子」の二つの地誌は地黄坊樽次の墓所を小石川・祥雲寺と谷中・妙林寺の二箇所をあげていて、山東京伝「近世奇跡考」もこれらを引用する。間宮士信《ことのぶ》「地黄坊事跡考」は樽次の墓所を谷中・妙林寺として、樽次の墓石と位牌の図を掲載する。「調布日記」は南畝の玉川巡視の際の筆記で、下巻に大師河原村で池上家を訪れ、蜂竜の盃と半ば欠けた制札を見た記載がある。

「直泰夜話」は前橋藩士の勅使河原三左衛門直泰が前橋藩士の事跡をまとめたもので写本で伝わる。内容は、一つは山形最上の最上義俊が断絶した際に最上の家臣の一部を召抱えた者の中に伊丹城春作の名があること。もう一つは伊丹春朔という元の最上家の牢人が大酒飲みで地黄坊樽次の異名を持ち、小石川祥雲寺に石碑があり、谷中妙林寺に実の墓があるという二つの記事がある。与清は「ぢきたいやわ」と訓読を振っているが、現在は三左衛門直泰《なおやす》の名をもとに「なおやすやわ」と呼称される。翻刻が宮下藤雄校注『直泰夜話』私家版（一九六六年）にある。

「武蔵演露《えんろ》」は大橋方長《まさなが》による武蔵国の地誌であり写本で伝わる。橘樹郡大師河原村の箇所に「むかし大師河原に池上太郎左衛門トいへる者、大塚地黄坊樽次と云し者と呑くらべせし事世にしる処、樽次自作水鳥記ニ委し、樽次墓ハ小石川祥雲寺ニ在り此池上氏の子孫今ニ此の此処の邑長《むらおさ》とす」とある。安永九年（一七八〇）の序を持つが文化頃までの加筆がある。翻刻が『新編埼玉県史資料編一・地誌』埼玉県（一九七九年）にある。

二 『擁書漫筆』にみる千住の酒合戦

『擁書漫筆』にも「後水鳥記」にない記事がある。「千住掃部宿の八兵衛といえるものは、壱分饅頭九十九くいたりといえり」と饅頭を九十九個食べた掃部宿の八兵衛という下戸の名が記されている。「後の水鳥記」というテーマにあわないので、南畝は意図的に記さなかったのかもしれないが、二世平秩東作による『擁書漫筆』の酒量の記録と同人が書いた酒戦記による「後水鳥記」の記録が相違することから、南畝は知らなかった可能性もある。酒量の記録は「後水鳥記」のほうが直後のものなので正しいのではないかと思われる。特に疑問のあるのは松勘こと松屋勘兵衛の杯の数である。六杯全てを飲み尽くしたのであれば、会津の旅人河田某の五杯を超えてしまう。それに、松屋勘兵衛が六杯全てでは、四升飲んだ大長こと大坂屋長兵衛と最手占手（第一位・第二位）を争う余地がなくなる。「一枚刷り酒戦図」の鵬斎の漢詩に「五湖を傾く」とあるが、鵬斎は中国古代の湖である洞庭湖（あるいは太湖）を詠んだもののようである。これは江島・鎌倉・宮島・万寿無疆・緑毛亀杯を傾けた河田某の五杯をイメージしているのではないかとも考える。いずれにしても二世東作の書いた千住酒戦記をもとにしたもので、酒量の不一致は二世東作に責があるとしかいえない。杯の名称が「宮島杯」から「いつくしま（厳島）杯」に、「万寿無疆杯」から「万寿無量杯」という変化も同様と思われる。「江島杯」の容量が「一升」から「九合」となっているのは、二世東作が神主であったことと関係するのではないかと考える。武家故実をまとめた伊勢貞丈『貞丈雑記』(4) 巻之七、膳部之部に土器《かわらけ》のことが記される。

土器品々の事、小さきを「こじゅう」、へそかわらけの事なり、小じゅうより大なるを「三ど入」と云い、三ど入より大なるを「大じゅう」と云う。小じゅうに対したる名なり。さて又三ど入より大じゅう以下三まわりずつ大きなり。大じゅうに三まわり大なるを「五ど入」と云い、五ど入より三まわり大なるを「七ど入」と云い、それより「九ど入」「十一度入」「十三ど入」「十五ど入」まで、何れも三廻りずつ大きなり。「十五度入」より大なるはなし。（中略）前に云う、へそかわらけの事を小じゅうと云うは、三度入の内に重なる小さき土器なる故なり。三度入は盃に用ゆるかわらけなり。酒は盃に三度ずつ入るる故、盃になる土器を三ど入と云う。大じゅうは三度入の外に重なり大なる故、大重と云う。五ど入は三ど入より大なる故、五ど入と云う。七ど入と云うも、九度入以下も同じ事なり。

土器《かわらけ》の数え方から杯の容量を「五合入、七合入、一升入」とするところを「五合入、七合入、九合入」としてしまった可能性がある。また、「九」は奇数で陽数の縁起のよい数、「究」に通じることから数の最上位とされ、あえて「九」としたことも考えられる。

酒戦記一巻《まき》のほかに画一鋪《ひら》とあり「一枚刷り酒戦図」のことであるのは鵬斎の漢詩と南畝の狂歌が記されることから明らかである。高島千春の挿画「千住酒戦の図」が掲載されることから、画一鋪を千春の画とすることがあるが誤りである。千春のことは、与清の『擁書楼日記』(5) 文化十三年七月十二日に次のように記載がある。「千春俗称は壽一郎、京都人也。土佐家の門人にて画をよくす。新川南白銀町二丁目医師秋下春良が家に寄食する」。この日は与清が千春を訪れているが、翌々月、閏八月には千春の方が与清を度々訪れ、宿泊もしている。挿画の打ち合わせをしていたのであろうか。

千春のことは『擁書漫筆』巻第四の「高嶋千春が歌」にも記される。

高嶋壽一郎源千春は、字は壽王、号を水竹、また得天斎という。難波人也。京都にあそびて、画を土佐家の門にまなび、よく道の考証をきはむ。てづからみづからふるき画巻を模写して、もゝぢあまりを秘めもたり。また公事故実などの事どもにいたりては、学者のまどへるふしぐ〵をさえ、つばらになんこうがへ得たる。ことし文化十三年卯月ばかり、東都にくだりて、まじはりをそこらのきこゑ人にむすぶ。それが旅の歌の中に

むら烏朝たつ声ぞきこゆなる伏見の里のかすみがくれに

千春は、元は難波（大坂）の人で京都に遊学し、土佐家で画道を極めた。たくさんの古い絵巻を模写するなどして、朝廷儀式や武家故実について学者でもわからないことも、詳らかにすることができた。文化十三年四月に江戸に来て、多くの聞人（有名人）と知り合ったという。

『擁書楼日記』の文化十二年十月十六日に「秦其馨（星池）がり文つかはして、調布日記をとりもどしつ」とあり、この時期までに与清は南畝から『調布日記』の提供を受けてはいるが、「後水鳥記」をまだ見ていない。話には聞いているが実際に目にするのは『擁書漫筆』が刷り上がったあとのことであ

る。『擁書楼日記』文化十四年三月廿一日に「甲子祭す、高木伊兵衛、村田たせ子まうでく、北川真顔、北慎言、岩瀬百樹、吉田長俶、菊池桐孫、片岡鶴陵がり擁書漫筆おくる」とあり、同月三十日に「大田南畝がもとより、千住酒戦の事を記せし、続水鳥記をおこせぬ」とあることでわかる。

慶応義塾図書館蔵『反古籠・擁書漫筆抄』は明治期のジャーナリスト野崎左文により書き写された写本、附録として「後水鳥記」が巻末に付されている。この写本で興味深いのは小山田与清「擁書漫筆抄」にある左文の書き込みである。「水鳥記のさだ」の文末に朱筆で次の書込みがある。

注　本文ニ、此酒戦ハ二世平秩東作が書けりとあれど、流布の後水鳥記には六十七翁蜀山人緇林楼上に志る寿とあれバ、東作の筆とは誤りなるべし。委しくハ一話一言第三十八巻を覧るべし。

左文が酒戦記を二世平秩東作が書いたとするのを誤りとしたのは、南畝が酒合戦の場にいるのを前提として、酒戦記は後水鳥記のことと誤解しているにほかならない。後水鳥記に「この日文台にのぞみて酒量を記せしものは二世平秩東作なりしとか」と伝聞体で記されるので、左文は酒戦記を二世東作が書いたとみるべきであった。与清は後水鳥記をまだ見ていないので『擁書漫筆』に記しようもない。

三　松浦静山の『甲子夜話』

肥前平戸藩（長崎県平戸市）の第九代藩主となる松浦静山は、宝暦十年（一七六〇）に江戸で生まれ、生涯のほとんどを江戸で過ごした。名は清、通称は英三郎、静山は号である。父・祖父の死により、十六歳で藩主となる。静山の孫の中山慶子は、明治天皇の生母である。藩主となった静山は、経費節減、行政の効率化を図り、藩の財政再建を果たした。藩校を維新館と命名し、人材の育成と登用を促進した。文化三年（一八〇六）の退隠後は諸芸にしたしんだ。林述斎の勧めで、文政四年（一八二一）十一月十七日、甲子の日の夜に『甲子夜話』を起稿、天保十二年（一八四一）に亡くなるまで書き綴った。正編百巻、続編百巻、三編七十八巻の大部である。内容は宮廷、朝幕関係から徳川将軍家、大名、旗本、老中以下の幕吏、学者、文人墨客、僧侶、医師、その他名士の逸話、国内の奇談・異聞や民間の風俗、外国の珍事奇聞などにわたる。

『甲子夜話』(6)巻十一に記載される内容は、『擁書漫筆』にある「千住酒戦記」と「一枚刷り酒戦図」をそっくり写し取っている。わずかな配列の差異と省略があり、「過にし頃人の贈りし文あり」のとおりに抄録されたものを送られ、そのまま引用したものと思われる。

甲子夜話　巻十一

世に不益のこと多かるも、天の異行なるべし、聞きたるは忘れ易く、捨てたるは得がたし、無用のものも再視んと欲るときは由なし。過にし頃人の贈りし文あり。

文化十二年十月廿一日、千住宿壱丁目中屋六右衛門、六十賀酒戦。

伊勢屋言慶　新吉原中の町にすむ、六十二歳。三升五合余をのむ

大坂屋長兵衛　馬喰町に住、四十余、四升余をのむ
市兵衛　千住掃部宿住、万寿無量杯にて三杯のむ、この杯は一升五合入
松勘　千住人、五合のいつくしま杯、七合盛の鎌倉杯、九合盛の江島杯、一升五合の万寿無量杯、二升五合の緑毛亀、三升の丹頂鶴にてこと〴〵くのめり
佐兵衛　下野小山人、七升五合のむ
大野屋茂兵衛　新吉原中の町、大野屋熊次郎が父、小盞数杯のゝち万寿無量杯にてのむ
蔵前正太　浅草御蔵前森田屋出入の左官、三升飲
石屋市兵衛　千住掃部宿の人、万寿無量杯にてのむ
大門長次　新吉原に住。水一升、醤油一升、酢一升、酒一升を、三味線にて拍子をとらせ、口鼓をうちのむ
茂三　馬喰町人也、三十一、緑毛亀をかたぶけつくす
鮒屋与兵衛　千住掃部宿人、三十四五。小盞数杯の上、緑毛亀をつくす
天満屋五郎左衛門　千住掃部宿人三四升のむ
をいく　酌取の女江島、鎌倉などにて終日のむ
をふん　同上
天満屋みよ女　天満屋五郎左衛門妻。万寿無量杯かたぶけ酔たる色なし
菊屋をすみ　千住人緑毛亀にてのむ

をつた　千住人鎌倉などにてあまたのむ
料理人太助　終日茶盌などにてのむはてに丹頂鶴をつくす
会津の旅人河田　江島よりはじめて、緑毛亀にいたるまで五杯を飲つくし、丹頂鶴をのこす

鵬斎詩幷序

千壽中六今茲年六十自啓初度之筵大会都下飲士皆一時海龍也各一飲一斗或有傾四五斗者可謂太平之盛事矣古人以酔人為太平之瑞宜哉余在其座而親観之時文化十二年乙亥冬十月廿一日也
海龍群飲似争珠双手擎来傾五湖不是伯倫七賢侶定応李白八仙徒

南畝

かの地黄坊樽次と池上何がしと、酒のたゝかひせしは、慶安二年のことになん。ことしは千壽のわたり中六ぬし、六十の賀に酒戦をもよほせしときゝて
よろこびのやすきといへる年の名を
本卦がへりの酒にこそくめ

酒戦の日の床にかゝげし掛幅は南畝が書なり
犬居目礼古仏座礼失求之（ママ）千壽野

冒頭に「世に不益のこと多かるも、天の異行なるべし。聞きたるは忘れ易く、捨てたるは得がたし。無用のものも再視んと欲るときは由なし。」とあるが、酒合戦に限ったものでなく、『甲子夜話』全体に

いえることである。松浦家に伝わる『甲子夜話』の副本に静山の後嗣、松浦熈《ひろむ》の跋文があり次の文で始まる。（『甲子夜話三篇6』平凡社）(7)

凡天下之異聞奇蹟、必得㆓其人㆒而後伝㆑於㆓無窮㆒。其人亦必得㆓異聞奇蹟㆒而後足㆓不朽㆒也

およそ、天下のめずらしい話や不思議な出来事は、必ずやそれを永く後世に伝える人を得る、そうした人は、まためずらしい話や不思議な出来事を必ず得て、後世に伝えるものである、といった意味であろう。静山を称えた文である。『甲子夜話』は、大学頭林述斎が勧めた古人の善言善行を書きのせたものが多いが、いうところはそれのみでない。世の中の様相人心の推移に渡るものは、政務に携わるものの心得という考えである。天地の見聞も厚生、つまり人民の生活を楽にすることを目的とする。静山の見識をもって、政道人倫に有益と認めるものを選択していったものである。もっとも、記したものを述斎に示して、不可の意見が示されることもあった。ごくわずかな除かれたものは侍臣の池内光風、吉川中行により「我輩甚惜む。因て竊《ひそか》に拾寘《ひろひおき》て私冊《さつ》を為すと云」として『夜話竊寘《せつし》』として十九条が残された。

静山は慶安の酒合戦に興味があったようで、『近世奇跡考』を見て大師河原の底深所持の「蜂竜盃」と同様の盃を法印公（初代藩主の鎮信）に仕えていた西清右衛門が朝鮮役（文禄・慶長の役）に持行した蜂と龍を描いた盃の画を写したうえ、元禄期にすでにこのような画があったとしている。さらに蟹を描く

のは後の者が補ったのではないかと考証する（続篇巻七十三）[8]。また「水鳥記絵詞」を所持していたことを記し、酔人の画を描いている（三篇巻五十七）[9]。「蜂龍盃」の清右衛門は朝鮮役で旗将であったが旗を奪われそうになったとき、「旗を与よ〳〵と云たれば、鮮兵奪獲て、城外に誇んと城内を持廻りしを、我が諸軍望瞻て、あはや松浦の手は一番乗り為しと、諸軍一斉に押寄たれば、清右衛門其勢に乗じて先登し、城遂に陥しとぞ」と続ける。「水鳥記絵詞」では「慶安承応の頃、世に酒戦と云こと行はれて、酒徒対飲して呑闘ありしこと、今時の稗史奇跡考と云にも載せて、又予が蔵の水鳥記と題せる画軸にも、この酒戦を詳録す。摸本なれども、画は主馬尚信、書は広沢知慎と云。この画記、酒戦の状を描し中、飲敗したる沈酔人を、人負て逃る、体を描く。（中略）されば古代廃行の者をば、斯の如く為したることと観るべし。卑事ながらも旧俗の状知るべし」としている。こうしてみると、千住の酒合戦は世の中の様相としての民間の奇談の記録ということなのだろう。

四　須藤由蔵の『藤岡屋日記』

幕末頃に外神田の御成道、現在の東京都千代田区外神田の中央通りでJR東日本秋葉原駅西側に、「お記録本屋」といわれた古本屋があった。足袋屋の店先の露店に座り込んで一日も休まず何事か筆記していたという。名を由蔵、須藤氏で上州藤岡の人、吉原健一郎『江戸の情報屋』[10]によれば、寛政五年（一七九三）の生まれである。天保年間に露天から店舗を開き、明治三年（一八七〇）藤岡に帰ったという。由蔵のことは、菊池貴一郎『江戸府内絵本風俗往来』[11]に次のように記される。鈴木棠三氏の解説によれば菊池貴一郎は嘉永二年（一八四九）、由蔵を見たかもしれない。

お記録本屋　外神田御成道の入口なる広場に筵を敷きて、古書籍を陳ねて商う本屋の老爺あり。この書商をお記録本屋と呼びしは、この老爺、前へ塵劫記・商売往来・都路往来・今川古状揃なんど破れたるか、また表紙もよごれたるものを陳ねたる。片脇には素麺箱を横に置きて机となし、瀬戸焼の墨壺に禿筆を染めて、その頃廉価なる黄半紙といいし紙を横折りにして、終日何か認めて居たりしかば、人呼びてお記録本屋といいしなり。当所は元来広場のこと故、暑寒とも少しく風の起りし時は砂塵を吹き上げて煙の如くなるに、頓着なく悠然として筆を休めざるは、雨雪の日を除くの外十年一日の如く、安政の末年の頃早五十路を越えしと見うけたり。勿論年中日光に照り付けられしかば、顔色渋紙の如く、頭髪蓬々たりしを、手拭にて包みたり。怪しむべきは、身柄よき武家の来たりて、破筵の片辺に着座して何か談話して余念なき様を見しこと数度なりける。客店に立ちて古本を求めんと価を問えば、甚だ不廉にして一銭も引くことなく、随分頑固なる振舞ありたり。後には同所へ一戸を構えて古本の店を出しけるが、従前の如く素麺箱の机に向かうこと同じかりし。明治の初めに到りて老爺物故せしとか、その年月を知らず。

御成道の露店に座り込んだ由蔵の姿を描写する。「身柄よき武家の来たりて（中略）何か談話して余念なき」については、劇作家で随筆家の高田保『いろは歌留多』[12]に「通信社」の中に次のような文がある。

本由は　人の噂で　飯を食ひ

という江戸川柳がある。幕末の頃だが、下谷お成街道に店を出してゐた古本屋本由こと藤岡由蔵は、聞込んだ世上の出来事を何くれとなく片端から帳面に書込んでゐた。それを聞いて各大名の留守居役が買ひに来た。江戸市中のニュースを聴きつけては殿様に報告するのが役目だからである。かうなると本由にとってはこれが商売になって、人を使ってまで種々集めさせることになった。いはば探訪記者だが、当時はこれを下座見といった。種一つが二十四文から三十二文、それを本由は九十六文で売ったのだそうである。

由蔵の筆録がニュース性を持っていて、これを売買していたらしい。高田保によれば種一つ何文という。どのような典拠があったかわからないが、高田保の祖父が九万五千石土屋・土浦藩の留守居役で江戸定府だったこと、高田保自身が旧藩主土屋子爵の奨学金の給付を受けていたことと関係があるのかもしれない。

藤岡屋日記　第三　文化十二年(13)

文化十二乙亥年十月廿一日

千住壱丁目中屋六右衛門が家にて六十賀呑くらべ有之
一　酒三升五合呑　　新吉原中の町　伊勢屋言慶　六十二
一　〃四升余　　馬喰町　大坂屋長兵衛　四十才
一　〃四升五合　　千住掃部宿　市兵衛
万寿無量之盃ニ而三盃呑　壱升五合入也
一　〃九升壱合　　千住人　松勘
五合盛の厳島、七合盛の鎌倉、九合入の江島、一升五合入の万寿無量、二升五合入之緑毛の亀、三升入之の丹頂鶴、皆〃呑たり
一　〃七升五合　　下野小山人　佐兵衛
一　小盃ニ而数盃呑、其後万寿無量ニ而呑　新吉原中之町　大野屋茂兵衛
一　同三升呑　　御蔵前森田町出入　左官正太
一　万寿ニ而呑　　千住掃部宿　石屋市兵衛
一　水三升、醤油壱升、酢壱升、酒壱升　大門長次郎
右四升を三味線ニ而拍子をとらせ呑
一　酒三升、緑毛亀ニ而呑　馬喰町　茂三　三十一才
一　小盃ニ而数盃呑、終りニ緑毛亀ニ而呑　千住掃部宿　鮒屋与兵衛
一　江の島鎌倉ニて終日のむ　酌取女　おいく

一　右同断　　　　　　　　　　　同所　　　おぶん

一　酒四升　　　　　　　　千住掃部宿　　天満屋五郎左衛門

一　〃壱升五合　万寿無量ニて呑ゐひたる色なし　美代　同人妻

一　〃二升五合　緑毛の亀ニ而呑　千住宿　菊屋すミ

一　七合入鎌倉ニて数多呑なり　　同所　　つた女

一　終日茶椀ニ而呑、終りて丹頂鶴三升入ニて呑也　料理人太助

一　酒六升壱合、厳島より緑毛迄五盃のミ、丹頂を残せしとなげく

奥州会津旅人　河田

一　壱分饅頭九十九喰ふ　　千住掃部宿　　下戸八兵衛

此席ニ亀田鵬斎、谷写三抔招れて見物せし也　是を新酒戦水鳥記と云

大田蜀山此事を聞、狂歌有、其詞書ニ

地黄坊樽次と池上某と酒の戦ひせしはハ慶安二年のことニなん、ことし千壽の和り中六ぬし六十の賀

に酒戦を催せしとき〻て

よろこびのやすきといへる年の名を

本卦がゑりの酒にこそくめ

栗崎常喜按ニ、酒戦の事ハ昔より有之事と見ゑ、樽次、底深は近年の事ニて名高し

延喜十一年六月十五日亭子院ニ而酒を賜ひ、勅して三十盃を限とす、召ニ応ずるもの八人

参議藤原仲平、兵部大輔、右近衛少将藤原兼茂、藤原俊蔭

出羽守藤原恒邦、兵部少輔良峰遠視、佐兵衛佐藤原伊衡、散位平希世

亭子院ハ宇多天皇之御祚おりさせ給ひしのちの仙居也、三十盃ハ三升なるべし。

『藤岡屋日記』の内容は『擁書漫筆』とほとんど同じだが、表記に違いがあり、鵬斎の漢詩を省略する。『擁書漫筆』から直接写したものではないことは、「酒九升壱合、松勘」「酒四升五合、千住掃部宿市兵衛」と合計酒量を記載、大門長次・おつたは「大門長次郎」・「つた女」に表記が変化、天満屋五郎左衛門は「三四升許」が「四升」、会津の旅人河田は「江島より始て、緑毛亀にいたる」が「厳島より緑毛迄」となることからわかる。「新酒戦水鳥記」というのは、二世東作の「千住酒戦記」のことだろう。

「栗崎常喜按ニ」以下の部分は、由蔵が別の資料を見て追記したものと思われる。「亭子院ニ而酒を賜ひ、勅して三十盃を限とす」とあるのは常喜の見た写本によるのだろう。文化十一年九月の菊見の記事の後に、三十一年後の天保十五年に再度流行したとあり、「栗常曰」という追記がある。『藤岡屋日記』天保十五年の記事を見ると、(14)栗崎常喜による菊見の見取図、菊見の道草序、菊見の道草の本文と狂歌が記される。道草の本文は「神無月(十月)六日朝まだき出行、(中略)日も入相の頃、外神田の家に帰りぬ」とあり、常喜は由蔵の店の近くに住む人である。国文学研究資料館の古典籍データベースで「栗崎」を検索すると「栗崎常喜、『随筆』三冊、天保十一年写、東京国立博物館蔵」とある。あるいはこ

の人の日録を見てのことかもしれないが未見である。

五　明治政府の百科史料事典『故事類苑』

記録に差異はあるが、与清の『擁書漫筆』は千住の酒合戦を世に知らしめることに貢献している。松浦静山の『甲子夜話』に『擁書漫筆』の酒戦記録と鵬斎の詩并序、南畝の狂歌、当日の掛け物を「過にし頃人の贈りし文あり」とそっくり写し取っている。文頭に「世に不益のことの多かるも、天の異行なるべし」と記しているが、静山は「世に酒戦と云こと行はれて（中略）今時の稗史『奇跡考』と云にも載せて、又予が蔵の「水鳥記」と題せる画軸にも、詳録す」と別の記事に記し、『近世奇跡考』を見たことがあり、『水鳥記絵詞』を所持していたことがわかる。「闘飲図巻」の存在を知ったらなんといったであろうか。

江戸の情報屋といわれる藤岡屋こと須藤由蔵『藤岡屋日記』にある千住の酒合戦の記事は、酒量の記録は『擁書漫筆』が写されているが鵬斎と文晁は除いている。記録のあとに「此席ニ亀田鵬斎・谷写三杯招れて見物せし也」とし「是を新酒戦水鳥記と云」としている。「大田蜀山此事を聞、狂歌有」と続け「一枚刷り酒戦図」の南畝の詞書と狂歌を記す。文末には「栗崎常喜按ニ、酒戦の事は昔より有之事と見ゑ、樽次・底深は近年の事ニて名高し」と記し、以下に亭子院の酒合戦を抄録する。情報材料の編集過程で由蔵が注記を加えていたといわれる。

『擁書漫筆』の千住の酒合戦の記事は、明治期に政府（神宮司庁）が編纂した日本最大の百科史料事典である『故事類苑』飲食部[15]に酒量の記録部分が原文のままで「擁書漫筆　三」という見出しで収録されている。「擁書漫筆　三」の前には『嬉遊笑覧　十上飲食』、『近世奇跡考　五』の見出しで、川崎大師河原の酒合戦の記事が収録されている。「後水鳥記」は『故事類苑』器用部一[16]の「器用部四、飲食具四」に「一話一言　三十八」を見出しにして盃の名称を主に収録される。次に記すのがそれである。

文化十二のとし乙亥霜月廿一日、江戸の北郊千住のほとり、中六といへるもの、隠家にて酒合戦の事あり○中略　白木の臺に大杯をのせ出す、そのさかづきは、
江島盃　五合入　鎌倉盃　七合入
宮島盃　一升入　萬壽無彊盃　一升五合入
緑毛龜盃　二升五合入　丹頂鶴盃　三升入
をの〳〵その杯の蒔絵なるべし○下略

この「器用部一」は明治四十二年刊なので、明治十六年刊の集成館版『一話一言』に収められた齋藤雀志所蔵『高陽闘飲図巻』から補った「後水鳥記」らしいが、「○中略」「○下略」と大半が省略され、日付と場所と盃の名称のみとなっている。
『故事類苑』は明治二十九年から刊行され、和装千冊本、洋装五十冊本（別に索引一冊）がある。千住の酒合戦のことを後世に伝える役を果たしたと思われる。現在は、国文学研究資料館の「故事類苑」

データベースの目録ページで「飲食部十一、酒下、闘飲」とたどるか、「酒戦記」で検索することで洋装五十冊本の画像またはテキストとして『擁書漫筆』を見ることができる。

第九章　文化十四年の書画会での飲みくらべ

一　文化十四年の書画会と酒合戦

『足立区史』[1]の巻末の外篇に、昭和二十八年開催の「足立区史料展覧会出品目録」が収録されている。ここには福嶋家本図巻である「高陽斗飲巻」、内田家本図巻である「絵巻物高陽闘飲図」のほかに、「文化十四年千住源長寺酒戦に使用のもの」と注記のある内田家蔵「酒合戦当時の酒盃」が記載されている。この文化十四年千住源長寺酒戦というのが、文化十四年五月二十五日に千住仲町の源長寺で開催された書画会に付随して開かれた酒合戦である。

『足立区史』外篇には、矢田挿雲『江戸から東京へ』[2]から「千住宿の酒合戦」と「飛入り正覚坊」が収録されている。正覚坊（大酒飲みの意）は後水鳥記にある会津の旅人河田某のことである。「千住宿の酒合戦」に文化十二年の酒合戦の世話人を「政木長佐衛門（千住）、菊地清七（浅草）、村本幸三郎（花川戸）」とあり、「飛入り正覚坊」では「当日の酒量勝負番附」に記録された者として「品川宿さがみ屋内旅人、上総屋専太郎」以下十四人の名が記される。文化十二年の「酒戦会番付」とは内容が全く異なるものである。

国立公文書館蔵の石塚豊芥子『街談文々集要』[3]巻十五「第十、千住催酒戦」の項に、この番付「当日酒量勝負附」が貼り込まれている。自筆稿本のみが伝わる『街談文々集要』は「一枚刷り闘飲図」の全体を写し、闘飲図巻全体も写し取っているが、「当日酒量勝負附」は実物を貼り込んでいる。国立公文書館ホームページの収蔵資料『街談文々集要』の紹介では、この「当日酒量勝負附」を正体不明の番付としているが、文化十二年の「酒戦会番付」が書き写されているために正体不明とされたようである。「当日酒量勝負附」の後に「新書画展覧会引札」の実物が貼込まれる。

昭和六十二年に足立区立郷土博物館で開催された「千住の酒合戦展」では、「一枚刷り闘飲図」・「当日酒量勝負附」・「新書画展覧会引札」の三枚の摺物を貼り込み一軸の掛物に仕立てた物が出品された[4]。江戸期に仕立てられたものと考えられる。古書画研究会の好古会の開催記録「第四十回好古会記事」(一九〇四年)[5]に「一枚刷り酒戦図」と共に一軸に張り込まれたものが「岡部薇香君出品、千住鯉隠居太平餘樂酒戰會の圖、一幅」として出品記録と翻刻が掲載される。足立区立郷土博物館の展示会に出品されたものと同一のもの思われる。足立区立郷土博物館の二〇一三年の調査で、足立区千住五丁目の名倉家(新宅)文書から発見されたものに「酒戦会番付」・「当日酒量勝負附」・「新書画展覧会引札」・「一枚刷り闘飲図」の四枚の刷物を貼り込み一軸にしたものが発見された。大切に保管されていたもののようである。『近世庶民生活史料　街談文々集要』や「第四十回好古会記事」に翻刻があるが改めて「当日酒量勝負附」・「新書画展覧会引札」の翻刻を示す。

新書画展覧会　五月廿五日不拘晴雨
　於千寿駅源長寺
東都有名諸先生詩歌連誹掛幅　凡三百幅
千寿酒戦録并高陽闘飲図譜
當日諸先生席上揮毫
　　　千寿駅
催主　頌酒堂鯉隠謹白
　　　中六
補　　豆箕
　　　鮒與
助　　燕市
　　　秋香庵

當日、名家所蔵之古書画等転借致し、備展覧候
諸先生書画御頼之御方は、地名姓字御記し被投
可被下候當日は混雑仕候故追而申し上候
當日、御所蔵之書画又は、御自筆之書画共に装
潢被成候而御持参可被下候　鯉隠居再白

五月二十五日とあるだけだが、後出の古記録『旧考録』には文化十四年と明記される。世話人は文化十二年の「酒戦会番付」で世話役の鯉隠こと坂川屋利右衛門、勧進元の中六こと中屋六右衛門、差添の鮒與こと鮒屋與兵衛のほか、俳諧の千住連の豆箕こと伊勢屋七兵衛、燕市こと溜屋甚兵衛が補助として名を連ねる。秋香庵は千住連を率いた建部巣兆の庵号であるが、文化十一年に亡くなっているので秋香庵をついだ加茂國村である。豆箕らの後にあるのはこのためであろう。この年、國村が板行した師巣兆追善の句集『曽波可理』の鵬斎序に「文化十四年丁丑夏五月」とあり、跋は國村の名である。この書画会と二代秋香庵の襲名や追善句集刊行との関わりが推測される。

當日酒量勝負附

第一番　三升八合　品川宿さがみ屋内旅人　上総屋専太郎
第二、　三升五、　本郷御弓町　辻　九佐衛門
第三、　三升二、　両国横山町　井上　喜十郎
第四、　三升一、　千住宿　佐藤　金露堂
第五、　三升　浅草馬道　指物屋文右衛門
第六、　二升七合　吉原町女芸者　花立のせい
第七、　二升六、　深川木場　俳人右登冨喜
第八、　二升五、　瀬戸物町　むさし屋金蔵

第九、　二升二、　神田すだ町　松本　東庵
第十、　二升　板橋宿　石和与左衛門
第十一、　一升七合　麹町平川　髪結　由蔵
第十二、　一升五、　芝蝋月町　黒川氏娘　きく
年　十五才
第十三、　一升四、　日本橋呉服町　和泉田　豊八
第十四、　一升二、　大伝馬町　越﨑　巳之助
第十五、　一升一、　向嶋白髭前　米吉　年
十二才

右十五番迄は行司の人々側にありて、一々住居氏名をしるして、甲乙を分てり。其余の酒客は皆一升をもて限りとす。故に住居氏名を記さず、然れども此連十をもて数ふべし。

千住宿　政木長左衛門
酒戦会世話人
浅草　菊池清七
花川戸　村本幸三郎

この番付には十五人の名があるが、矢田挿雲『江戸から東京へ』は「当日の酒量勝負番附」に記録された者として十四人の名を記すが、一人を書き漏らし、この番付を文化十二年のものとした。挿雲には資料調査の協力者がいたが、資料調査の協力者が見誤ったのであろう。おそらく国立公文書館蔵『街談文々集要』をみて、書写された文化十二年の番付を見落とし、貼り込まれたこの「当日酒量勝負附」を書き写した際に、綴目近くにある一人を書き漏らしたものと推定される。

この番付を見ただけでは、いつどこで開催されたものかは不明であるが、『街談文々集要』にある「新書画展覧会引札」から文化十四年の書画会に付随した酒宴の座興の酒合戦とみるべきである。子供の参加があることも、書画会を盛り上げるための座興の酒合戦を示しているといえる。

書画会とそれに付随する酒宴の様子を『江戸繁昌記』[6]からみる。寺門静軒は江戸の風俗を描いた漢文の戯作『江戸繁昌記』初篇（天保三年刊）の中に、書画会の喧騒を活写しているが、漢文体のため書き下しでもわかりづらいので、竹谷長二郎氏の現代語訳も付して抄録する。

『江戸繁昌記』「書画会」

書き下し（朝倉治彦・安藤菊二校注『江戸繁昌記1』）

当今文運の昌なる、文人墨客、会盟して社を結ぶ。而して人苟も風流にして胸中墨有り才徳並び具る者、一たび盟に与かれば、衆推して先生に拝す。（中略）予も盟に与かるを得ずと雖ども、亦嘗て末筵に列なること数回、其の盛事の如きは略〻観て尽せり。（中略）会に先だつこと数月、日をトして一大牌を掛げ、書して曰はく、晴雨に拘らず、某の月某日を以って会す。四方の君子の顧臨を請ふと。且つ大書して先生の姓名を掲ぐ。是に於いてか、人世に先生有ることを知らざるは莫し。蓋し漢朝の及第放榜の事と略〻同じくして栄知るべし。（中略）当日先生儀装曲拳し、儼然として上頭に坐す。坐の後に闌を施し案を居ゑ、計人二位筆を簪して簿を守る。乃ち賓主の相ひ揖する、恰も賀客の年を典舗頭に拝するが如し。剣を掌る者有り、飯を管する者有り、酒監・茶令手を並べて職に在り。客漸く麇至す。主人左に接し、右に応ず。其の寿金を拝する、推譲に暇あらず、豈に献酬に遑あらんや。客互に主の為に盃挙げて相ひ属す。名妓数名を聘し、儐に充て酒を佐く。調承紛譃、糸竹管絃の娯み無きも、一笑一盃以て酔狂を発するに足る。（中略）紅毛氈数席、地を画して場を設け、諸先代々登る。只見る紙上竜走り、筆下鳳翥がるを。（中略）酒流れ、殽崩れ、喧囂雷轟き、塵埃雲蒸す。（中略）雑踏漸く収まり、楼頭燭すべし。幹人徇へて曰ふ、「卜夜に及ばず」と。酔客已むことを得ずして起つ。

『江戸繁昌記』「書画会」

現代語訳（竹谷長二郎訳『江戸繁昌記（上）』）

当今文運が盛んで、文人や墨客は仲間をつくって結社をつくる。いやしくも風流で、胸中に書画の蓄えがあり、才と徳がともに備わる者が、ひとたび結社に関係すると、人びとは先生としておしあがめ、名声が天下のすみずみまで知れわたる。（中略）私は結社に参与していないが、前に末席に連なったことは何回かあり、その盛んなありさまなどほぼ見て知っている。（中略）会に先だつこと数か月、吉日を選んで大きな看板をかかげ、「晴雨にかかわらず、某月某日開催する。四方の君子のご臨席を請う」と書き、かつ揮毫する先生の姓名を大きく書いてかかげる。そこで人びとは世にこういう先生がいることを知らないものはないことになる。これは中国の官吏登用試験の及第者の発表の氏名と同じで、その栄誉は知れわたる。（中略）当日先生は礼装をし、こぶしをひざに置き、いかめしく上席にすわる。席のうしろに手すりを設け机をすえ、会計二人が筆を耳にはさんで帳簿をつける。そのとき、客と主人が挨拶するさまは、ちょうど年賀の客が質屋の店で新年の挨拶をするように（中略）一応威厳を保って対している。客の剣を預る者があり、食事を司る者があり、清酒のかんをする者、茶をくむ者が手分けをしてはたらく。そのうち客が群がり集まってくる。主人は左右に応接し、お祝儀をいただくのに一応辞退するようなかっこうをするのだが、それに暇がないほど忙しい。だからどうして酒杯のやりとりの暇があろうか。客はおたがいに中心となって杯をあげてくみかわす。名妓数人を呼んで応接の役にあて、酒の席を面白くさせる。冗談を言ってふざけ、糸竹管絃の楽しみはないが、笑ったり、杯をさしたりして、大いに酔狂を発する。（中略）赤い毛氈の席を数か所区画をして設け、諸先生がかわるがわる席に上がり、揮毫すると、紙上に龍が走り、筆下に鳳が飛び上がるような筆跡の妙を現出する。（中略）酒は流れ、肴は崩れ、騒ぎのやかましいこと、雷が鳴りひびくがごとく、ごみが雲のように舞い上がる。（中略）雑踏がしだいに収まり、茶屋の軒先にともしびがともる。世話役が「夜を通してはいたしません」とふれ回るので、酔客はやむをえず席を立つ。

『江戸繁昌記』は、礼に始まりて後、乱に終るといわれた書画会の様子に皮肉を込めて描いている。酒席での杯盤狼藉の雰囲気もよく伝える。

二　千住の古記録『旧考録』

千住宿二丁目の名主永野家に伝わる文書の『旧考録』[7]という古記録に文化十二年の酒合戦の記載があることはすでに紹介したが、嘉永期までの内容がある後編に文化十四年の酒合戦の記載もある。足立区風土記編さん委員会の翻刻を参考に示す。

山崎鯉隠、高陽闘飲再会
千寿大橋の最寄、字川原に山崎姓某とて
寛政己未年の頃、秋香庵巣晁先生の門
弟となり、其後文化の年間に詩歌俳諧並
古土佐風の画等の師傳をうけて、名を弥勒
庵鯉隠と号して風雅人となり、先年
中六亭におゐて都下田園の飲客集り

て、高陽戦飲會あり。予又累日寿觴傾く事も、是偏に弥勒布袋の御誓ひを背かんやと天に仰き地にふしてよろこぶこと限りなし、是によって弥勒布袋の像を紙上に写さん事を、予、師晁先生に乞ひ求めて一軸となし、予、菩提寺稲荷山源長精舎において文化十四丁丑年五月廿五日高陽戦飲の再會を催ふせし。此日本堂に白幕を張り、正面には大幅の弥勒布袋の一軸を掛る、此画は文晁先生、讃は鵬齋なり、此掛物の前にて、玉緑酒樽十駄を積ミかさね、樽の上にて大木鉢へ桃実山積に盛りあげ、並江都近在諸家弥蔵の大盃名器を荘厳るなり江都四方より、書画詩歌連歌俳諧の諸先生方、皆門弟同朋をいざない、千住荒川大橋まで皆館船は来り。又諸候方の御留主居衆ハ駕又は騎馬にて御遊来も夥しきなり

誠に源長精舎の門前ハ市をなすが如く
右の諸先生の認めたる書画詩歌連誹を
五色の唐紙は補具を仕立、数百幅本堂に掛
ならぶとあり、杯は筑波山杯五升入、蓬莱盃
一升入、蜂龍蟹三ツ組小盃等なり、肴は花塩、礫
梅等なり、猶、又會後、此弥勒布袋の画像を小
幅の摺物にして武州、上州、常州、上總、下總邊の
酒造家より所望にて施板あるときく、又大坂
池田、伊丹邊へも施板なり、又信州、越後、伊豆
相模邊へも施板あり、誠に所々国々へ弘まり
よく人の知る所なれども、末世の人に此會の事を
告知らしめんが為に、筆端に任せ書記すのミなり

鯉隠と文化十四年の酒合戦のことを記しているが不明な個所がある。「秋香庵巣晁」は建部巣兆のことだが、「予、師晁先生に乞ひ」の「予」は鯉隠としても、「師晁先生」が巣兆とは思えない。前述のように文化十一年に亡くなっているからである。「大幅の弥勒布袋の一軸を掛る。此画は文晁先生」とあるのが「師晁先生」の「弥勒布袋の像」とみれば「師晁先生」は文晁の誤りと思われる。あるいは「予、

師晁先生に乞ひ」た時期が前後しているのかもしれないが現物がないので推測でしかない。

一方、各地に頒布したらしい「弥勒布袋の画像を小幅の[8]」にしたものは昭和六十二年の「千住の酒合戦展」で小幅の掛物に仕立てられた物が展示された。近年、摺物の状態の物が、くにたち郷土文化館(東京都国立市)の管理する本田家文書から発見された。縦一二・四センチメートル、幅三・二センチメートルの一枚刷りで布袋図には肌の部分に肌色、衣に薄墨色、光背に緑色がかった色が認められる。所々への配布が確認された。

弥勒布袋の像とは布袋和尚の画像で、中国では弥勒仏を布袋像として描き表わすことに倣ったものであるが我が国では馴染みのないものである。立川武蔵氏の『弥勒の来た道[9]』には「中国に布袋信仰というものがある。布袋は実在の僧なのだが、この人の死後、布袋は弥勒菩薩の生まれ変わりだ、ということになり(中略)今日でも中国で弥勒といえば布袋を指す」とある。明代の随筆『五雑組[10]』の「蘇晋の繍仏」に「唐の蘇晋は(中略)刺繍した弥勒仏(布袋和尚)の軸を手に入れ、宝としていた。かつてこういっていたことがある。「この仏は米の汁を飲むのがお好きで、わしと性が合う。わしは願わくはこの仏におつかえし、他の仏は愛さないことにしたい」」とある。唐の蘇晋とは、杜甫の「飲中八仙歌」に詠われる蘇晋である。

使用された杯は「筑波山杯五升入、蓬莱盃一升入、蜂龍蟹三ツ組小盃等」とあるが、内田家に現存する大杯(現在の呼称「隅田川墨切蒔絵大盃」)は三升入りである。図柄は隅田川とススキの原の向こうに筑波山が描かれ、後水鳥記の「すみだ川のながれつきせず、筑波山のしげきみかげをあふぐむさしの、ひろき御めぐみ」という詞書をそのままに写している。「當日酒量勝負附」の酒量の最も多いのが三升八合なので、筑波山杯は三升入りが正しいのかもしれない。蜂龍盤三ツ組小盃は名称どおりのものが内田家に現存している。小林祐子氏の原羊遊斎の作品調査[11]の際に再発見されたもので、一番大きいものが直径十一センチメートルの亀田鵬斎筆「呑巨海吸百川」龍図盃（丁丑夏五月）、次が谷文一筆「肴核雑陳」蟹図盃（丁丑夏五月羊遊斎造）、一番小さいものが酒井抱一写「献酬有像」蜂図盃（丁丑夏五月）とあり、文化十四年五月のイベントに合わせ作られたものとわかる。筑波山杯も同時期に作られたものなのであろうが、内田家の大杯の銘は「千寿鯉隠居蔵　羊遊斉造」（傍点筆者）とあることから鯉隠所蔵の羊遊斎作品の写しなのかもしれない。

三　文化十四年の書画会と二代秋香庵

江戸時代後期の俳諧師で、千住関屋（東京都足立区）に住んでいた建部巣兆の自撰発句集『曽波可《そばか》理《り》』は、春秋の部の自筆稿本が仕上がったあと、文化十一年（一八一四）十一月十七日に巣兆が亡くなり、秋香庵《しゅうこうあん》の庵号を継承した加茂國村が、巣兆の書法に倣い秋冬の部を撰句して稿本を書上げた。『曽波可理』は、亀田鵬斎《ぼうさい》の文化十四年五月の漢文序、酒井抱一の文化十四年五月上澣《じょうかん》日（上旬）序をもつ発句集として板行された。

亀田鵬斎の序（書き下し）は「翁、妻子を棄てて道山に行くこと、已に三載なり。今茲、その弟子國村なる者、その句を集めて、諸を同志の士に傳えんと欲し、乃ち序を余に徴む。余、之を讀み、感奮の情に勝へず。是に於て筆を涕に濡らして、その首に題す」とあり、抱一の序も「兆身まかりて後、國村、師を重ずるの志厚し。一冊の草紙となし梓にのぼす。其はし書せよと言ふ。いなむべきにもあらず、頓に筆を採て只兆に譏られざる事をなげくのミな理」とあるところから、追善の意味もあったのであろう。それにしては巣兆の年忌とのずれていることが疑問である。國村が秋香庵を継いだ時期も明確ではない。

國村の庵号継嗣時期と巣兆の年忌とずれる板行時期の経緯を、最初の板行である五味多四郎板『曽波可理』[12]に見られる藤森素檗《そばく》の消息や國村の摺物などからみていく。

國村の庵号継嗣の時期は、素檗の消息と國村の句から推定される。島田筑波（一郎）「名人鯉の隠居、佐可和鯉隠」[13]は、筑波が見た國村の句のある摺物のことを次のように記している。

私を励まして鯉隠研究に油をかけてくれた人々も二三名はあった。その一人は天金、他の一人は平六堂佐野純君で、もう一人は千住三丁目の大野徳三郎老人であった。
この人々の内で、眞先きに絹本の半折を見付け出したのは佐野純君であり、（中略）その幅は、いつか天金の手に這入って、今も自慢の一幅となってゐる。（中略）大野老人も、肉筆ではないが、奉書刷に山伏が法螺の貝を吹き立て、ゐる圖の摺り物に、
祝菴嗣、倣菜翁、鯉隠居筆として、
大曾良《おおぞら》やひと交《まじわ》りもみそさゞい　秋香菴國村
という國村の句のある一枚摺を得た。

思うにこの摺り物は、國村が巣兆の秋香菴の菴號を嗣いだ時の摺り物であって、鯉の隠居は巣兆について畫を學び句を習ったものであろう。

この句の「みそさざい」は冬から初春に人家近くにいる小禽で冬の季語となる。庵号継嗣は巣兆の命日月である十一月とみられる。天金というのは、東京銀座の天麩羅屋「天金」のことで主人池田金太郎氏は蔵書家として知られたが、第二次大戦の空襲で全焼した。天金は国文学者の池田弥三郎氏の実家で、昭和二十一年に復員した弥三郎氏は当時のことを『わが町銀座』サンケイ出版で「わたしが帰って来たとき、父が一代で集めた書画も奇覯本も、根こそぎなくなってしまっていた」と語る。

『曽波可理』の素檗消息は、春夏の部と秋冬の部の間に一丁半の広いスペースに、本文十一行と署名・月日をそのまま写したものである。

一、巣兆居士年《とし》
来《ごろ》の玉句ども
数吟御写し
被下《くだされ》候様ねがい
上候句集御出し
被成《なされ》候事、明年

頃が可然《しかるべく》候急ぐ
とあやまりある
ものなりかねて
の御懇意小子には
いづれ御内見希《ねがひ》候
六月廿五日　　素檗

この消息の日付には年の記載はないが、「玉句ども数吟御写し被下候様」とあるところから、國村が巣兆発句の撰句と清書をしていた巣兆没年の翌々年である文化十三年と思われ、明年頃とは同十四年となる。撰句・清書に注意して、庵号継嗣後でも上梓するようにとの内容と考えられる。庵号継嗣は巣兆の年忌にあたる文化十三年十一月十七日頃とみてよいと思われる。『曽波可理』の実際の板行が文化十四年であることは、前述の書画会がかかわっているようである。

書画会の会場が、昭和二十年四月十三日夜から十四日未明にかけての空襲による戦災にあう前には、巣兆作品を多く所蔵し、巣兆寺の異名があった源長寺（足立区千住仲町）というのも追善・庵号継嗣の意味があると思われる。

永野家文書に、『旧考録』には、この席で使用された杯は「筑波山杯五升入、蓬莱盃一升入、蜂龍蟹三ツ組小盃等」とあるが、補助として名前のある鮒與のご子孫の内田家に現存する大杯は、図柄は隅田川とススキの原の向こうに筑波山が描かれる。蜂龍盞三ツ組小盃も名称どおりのものが内田家に現存している。三ツ組盃の裏面には「丁丑夏五月」と製作年がある。

足立区の永野家文書『旧考録』の内容と内田家に伝わる蜂龍盞三ツ組小盃の銘から、引札に秋香庵の名が見られる書画会の開催時期は、文化十四年五月二十五日である。

書画会に酒宴が付随するすることは、寺門静軒『江戸繁昌記』でよく知られる。また書画会の開催は「会に先だつこと数月、日をトんで一大牌を掛げ、書して曰く、晴雨に拘らず、某の月某日を以って会す。四方の君子の顧臨を請ふ」とある。菊池貴一郎『江戸府内絵本風俗往来』(14)の書画会の項でも「此会は半年前より準備にて、案内を諸所に配布す」とある。書画会の企画が半年ほど前からのこととすると、文化十四年五月二十五日の書画会は前年十一月の國村の庵号継嗣の際に話がまとまり、巣兆の発句集板行も企てられたものと思われる。巣兆の年忌にあたる文化十三年には板行が叶わないことにより、文化十四年の板行となり、このため素檗消息を『曽波可理』に加えられたと推測される。

夏目成美の文集『四山藁』(15)の「賀巣兆書画会辞」に、かつて巣兆が開催した書画会に対し「旧友巣兆同好をあつめ莚をまうく(中略)来り集る門人等、束脩のつゝみ物をもてけふの費にあてむとす」とあり、参会者の祝儀で収入を得ていたことがわかる。さらに「此事世の中めきたりとて、ひそかにかたぶきいふもの有。予いはく、しからず。凡四民はさらなり。その余の遊民、技芸をもて口服のはかりごとゝなす。人みなおなじ。そのいふ人、もとより世を貪る心かはりなし」と続け、世に広く書画会がおこなわれ金銭を集めることを非難する人がいるが、技芸で口服(腹)つまり生活することは非難されることではないと反論している。句集板行の資金集めと二代秋香庵のお披露目を兼ねた書画会が、鯉隠と千住連を中心に開催されたと考える。

四　文化十四年の闘飲図巻

「新書画展覧会引札」に「千寿酒戦録并高陽闘飲図譜」とあり、闘飲図巻を展覧のうえ販売したようである。文化十二年の酒合戦に際して流布本の闘飲図巻が作られたが、文化十四年の書画会に際して別本の闘飲図巻が作られた。新潟市東区にある展示施設・巻菱湖記念時代館所蔵の闘飲図巻は別本である。残念なことに鵬斎の高陽闘飲序から前が切取られている。鵬斎の書や文晁の書に人気があることから切取られたようである。この図巻は極めて丁寧に描かれているうえ、巻末に貴重な識語が記されている。

文政二年己卯六月
武州千住掃部宿住人
　鯉隠居士所持　印（朱印）印（白印）
　　朱文「設楽千儿」白文「齋十□（郎カ）」印

巻菱湖記念時代館所蔵の闘飲図巻が鯉隠の旧蔵品であることを知ることができ、書画会展覧が別本であったことがわかる。

別本の自筆草稿と見られるものが、一時期出現したことがある。永井荷風の自筆稿本『荷風文稾』（天理図書館蔵）に「蜀山人文稾の後に書す」と題する識語(16)が記されている。

松莚市川左団次君このとし月頻に蜀山人が墨蹟をあつめられしが近きころまたこの一巻を獲たりとて示めさるるをひらき見るに是文化十二年霜月廿一日武州千住の酒家中屋六左《ママ》衛門が隠宅にて催されたりし酒合戦のことを記したる草稾なり此の日の記文は山人が随筆一話一言増補三十六巻の中にも収め載せられたればかれとこれを照合すに文辞に異同ありて推敲の跡おのづから明なりされば之に依って古人が作文の苦心も亦窺知らるべしとわれ松莚子に語るされはその趣巻尾にしるせよとありけれは遂に拒みかねて拙き筆を愧ぢざること斯の如し　昭和三辰春

荷風が親交のあった二世市川左団次から南畝自筆の「後水鳥記」稿本一巻を見せられ、請われて巻尾に識語を記したということであるが、『一話一言』翻刻本にある齋藤雀志旧蔵の図巻（流布本）とは異なるものである。荷風の日記『断腸亭日乗』を見ると「昭和三年五月廿日、松莚子使いの者に蜀山人草稿一巻を持たせ遣はさる。文化十二年冬千住の酒店中六にて催されし酒戦の記の草稿なり」とある。また、日記には「大正十四年八月朔、夜三村竹清子を訪ふ。南畝が狂歌草稾七々集を借りて帰る」、「大正十四年八月十二日、竹清君より借来りし蜀山人七々集を写終りて装釘す」とあり、『七々集』の写しも作成していたことがわかるが、この『七々集』は現存する自筆本『七々集』で「後水鳥記」の部分はすでに取り外された後のものである。南畝の自筆草稿は見ていないため、別本原稿を草稿と見てしまったものである。

『荷風全集第二十九巻』岩波書店の翻刻によったが、同書後記によれば単行本『荷風文稾』には収められず、また蜀山人筆の一巻は現在まで所在が明らかでないとしている。「一話一言増補三十六巻」は、明治四十一年刊『新百家書林　蜀山人集』（弘文館）あるいは昭和三年四月刊『日本随筆大成』（旧版）であるが、「高陽闘飲巻」はいずれも「三十八巻」なので思い違いであろう。「中屋六左衛門」という表記は、『一話一言』翻刻本にある「中屋六右衛門」の誤記なので、荷風の誤りではない。

この別本原稿に似たものが『書画骨董雑誌』第二五六号[17]の「本社現在書画目録」のなかに「後水鳥記」として翻刻と写真が掲載されている。写真は「蜀山人自筆後水鳥記」、「堅六寸巾四尺三寸」とあり一部を折り重ねて全体が示される。この号は昭和四年十月発行なので荷風が見たものではない。蜀山人自筆とあるが、巻末の居号「緇林楼」に違和感があるうえ、行末が左に寄っていく南畝の書癖もない。「不許悪客　下戸　理窟　入庵門　南山道人書」が他より大きな文字で目を引くが翻刻も大きな文字で記される。盃の名称の前に「出すその盃は」の記載があるところから、足立区立郷土博物館蔵『後水鳥記』を写したものと考えるのが妥当である。「農夫市兵衛は一升五合もれるといふ万寿無彊盃を」の部分が他の別本同様に「二升五合」となっているのは、前段の盃の名称に「万寿無疆盃二升五合」とあることによる誤記であろう。

第十章　摺物「弥勒布袋図」と『仏説摩訶酒仏妙楽経』を読む

一　摺物「弥勒布袋図」

千住の古記録『旧考録』に記される「弥勒布袋《みろくほてい》の画像を小幅の摺物」したものは現存していた。布袋の画像に鵬斎の賛、さらに南畝の狂歌と鯉隠居の識語を加えたもので、何やらありがたい御札の躰をしている。鯉隠居の識語には、摩訶酒仏（偉大な酒の仏）は月氏国の造醸家が祀っているものとある。中国の仏教の受容期では中央アジアの月氏国出身の僧が多く、中央アジアを含む西域は葡萄酒のイメージがあることを受けてのことと思われる。石井公成氏「仏説摩訶酒仏妙楽経謹解」(1)を参考とさせていただいた。本書で「佀」とした文字を石井氏は字形不明のため仮とことわり「信」とされた。「佀」は「似」の本字。「一枚刷り酒戦図」で鵬斎は「似」の文字を使うが、鵬斎の序跋を集めた『鵬斎先生遺稿』（杉村英治編『亀田鵬齋詩文・書画集』に影印がある）の「千壽中六〃十賀」は「佀」を使用している。もっとも『鵬斎先生遺稿』では「似」と「佀」が混在する。

摺物「弥勒布袋図」（原文）

箓羅佀難呼師佀嚢、都祇遊幾毛、薩奪我那虔連婆、陀駄納度呼、唎鄔波瞿哩牟耶、唎吒伊鉢鳩、薩奪遠納摩涅婆、陀駄納此度、豫△豫△與△與△、豫△野那

鵬斎居士　膜拜寫

松の尾の神の本地はみろく佛
　ちかひをこめのしる人そしる　蜀山人

摩訶酒佛者、月氏國造釀家之所奉祀也。其經者即釋尊之所述、曰佛説摩訶酒佛妙樂経。本邦造釀家、宜配松尾明神而奉祀之。因謹奉寫其像、以布施海内豪飲之徒。庶幾倶受妙樂之福焉。

江戸千壽駅頌酒堂主人鯉隠居謹識

書き下し

さらしな（更科）こしじ（越路）の、つきゆき（月雪）も、さけ（酒）がなければ、ただのとこ、りうはくりむ（劉伯倫）や、りたいはく（李太白）、さけ（酒）をのまねば、ただのひと、よいよいよいよい、よい、よいやな

鵬斎居士　膜拝《もはい》して写す

酒造の神である松尾大社の本地は弥勒仏であり、弥勒仏が人々を救うという誓願を米の汁（酒＝天の美禄）のうちにこめたことは、知る人ぞ知るところだ　蜀山人

摩訶酒仏は、月氏国の造醸家の奉祀する所なり。其の経は、即ち釈尊の述ぶる所にして、佛説摩訶酒仏妙楽経と曰ふ。本邦の造醸家、宜しく松尾明神に配して之を奉祀すべし。因りて謹みて其の像を写し奉り、以て海内の豪飲の徒に布施する。庶幾《ねがは》くは、倶《とも》に妙楽を受けん。

江戸千寿駅の頌酒堂《しょうしゅどう》主人鯉隠居、謹しみて識す

補註　△＝伊字三点という悉曇《しったん》（梵字の字母）「イ」の変形。膜拝（もはい）＝両手をあげ、地に伏して拝すること。月氏国＝漢代の中央アジアの遊牧民の国。庶幾（しょき）＝願望する

二　『仏説摩訶酒仏妙楽経』

摺物「弥勒布袋図」の鯉隠居の識語にあった「佛説摩訶酒仏妙楽経」は、文政六年（一八二三）に鵬斎の戯文として実際に作られてしまった。折本仕立ての経本の形で、酒の化身である摩訶酒仏という仏が酒の功徳を説き、世尊がその説法を礼讃するというパロディーとなっている。南畝はすでに没しているため参加していないが、文晁は天美禄と書かれた札を貼った大きな酒甕を合掌して拝む劉伯倫と妻の図を描き、抱一は空になった酒甕に寄り掛かる李白と思われる人物を描いている。誤刻（良温）のある版や修正（良醞）された版があり、末尾の識語（有髪沙門節之和南謹誌）が異なる天保九年（一八三八）の再刻もあるところから、何度も再板されたことがわかる。

仏説摩訶酒仏妙楽経の本文は、「佛説摩訶酒佛妙樂經」という経題と作者名が「日本佛弟子鵬齋輿

譯」と記される。このあとに「如是我聞、一時佛在」と仏教経典の定型句で始まる。世尊が摩訶酒仏の徳を講演し、この仏を供養すればいかに功徳があるかと説くと、大地から出現した酒仏が酒の素晴らしさを強調して酔い心地を礼讃した偈を説き、世尊が酒仏を讃えて終る。石井公成氏の「仏説摩訶酒仏妙楽経謹解」によると『維摩経』と『般若心経』のパロディーになっている部分が多いという。本文は足立区立郷土博物館本により、書き下し文と現代語訳は石井氏の前掲論文を参考とさせていただいた。杉村英治氏の『亀田鵬斎』(2)にも影印と解説がある。中野三敏氏の『江戸文化評判記』(3)によれば、経文のつもりで棒読みに訓み下すべく作られたものという。

『佛説摩訶酒佛妙樂經』(足立区立郷土博物館本)

題目(原文)

佛説摩訶酒佛妙樂經　　日本　佛弟子　鵬齋興譯

現代語訳

偉大な酒仏の玄妙な安楽の境地を仏が説かれた経典

日本の仏弟子、鵬斎亀田興の訳

本文(原文)冒頭部分を抄録

如是我聞。一時佛在酣暢無懐山、與七賢八仙倶。一切醉龍醉虎、釀王糟侯、鯨飲海呑、狂花病葉、歡場害馬、酒悲、人非人等、從十方來。

爾時世尊、説壺中麹世界上頓大乘之法已、重演説摩訶酒佛妙功德曰、是佛饒益衆生、不別聖凡、能令一切衆生得樂除苦、醉眠酣歌心身清浄、永離蓋纏、得阿耨多羅三容藐三菩提心。

書き下し

是《かく》の如く我聞けり。一時、仏、酣暢《かんちょう》無懐山に在りて、七賢八仙と倶《とも》なりき。一切の酔龍・酔虎、醸王・糟侯、鯨飲・海呑、狂花・病葉、歡場害馬、酒悲、人非人等、十方より来る。

爾《そ》の時、世尊、壺中の麹世界の上頓大乗の法を説き已《おは》り、重ねて摩訶酒仏の功徳を演説して曰く、是の仏、衆生を饒益《にょうやく》し、聖凡を別たず、能く一切衆生をして楽を得、苦を除き、酔眠酣歌、心身清浄、永く蓋纏《がいてん》離れ、阿耨多羅三容藐三菩提心《あのくたらさんみゃくさんぼだいしん》を得せしむ。

現代語訳

このように私は聞いた。ある時、仏が「酣暢無懐（酔い心地で）という名の山」にいらして、酒好きの竹林の七賢人や飲中八仙歌の八人の酒仙たちとおられた。一切の酔龍・酔虎、醸造の王・酒かすの侯、鯨のような大酒飲み・多くの川を呑込む海のような大酒飲み、怒り上戸・眠り上戸、理窟上戸、泣き上戸、人のようで人でない緊那羅のような天龍たちが十方からやって来た。

その時、世尊は壺中の酒世界における最上の法門たる大酒大乗の法を説き終り、重ねて摩訶酒仏の功徳を演説して次のようにいわれた。この仏は、人々に利益を与え、聖と凡を問わず、能く一切の人々に楽を得て苦を除き、酔って眠り上機嫌で歌い、身心清浄となって、様々な煩悩から永く離れ、この上ない悟りの心を得させるのだ。

補註　如是我聞＝経典冒頭の決まり文句。酣暢（かんちょう）＝のびのびした酔い心地。無懐＝もの思いが無い泰平なようす。人非人＝人のような形で人でない者。壺中麹世界＝酒の楽しみ。上頓大乗＝大酒という最上の法門。饒益（にょうやく）＝慈悲の心で与える利益。蓋纏（がいてん）＝様々な煩悩。阿耨多羅三容藐三菩提心（あのくたらさんみゃくさんぼだいしん）＝無上の正しい悟り。

識語（原文）

酒佛従無始刧住麴世界、演説無量無上酒功徳。十方酒聖諸眷属、消除一切苦厄、成就善果。我登糟丘入酔郷、受記斯無量義、傳布十方。願酒徳弘通、護持無盡。

癸未末夏　優婆塞渡邊粲謹識

書き下し

酒仏、無始劫より麹世界に住し、無量無上の酒の功徳を演説す。十方の酒聖と諸眷属、一切の苦厄を消除し、善果を成就す。我、糟丘に登りて酔郷に入り、斯の無量義を受記し、十方に伝布す。願はくは酒徳弘通し、護持無尽ならんことを。

癸未末夏　優婆塞渡邊粲謹識

現代語訳

酒仏は初めの無い太古の時より酒の世界に住して、無量無上の酒の功徳を演説されていた。それを聞いた十方の酒聖とその一党は、一切の苦厄を除き、善い報いを成就した。私は、酒かすの丘に登って酔郷に入り、酒の無限の徳を説くこの大乗の教えを酒仏から授かり、十方に伝え広める。願わくは酒の徳が広く知られ、この経典が永遠に護持されんことを。

文政六年（一八二三）癸未末夏　俗弟子の渡邊粲が謹しんで識す

補註　無始劫＝初めの無い太古の昔。受記＝仏から、将来、仏になるであろうという記別（予言）を受けること。優婆塞＝出家していない男性の仏教信者。

識語は、文政六年板と天保九年（一八三八）再刻板では異なるため、国会図書館デジタルコレクションの天保九年再刻板を翻刻し、書き下しなどは石井公成氏の前掲論文を参考にさせていただいた。

識語（原文）国会図書館本の追加部分

往昔我師、在酔郷道場、説此法也、天龍八部、四面囲遶、為奏三弦天楽、或発新調唄声、陶陶焉翕翕焉。歓喜不已。然則我師正法眼蔵、舎是焉求、若夫凡夫二乗之俗輩、苟有謗議是経、則其不堕無酒地獄者幾希。

有髪沙門節之和南謹誌

天保戊戌仲春翻刻

書き下し

往昔、我が師、酔郷道場に在りて、此の法を説くや、天龍八部、四面囲遶《いにょう》し、為に三弦の天楽を奏し、或は新調の唄声を発す。陶陶焉《えん》たり翕翕《きゅうきゅう》焉たり。歓喜して已《や》まず。然れば則ち、我が師の正法眼蔵、是を舎《お》きて焉《いずく》にか求めん。若《も》し夫《そ》凡夫二乗の俗輩、苟《いやし》くも是の経を謗議《ぼうき》すること有らば、則ち其の無酒地獄に堕ちざる者、幾《ほとん》ど希《ま》れならん。

有髪沙門節之、和南《わなん》し謹しみて誌す

天保戊戌仲春翻刻

現代語訳

昔、我が師、釈尊が酔郷道場にあってこの法を説くと、天龍八部が四方から師をお囲みし、師のために三味線による天楽を奏で、あるいは流行の新しい調子の梵唄を発した。その音楽はうっとりと楽しく、なごやかで調和がとれていた。法を聞いた聴衆は歓喜してやむことがなかった。そうである以上、我が師の正法眼蔵は、この法以外にどこに求めようか。もし凡夫や小乗の俗物どもが、かりそめにもこの経をそしることがあれば、無酒地獄に堕ちない者はほとんど稀であろう。

有髪沙門節之、敬礼し謹しんで誌す

天保九年（一八三八）戊戌仲春翻刻

第十一章　二つの闘飲図巻の成立

一　「後水鳥記」成立の契機

現存する二系統の後水鳥記と闘飲図巻は、それぞれ契機があり成立することとなったものである。「後水鳥記」の成立は、文化十二年十月二十一日（西暦一八一五年十一月二十一日）江戸北郊千住宿、中屋六右衛門の家で還暦の祝いがあり、そこでおこなわれた酒の飲みくらべの大酒会が契機であることは南畝の「後水鳥記」にあるとおりである。ただし、後水鳥記にある霜月（十一月）というのは南畝の錯誤である。大酒会の観戦に南畝は実際に訪れていなかったのが理由である。「後水鳥記」が伝聞体であることも、南畝がいなかったことを示している。この大酒会が世にいう「千住の酒合戦」[1]であるが、「酒戦会番付」にある一升以上飲んだ者は多くが千住と吉原の旦那衆と推定される人びとで、番付に記されない一升未満の者も同様とおもわれる。図巻にある闘飲図の画面右側を占める羽織袴の一団は、飲み終わったあとの招待客と見られる。招待客に対する自己申告どおりの飲み放題の接待を遊戯として飲みくらべの大酒会に仕立てたものである。このイベントの仕掛人は鯉隠こと千住掃部宿の青物問屋、坂川屋利右衛門である。

南畝の後水鳥記に漢文序跋と闘飲図などが付されて『高陽闘飲巻』と名付けられた図巻がつくられた。現存する草稿と内容は変わらないが、南畝は字句を細かく手直ししている。ただし、一行書き漏れがあり文が途切れる箇所がある。ここに「一行欠」と注記する写本も存在する。本稿では流布本と表記した。

文化十四年五月二十五日（一八一七年七月九日）に千住掃部宿の源長寺で開催された書画会で図巻が展覧されたが、後水鳥記は流布本とは異なるものである。本書では別本と表記した。

この書画会の催主も鯉隠である。補助として名を連ねるのは建部巣兆の千住連(2)と巣兆の庵号を継いだ加茂國村(3)である。この年、五月の序のある巣兆追善の句集『曽波可理』(4)が刊行されたが、文化十一年十一月十七日没の巣兆の年忌とは時期がずれる。「曽波可理」は「蕎麦刈《そばかり》」のことで十一月の季語であることから、前年の文化十三年十一月に板行予定であったが、藤森素檗《そばく》の「急ぐとあやまりあるものなり」という助言もあって、句の選定や版下筆耕に時間をかけ遅れたのではないかと考える。山伏が法螺貝を吹く図に「祝菴嗣、倣菜翁、鯉隠居筆」とあり、「大曾良《おおぞら》やひと交《まじわ》りもみそさゞい　秋香菴國村」の句のある摺り物(5)が知られる。制作年の記載はないが、「みそさざい」が冬の季語であることから、國村が庵号を継いだのは文化十三年十一月と推定する。巣兆の追善の句集刊行と庵号継嗣のため企画されたのが、文化十四年五月の書画会と考える。夏目成美の文集『四山藁』(6)の「賀巣兆書画会辞」に、かつて巣兆が開催した書画会に対し「旧友巣兆同好をあつめ莚をまうく（中略）来り集る門人等、束脩のつゝみ物をもてけふの費にあてむとす」とあり、参会者の祝儀で収入を得ていたことがわかる。さらに

「此事世の中めきたりとて、ひそかにかたぶきいふもの有。予いはく、しからず。凡四民はさらなり。その余の遊民、技芸をもて口服のはかりごと丶なす。人みなおなじ。そのいふ人、もとより世を貪る心かはりなし」と続け、世に広く書画会がおこなわれ金銭を集めることを非難する人がいるが、技芸で口服（腹）つまり生活することは非難されることではないと反論している。資金集めの書画会が、鯉隠と千住連を中心に開催されたと考える。

ここで、図巻を書画会で展覧するだけならば中屋六右衛門所蔵のものでよいが、販売のために新たに図巻が制作された。依頼をうけた南畝は、「流布本」の原稿が手元にないため草稿から「別本」の原稿を新たに起こしたものである。別本は流布本と比べて推敲のあとが少ない。酒井抱一の名を「屠龍《とりょう》公《こう》」から「抱一君」に改めた程度だが、酒盃の名称を一つ書き漏らし、酒盃の名称の前にある「出すその盃は」を脱漏する。屠龍は抱一の俳号で『屠龍之技《とりょうのぎ》』という句集を板行している。南畝は図巻の門前図の聯に抱一の隠落款があることからも、絵画の号から「抱一君」に改めたと考える。

「屠龍之技」は『荘子』の列禦寇が出典で、冒頭の列禦寇（人名）を篇名とするもので独立する十の短章の三つ目にある、小人は世俗の小事にこだわり、大事を達観することがないと説く中にある。「屠龍之技」は龍を打ち殺すことで、学んでも実際に役に立たない技のたとえである。出典を明治書院『新釈漢文大系8』を参考に示す。

『荘子』列禦寇

(原文)朱泙漫学二屠レ龍於支離益一。単二千金之家一。三年技成。而無レ所レ用二其巧一。
(書き下し)朱泙漫(人名、朱が姓)は、龍を屠《ほふ》ることを支離益(人名、支離が姓)に学ぶ。千金の家(家財)を単《つく》し、三年にして技《ぎ》成りて、而《しか》も其の巧を用ふる所無し。
(通釈)朱泙漫は龍を殺すわざを支離益に学び、千金の家財を使い果たし、三年たってそのわざは完成したものの、その巧みなわざは使い道がなかった。

「抱一《ほういつ》」の出典は『老子』の能為第十あるいは益謙巻二十二である。能為の題は無為なればこそ能く為すことができるの意である。益謙の題は謙譲する者には天道が多きを加えるの意である。いずれも、無為自然を説き、柔軟な生き方を本旨とする老子の思想を表わす。出典を明治書院『新釈漢文大系7』を参考に示す。

『老子』能為
(原文)載二営魄一抱レ一、能無レ離。専レ気致レ柔、能嬰兒。
(書き下し)営魄《えいはく》に載《の》り一《いち》を抱いて、能《よ》く離るること無からん。気を専らにし柔を致して、能く嬰兒たらん。
(通釈)心をとりまいている肉体に乗り、心中に道を抱いて、これから離れることのないようにしよう。精気を専一に保ち身体に柔軟性をまねいて、嬰児のようであろう。

『老子』益謙

（原文）少則得、多則惑。是以聖人抱レ一、為二天下式一。

（書き下し）少なれば則ち得《え》、多なれば則ち惑《まど》ふ。是を以て聖人は一を抱き、天下の式《しき》と為す。

（通釈）少しなら確実に手に入る。沢山だと、どれもこれもと惑って、結局どれも手に入らぬということになる。だから、聖人は専一に道を守り、へり下って、天下の人々にお手本を示しているのだ。

二　二系統の「後水鳥記」と図巻

現存する自筆草稿と二系統の図巻・写本群の成立過程まとめたのが次の関連表である。結果として国書総目録の統一書目「高陽闘飲」が流布本の系統、統一書目「闘飲図巻」が別本の系統のようになったが、統一書目がそのように意図されたものではないので、「後水鳥記」のタイトルを持つ図巻・写本が両方に混在している。

南畝は草稿から推敲を重ねて流布本原稿を作成し、代筆者が清書をおこなった。代筆者は、南畝公認の亀贋と呼ばれた文宝亭こと亀家久右衛門の可能性が高い。文宝亭は南畝没後に二世蜀山人を名乗っている。清書の際に「南山道人書」の後にある「冊」の文字（あるいは文字の様なもの）を落としたのではないかと考える。『後水鳥記』写本の中に「南山道人書」の後に花押のようなもの（「冊」を変形したもの）があるのは、流布本原稿を写したものと考える。明確なものでは、宮崎成身『視聴草』に書写されている「高陽闘飲巻」と「後水鳥記」は、書き漏れの位置から明らかに『一話一言』の「高陽闘飲巻」と花押のようなものをもつ流布本原稿の写しを合わせたものである。

自筆・後水鳥記草稿（『七々集』現在は『蜀山雑稿』天理図書館蔵）

← 自筆・図巻流布本原稿
　← 高陽闘飲巻（流布本）
　　← 『高陽闘飲』板本（写本・国会図書館蔵）
　← 後水鳥記写本

← 自筆・図巻別本原稿
　← 闘飲記（別本）
　　← 『闘飲図巻』摸本（早稲田大学図書館蔵）
　← 自筆・『後水鳥記』図巻

流布本原稿は南畝のもとに戻らず、新たな図巻を作るために別本原稿が作成されたがほぼ草稿のままである。これも代筆者が清書をおこなった。別本原稿は南畝のもとに戻り、自筆本『後水鳥記』図巻の

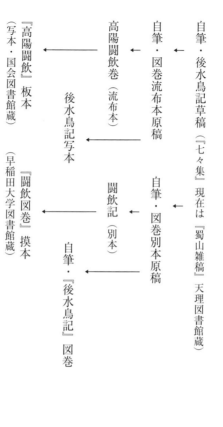

清書の際に脱漏に気付き「出すその盃は」を補ったものと考える。

「千住の酒合戦」といわれるイベントをプロデュースしたのは鯉隠で、二世平秩東作がまとめた大酒会記録を南畝と小山田与清に提供して、それぞれ「後水鳥記」と『擁書漫筆』の「水鳥記のさだ」に仕上げられたものである。東作の記録の不備からか「後水鳥記」と『擁書漫筆』とでは盃の容量や酒客の飲酒量に誤差が生じてしまった。

南畝の「後水鳥記」は多くの写本が生じたが、与清『擁書漫筆』の「水鳥記のさだ」も、松浦静山『甲子夜話』、石塚豊芥子『街談文々集要』、須藤由蔵『藤岡屋日記』に写され、新たな情報が加えられた。明治になり政府(神宮司庁)編纂の百科史料事典である『故事類苑』飲食部に酒量記録の部分が「擁書漫筆　三」という見出しで収録された。現在『擁書漫筆』は『日本随筆大成』に収録され手軽に読むことができる。

南畝の「後水鳥記」も明治十六年に『一話一言』(集成館)の活字和装本の刊行の際に「高陽闘飲巻」の項に齋藤雀志蔵の図巻(流布本)が追加収録され、これは『新百家書林　蜀山人全集』、『日本随筆大成』(旧版・新版)に引き継がれた。大正五年には『江戸叢書』に流布本が「高陽闘飲　後水鳥記」として収録され、この叢書は繰返し復刻された。現在、「後水鳥記」を最も身近に見ることができるのは、『日本随筆大成』と『江戸叢書』に収録の流布本翻刻である。

別本は、『闘飲図巻』早稲田大学図書館蔵の画像が早稲田大学図書館のデジタル・アーカイブに公開されているほか、スペンサー・コレクション蔵ニューヨーク本の写真版での公表[7]は幾つかあるが、翻刻は前述の『書画骨董雑誌』が最初のようである。

文化十二年の酒合戦の際に、巻頭の大書の異なる複数の図巻が作られたと考えられてきた節がある。先学の研究報告を見ることにする。

(1) 相見香雨氏は「抱一上人年譜稿」[8]で「千住の中六亭に於いて都下の酒豪を集めて競飲大会を催ほした。その時の記録闘飲記一巻（松村鎮吉氏蔵）には、巻頭に文晁の太平余化の四文字あり」と別本を紹介している。

(2) 森銑三氏は「谷文晁伝の研究」[9]で、「酒合戦が行はれて（中略）當日のことは南畝の書いた『後水鳥記』に精しいが、その中に「いはゆる屠龍公（抱一）、文晁、鵬斎の二先生」」と流布本の内容を解説したうえで、「巻首に文晁の「太平餘化」の四文字を題した巻子が成って、『闘飲記』と命名せられた」と別本を紹介している。

(3) 瀧善成氏は「ニューヨーク公立図書館蔵「闘飲図巻」（酒合戦の図巻）について（中）」[10]で、別本であるニューヨーク本の「①他に類のない冒頭の四文字の存在や、②各筆写の書風・画風がそれぞれ特有の個性に富み、③各人署名の落款が朱で正しく使用されていること」を根拠に、流布本の内田家本・福嶋家本・田辺家本をニューヨーク本からの模写であるとしている。

(4) 杉村英治氏は『亀田鵬斎』[11]で、ニューヨーク本を「この図巻は文政三年長谷川雪旦が模写し、それをまた天保九年に、歌川季勝が画を、狂文亭主人が文を写し取った写本から「江戸叢書」（大正五年刊）が活字本としてその巻の七に収載」したとして流布本の原本とする。

「鵬斎狂叟《ぼうさいきょうしゅう》」印のある鵬斎の「高陽闘飲」の大書をもつ図巻と「畫學齋《ががくさい》」印のある文晁の「太平餘化《たいへいよか》」の大書をもつ図巻は、大書の違いは知られていたが、後水鳥記の字句の差は誤写によるものと見られていた。

南畝『一話一言』の最初の翻刻は南畝の四代あとの子孫にあたる大田堅（号南洋）編の集成館版（明治十六年刊）である。前述のように刊行の際に三十八巻「高陽闘飲巻」に本来記載のない「後水鳥記」が追加収録された。「右後水鳥記一篇、原本佚焉、今據齋藤雀志君所藏高陽闘飲圖巻補之」という南洋による識語が文末に加えられている。『一話一言』にはもともと「後水鳥記」の記載はないが、闘飲図巻の原本が失われているため齋藤雀志所蔵の高陽闘飲図巻の写しから後水鳥記を補ったということだが、集成館版は予約出版なので、後水鳥記の人気からわざわざ補ったと思われる。闘飲図巻を見る機会は限られるが、貸本屋が持ち込む板本・書本で後水鳥記は知られて人気があったのだろう。集成館の予約者名簿『一話一言月刊同盟現員表　明治十五年十二月』の先頭に「東京駿河町三井銀行（三部）〇齋藤銀藏君」とあり、雀志（本名銀藏）が最初の予約者で三部申し込んでいたことがわかる。その他の人も豪農、銀行や会社の役員、師範学校教諭、上級官吏が名を連ねる。(12)

この『一話一言』は明治四十一年に『新百家書林　蜀山人全集』（弘文館）刊行の際に一部が増補・削除されたが「後水鳥記」は自筆書込を含めそのまま収録された。新百家書林版の刊行にあたり、明治三十九年に南畝の展覧会が開催されたことが、市島春城氏の日記『双魚堂日誌』(13)にある。明治三十九年十一月十一日に「上野広小路柳家、蜀山会の陳列。弘文館の蜀山全集の広告として催せしもの也」と記される。この新百家書林版の索引には「高陽闘飲巻」と「後水鳥記」の両方が掲載される。あたかも宮崎成身《しげちか》『視聴草《みききぐさ》　九集之十』の目録に「高陽闘飲巻」と「後水鳥記」が記されるのと同じように「後水鳥記」がすぐに探せるようになっている。人気があったとみるべきなのであろうか。広く流布したことから、『一話一言』に「後水鳥記」の記載があるかのような誤解が生じた。

『江戸叢書巻の七』大正五年刊に国会図書館蔵の絵入り板本写し『高陽闘飲』を底本として「高陽闘飲　後水鳥記」が翻刻された。これ以降「高陽闘飲」と「後水鳥記」を同一のものと見るようになったようである。『新百家書林　蜀山人全集』と昭和四年刊の『日本随筆大成』（旧版）の「一話一言」では、実質的な出版元は変わらないが、索引は「高陽闘飲巻」だけが記載される。国立公文書館蔵『視聴草』原本の目録は「高陽闘飲巻」と「後水鳥記」両方の記載があるが、『内閣文庫未刊史料細目上』国立公文書館内閣文庫（昭和五十二年刊）の目次では「高陽闘飲巻」は省かれ「後水鳥記」の記載のみになり、同一のものとみなしている。『江戸叢書』も繰り返し覆刻され、『日本随筆大成』と同様に「高陽闘飲」と「後水鳥記」を同義語とみなされるようになった。

三　「高陽闘飲」から「太平餘化」に

それにしても、別本の大書は鵬斎から文晁になぜ変わったのだろう。ニューヨーク本図巻の箱書は鵬斎の子である綾瀬の養子・鷲谷（長保）で、蓋の表に「闘飲圖巻」、裏に「亀田長保識」とあり、鵬斎所持のものと考えられる。鵬斎は何らかの事情で別本の作成に関わることができず、序文を代筆させ、大書を文晁に代わってもらった。結果としてニューヨーク本を手控えとして受け取ったのではないかと考える。文政六年（一八二三）、吉野金陵が弟子入りを願ったとき、鵬斎は五年ほど前から中風を患い言語障害をおこし、すでに弟子をとっていなかったので、嗣子綾瀬につくことになったという[14]。別本の作成時期に筆を執ることができなかった可能性がある。絵画部分については、玉蟲敏子氏は抱一の研究書『都市のなかの絵 - 酒井抱一の絵事とその遺響』で「太平餘化」の題字をもつニューヨーク本を「会場に向かう二人物の表現も写本とはいえ、抱一画の雰囲気を伝えている」と評している[15]。

文晁が「太平餘化」としたのは、杉田玄白『蘭学事始』文化十二年成立[16]の跋文にある「伏して考《かんがえ》るに、其《その》実ハ　恭《うやうやし》く太平の餘化より出し所なり。世に篤好厚志《とくこうこうし》の人ありともなんぞ戦乱干戈《かんか》の間にこれを創建し、此《この》盛挙に及ぶ暇あらんや」と同じく戦乱のない平和の恩恵の意味で、鵬斎の高陽闘飲序にある「太平之盛事」を受けてのことであろう。化政期文化の昂揚を表わすものである。なお、『蘭学事始』の「なんぞ戦乱干戈の間にこれを創建し、此盛挙に及ぶ暇あらんや」は司馬遷『史記』からの引用と知られている。

本書においては、南畝の「後水鳥記」草稿と流布本・別本を比較し、二種の図巻原稿の存在を推定した。また流布本・別本とも特有の書き漏れから、足立区立郷土博物館蔵の『後水鳥記』図巻を除いては、代筆者によるもので南畝の自筆本は無いであろうとした。南畝自筆草稿「後水鳥記」は現存し、影印本・翻刻本もあるが、図巻の翻刻は『日本随筆大成』と『江戸叢書』に収録の流布本翻刻があるものの底本は誤記が多いものである。また別本翻刻は見る機会の少ないものである。本書で自筆別本の足立区立郷土博物館本『後水鳥記』を翻刻のうえ、流布本の原形をよく残す福嶋家本『高陽闘飲巻』との差異を併載した。さらに草稿と流布本・別本を比較することにより、流布本・別本図巻での「後水鳥記」の本来の姿と、草稿からの推敲の過程を示した。

成立契機である文化十二年の酒合戦と、その後の酒合戦と伝わる文化十四年の書画会の様子を明らかにした。これらを見ていくと、江戸の文人とそれを取り巻く人々である連の存在、文人相互の交流が「闘飲図巻」の成立に大きく関係していたことが理解される。後水鳥記そして闘飲図巻の存在がなければ、千住の酒合戦もただの大酒の会として伝わるだけであったろう。

参考文献一覧

第一章　千住の酒合戦とは

（1）喜多村筠庭『嬉遊笑覧（四）』岩波文庫、岩波書店、二〇〇五年。底本の異なる日本随筆大成本「嬉遊笑覧」にはない。
（2）「七々集・蜀山雑稿」『大田南畝全集第二巻』所収　岩波書店、一九八六年
（3）森銑三・中島里壽編『近世人名録集成第二巻』勉誠社（一九七六年）一―一六頁に影印掲載される。
（4）「書画番付」は、「妙々奇談」『日本随筆大成　第三期11』吉川弘文館（一九七七年）四〇二―四〇三頁に影印が掲載され、旧版『日本随筆大成　第三期4巻』所収の「妙々奇談」は翻刻が掲載される。
（5）式亭三馬「式亭雑記」『続燕石十種　第一巻』中央公論社　一九八〇年
（6）「書簡」『大田南畝全集第一九巻』所収　岩波書店　一九八九年
（7）鈴木清節編『毛武游記』『補訂崋山全集』所収　崋山叢書出版会　一九四一年
（8）芳賀徹『渡辺崋山　優しい旅びと』淡交社　一九七四年。この本の口絵に崋山筆の千住酒合戦の屏風図の一部が掲載される。
（9）揖斐高『江戸の文人サロン　知識人と芸術家たち』吉川弘文館　二〇〇九年
（10）「宿村大概帳」『近世交通史料集』第四―六　吉川弘文館　一九七〇―七二年
（11）「旅行須知」『日本交通史料集成第三輯』所収　聚海書林　一九八五年

第二章　水鳥記から後水鳥記へ

(1) 喜多村筠庭「筠庭雑録」『続燕石十種　第二巻』所収　中央公論社　一九八〇年
(2) 中村喬編訳『中国の酒書』平凡社　一九九一年
(3) 小原亨「『水鳥記』の文芸性」『立命館文学』五一五号　一九九〇年三月
(4) 古江亮仁『大師河原酒合戦』多摩川新聞社　一九九八年
(5) 花田富二夫「水鳥記　解題」『假名草子集成第四十二巻』所収　東京堂出版　二〇〇七年
(6) 「識語集」『大田南畝全集第十九巻』岩波書店　一九八九年　七二九頁に国立公文書館蔵『近世奇跡考』の識語がある。
(7) 宮崎成身「視聴草第五巻」『内閣文庫所蔵史籍叢刊　特刊第二』影印本所収　汲古書院　一九八五年。「六集之九」に「地黄坊事蹟考」がある。
(8) 「一話一言　巻之二十九」『大田南畝全集第十四巻』岩波書店　一九八七年　一〇四―一〇六頁の「大酒官樽次考」による。
(9) (4)と同じ
(10) 大田南畝「家伝史料巻八」『史籍雑纂　第三』国書刊行会編　続群書類従完成会　一九七四年
(11) 大田南畝「調布日記」『大田南畝全集第九巻』岩波書店　一九八九年
(12) 大田南畝「玉川余波」『大田南畝全集第二巻』岩波書店　一九八六年
(13) 『水鳥記』上下　池上彦太郎　文化十三年写　筑波大学図書館蔵（請求番号ル150―31）筑波大学図書館で画像

公開されている。

(14)棚橋正博校訂「式亭三馬集」『叢書江戸文庫20』国書刊行会　一九九二年

(15)『御府内寺社備考　二』影印本　名著出版　一九八六年。島田筑波・河越青士編『東京都社寺備考　寺院部第一冊―天台宗之部―』北光書房、一九四四年の翻刻を参照した。

(16)『明治五年寺院明細帳』・『明治十年寺院明細簿』は東京都公文書館の所蔵資料検索データベースを参照

(17)黒木千穂子「『続水鳥記』の作者」『大妻国文』三十二号　大妻女子大学国文学会　二〇〇一年三月

(18)小山田与清「擁書楼日記」『近世文藝叢書　第十二』復刻　国書刊行会編　第一書房

(19)「高陽闘飲　後水鳥記」『江戸叢書　巻の七』江戸叢書刊行会　一九一六年

(20)『国書人名辞典第三巻』岩波書店　一九九六年

(21)神保五弥『為永春水の研究』白日社　一九六四年

(22)『関東を主とする酒造関係史料雑纂』66巻所収　国立国会図書館蔵。国立国会図書館デジタルコレクションとして画像公開されている。

(23)山東京伝「仕懸文庫」『新日本古典文学大系85』岩波書店　一九九〇年

(24)十返舎一九『東海道中膝栗毛（上）』所収　岩波書店　一九七三年

(25)長友千代治『近世貸本屋の研究』東京堂出版　一九八二年

(26)柴田光彦編「大惣蔵書目録と研究　本文篇」『日本書誌学体系27（1）』青裳堂書店　一九八三年

(27)宮崎成身「視聴草第八巻」『内閣文庫所蔵史籍叢刊特刊第二』影印本　汲古書院　一九八五年

(28) 徳田武校注、曲亭馬琴『近世物之本江戸作者部類』岩波書店　二〇一四年　一四九頁の「巻之二上　読本作者部第一」から引用。

第三章　文化十二年の酒合戦を読み解く

(1)「後水鳥記」『蜀山雑稿』所収　天理図書館蔵。『天理図書館善本叢書　蜀山人集』八木書店　一九七七年に影印。『大田南畝全集第二巻』岩波書店　一九八六年に「七々集・蜀山雑稿」として翻刻（二七九―二八三頁）、『蜀山雑稿』はもとの『七々集』の一部が分かれたものである。
(2) 拙稿「酒合戦と闘飲図―スペンサー・コレクション「闘飲図巻」の検討」『足立区立郷土博物館紀要』第7号　一九八八年十一月
(3) 藤原明衡編「本朝文粋」『新日本古典文学大系27』岩波書店　一九九二年
(4) 塙保己一編「宗五大艸紙」『群書類従第二十二輯・武家部』続群書類従完成会　一九二八年。小山田与清『擁書漫筆』にも引用される。
(5) 南畝は「霜月（十一月）」と記しているが、鵬斎は高陽闘飲序に十月とする。『擁書漫筆』なども十月としているので南畝の誤りである。南畝は出席していなかったための錯誤と考える。
(6) 揖斐高「大田南畝」『足立区立郷土博物館紀要』第3号　特集千住の酒合戦と江戸の文人展　一九八七年十月
(7) 小山田与清「擁書漫筆」『日本随筆大成第一期12』吉川弘文館　一九七五年
(8) 菅野正道「仙台城の文化人を支えたパトロン「福島屋文右衛門」」『飛翔　仙台商工会議所月報』二〇一〇年七

月号

（9）巻島隆「千住酒合戦の舞台「中六」とは？　広がる飛脚ネットワーク」『酒運び　情報と文化をむすぶ交流の酒』所収　ほろよいブックス編集部編　社会評論社　二〇一三年

（10）白川静訳注『詩経雅頌1』平凡社　一九九八年

（11）磯ヶ谷紫江『建部巣兆と千住』紫江会　一九五二年

（12）原田信男編『江戸の料理と食生活　日本ビジュアル生活史』小学館　二〇〇四年。同書に『武江産物誌』（文政七年刊）に野菜と江戸湾で獲れる魚介類としてガザミ（ワタリガニ）の記載がある。『魚鳥野菜乾物時節記』（十七世紀）に十一月旬のものとしてガザミがある。

（13）三升屋二三治「貴賤上下考」『未刊随筆百種第十巻』三田村鳶魚編　中央公論社　一九七七年　一五七頁。同書の解題に「三升屋二三治は浅草御蔵前の札差伊勢屋四郎左衛門の分家で同業伊勢屋宗三郎といひし者也（中略）後に狂言作者となる」とある。

（14）松浦静山『甲子夜話三篇3』東洋文庫　平凡社　一九八三年

（15）忍頂寺務「酒のお江戸」『復刻版雑誌叢書5「彗星　江戸生活研究第1巻」』所収　ゆまに書房　一九八四年

（16）吉田元『江戸の酒—その技術・経済・文化』朝日新聞社　一九九七年

（17）森銑三「平秩東作の生涯」『森銑三著作集第一巻』中央公論社、一九七〇年

（18）中野三敏編『諸家人名江戸方角分』近世風俗研究会　一九七七年

（19）中野三敏『写楽　江戸人としての実像』中央公論新社　二〇〇七年

(20) 足立区風土記編さん委員会編「旧考録」『足立区風土記資料　古文書史料集2　永野家文書2』所収　足立区教育委員会　一九九三年
(21) 山東京山「蜘蛛の糸巻」『日本随筆大成第二期7』吉川弘文館　一九七四年
(22)『新吉原細見　文化十三年春』東京大学総合図書館蔵。題簽はなく表紙に「吉原細見記　完」の墨書がある。三十六丁オの男芸者之部に荻江長次の名がある。（請求番号G26―779）
(23)「酒戦会番付」足立区立郷土博物館蔵。国立国会図書館月報No.595　二〇一〇年五月に国立国会図書館蔵「酒戦会番付」の資料紹介がある。
(24) 小林智明訳注「宇治拾遺物語」『日本古典文学全集二八』小学館　一九七三年
(25) 近藤瓶城編「参考源平盛衰記　下」『改定史籍集覧　番外五』臨川書店　一九八四年
(26) 市川安司・遠藤哲夫「荘子　下」『新釈漢文大系8』明治書院　一九六七年。盗跖第二十九「孔子不聴、顔回為馭、子貢為右、往見盗跖。盗跖乃方休卒徒大山之陽、鱠人肝而餔之。」、通釈「（止めるのを）孔子は聞き入れず、顔回を馭者とし、子貢を右にそえ乗りさせて、盗跖に会いに出かけた。折しも盗跖は大山の南側の地にいて、そこに手下の者どもを休息させ、自分は人間の肝をなますにしたものを食べていた。」
(27) 小泉武夫『日本酒ルネッサンス』中公新書　中央公論社　一九九二年　二二一―二二二頁の記載と、小野寺節子「宴会の歌」『落語にみる江戸の酒文化』所収　旅の文化研究所編　河出書房新社　一九九八年　一二九頁の記載を参照した。
(28) 島田一雄「名人鯉の隠居　佐可和鯉隠」『日本書誌学体系49（1）島田筑波集上』所収　青裳堂書店　一九八

六年。初出『伝記』第二巻第九号　一九三五年九月。

(29) 小山田与清『擁書楼日記』早稲田大学図書館蔵。翻刻は国書刊行会編『近世文藝叢書第十二』復刻　第一書房　一九七六年。

(30) 喜多村筠庭『嬉遊笑覧　五』岩波書店　二〇〇九年　二八九頁。岩波書店版は静嘉堂文庫蔵の著者自筆本を底本としていて、別の写本を底本とする日本随筆大成本とは内容に差異がある。諸橋轍治『大漢和辞典』大修館書店は、「犬」の字の項目で『嬉遊笑覧』を典拠に「犬居目礼古仏座」を無礼講のこととしている。

第四章　亀田鵬斎「高陽闘飲序」を読み解く

(1) 大田南畝『一話一言』五十冊本、昌平坂学問所旧蔵、国立公文書館蔵。翻刻は「一話一言5」『日本随筆大成別巻第5巻』一九七八年　吉川弘文館、『大田南畝全集第十五巻』一九八七年　岩波書店。

(2) 拙稿「酒合戦と闘飲図―スペンサー・コレクション「闘飲図巻」の検討」『足立区立郷土博物館紀要』第7号　一九八八年十一月

(4)『資治通鑑』巻二八三、後晋紀高祖天福七年「曦曰、維岳身甚小、何飲酒之多。左右或曰、酒有別腸（此俚俗之常語）、不必長大」、通釈「（小さな体の周維岳に）閩王曦はそんな体で大酒が飲めるのかと問い。近臣が酒に別腸あり大きな体とは限らないと答えた。」補注に酒有別腸はことわざとある。司馬光編著、胡三省音註『新校標點資治通鑑下』弘業書局　一九八五年　二四七五頁。

(5) 班固『漢書』第二十四、志の第四にある食貨志下。口語訳は永田英正訳注『漢書食貨・地理・溝洫志』平凡社

一九八八年　一七八頁による。「酒は天の美禄であり、帝王が天下をいつくしみ、はぐくまれるためのものです。神をまつり福を祈るにも、老人をたすけ病人を養うにも、さまざまな儀式の集りにも、酒がなくては行なわれません。」
(6)「史記（十）」『古典研究會叢書　漢籍之部第二十六巻』汲古書院　一九九七年　一〇四―一〇六頁（影印本原本　国立歴史民俗博物館蔵）。書き下しは谷口匡訳注「史記　十（列伝三）」酈生陸賈列伝第三十七『新釈漢文大系第90巻』明治書院（一九九六年）二七六―二八二頁を参考とした。
(7)『太平御覧』巻三百四十二と巻三百六十六に「楚漢春秋曰、上過陳留、酈生求見。（以下略）」とある。『太平御覧（九）四部叢刊三編子部』（巻三百四十二）、『太平御覧（一〇）四部叢刊三編子部』（巻三百六十六）上海書店　一九八五年
(8)青木正児「酒中趣」『青木正児全集第九巻』春秋社（一九七〇年）一四〇頁に『酒顚』の記事として張安道らのこと、一四一頁に酈食其のこと、二五三頁に『酒史』の記事として王漸らのことがある。
(9)武部利男訳注「李白」『世界古典文学全集第27巻』筑摩書房　一九七二年
(10)小山田与清『松屋筆記第一』国書刊行会　一九〇八年
(11)「菅茶山・頼山陽詩集」『新日本古典文学大系66』所収　岩波書店　一九九六年
(12)久保天隨訳解『李白全詩集』日本図書センター　一九七八年
(13)青木正児『中華飲酒詩選』平凡社　二〇〇八年
(14)市河寛斎「瓊浦夢余録」翻刻は『寛斎先生餘稿』所収　遊徳園　一九二六年。国立国会図書館デジタルコレク

ションで画像公開される。

(15) 和田清編訳『旧唐書倭国日本伝・宋史日本伝・元史日本伝』岩波書店 一九七八年

(16) 長澤規矩也解題『和刻本正史南史(二)』汲古書院 一九七二年

第五章 鯉隠居と謝肇淛『五雑組』のかかわり

(1) 謝肇淛「五雑組」『和刻本漢籍随筆集 第一集』(影印本)汲古書院 一九七二年。現代語訳は岩城秀夫訳注『五雑組 1—8』平凡社 一九九七・一九九八年を参照した。

(2) 寺島良安『倭漢三才図会 上・下』(影印本)日本随筆大成刊行会 一九二九年。現代語訳は竹島淳夫訳注『和漢三才図会 1—18』平凡社 一九八五—九一年を参照した。

(3) 「後水鳥記」は霜月(十一月)とあるが、南畝の欠席による錯誤と思われる。南畝の欠席は、揖斐高氏の「大田南畝」(注(13)に所収)で指摘されている。『闘飲図巻』に南畝と特定できる人物がいないことからも欠席とみられる。

(4) 大田南畝自筆『後水鳥記』図巻 足立区立郷土博物館蔵。『日本随筆大成』の「一話一言」や『江戸叢書巻の七』の「高陽闘飲」とは表記に差異がある。

(5) 中村喬編訳「酒譜」の補注『中国の酒書』所収 平凡社 一九九一年

(6) 小山田与清「擁書漫筆」『日本随筆大成』第一期12 吉川弘文館 一九七五年

(7) 江國滋ほか編『古典落語体系』第二巻 三一書房 一九六九年

（8）松枝茂夫訳『全訳笑府―中国笑話集―上・下』岩波書店　一九八三年
（9）松枝茂夫・武藤禎夫編訳「笑府」『中国笑話選』平凡社　一九六四年
（10）武藤禎夫校注「落噺詞葉の花」『化政期落語本集』岩波書店　一九八八年
（11）入矢義高編「近世随筆集」『世界古典文学大系』第55巻　平凡社　一九七一年
（12）足立区風土記編さん委員会編「旧考録」『足立区風土記資料　古文書史料集2　永野家文書2』所収　足立区教育委員会　一九九三年
（13）「特集千住の酒合戦と江戸の文人展」『足立区立郷土博物館紀要』第3号　一九八七年十月（展示図録）
（14）石井公成「仏説摩訶酒仏妙楽経讃解」の補注『駒澤大学佛教學研究』第十二号　二〇〇九年三月

第六章　後水鳥記の草稿と闘飲図巻を見くらべる

（1）大田南畝「七々集・蜀山雑稿」『大田南畝全集』第二巻　岩波書店　一九八六年
（2）『天理図書館善本叢書　蜀山人集』八木書店　一九七七年
（3）玉林晴朗『蜀山人の研究』東京堂出版　一九九六年（畝傍書房　一九四四年の復刊）
（4）鈴木徳三編『増訂版弘文荘待賈古書目録総索引』八木書店　一九九八年
（5）拙稿「酒合戦と闘飲図―スペンサー・コレクション「闘飲図巻」の検討」『足立区立郷土博物館紀要』第7号　一九八八年十一月
（6）古江亮仁『大師河原酒合戦』多摩川新聞社　二〇〇八年

（7）石塚豊芥子編『近世庶民生活史料　街談文々集要』三一書房　一九九三年
（8）宮崎成身「視聴草第八巻」『内閣文庫所蔵史籍叢刊特刊第二』汲古書院　一九八五年
（9）「特集千住の酒合戦と江戸の文人展」『足立区立郷土博物館紀要』第3号　一九八七年十月（展示図録）
（10）市島春城『双魚堂日誌』早稲田大学図書館蔵。翻刻が春城日誌研究会「翻刻『春城日誌』（十四）」『早稲田大学図書館紀要』第四十四号　一九九七年三月にある。
（11）「後水鳥記」『書画骨董雑誌』第二五六号　書画骨董雑誌社　一九二九年十月
（12）滝澤馬琴旧蔵『水鳥記』江戸版板本　一冊本　早稲田大学図書館デジタル・ライブラリー画像を参照した。
（13）この郷土博物館本を見たときに、谷文晁の弟子の文淵ご子孫宅で拝見した文一筆（二代である）の人物画を想起した記憶がある。描線・彩色が極めて類似している。文淵ご子孫宅は多くの所蔵品があったが、明治四十三年に大半を手放したという。その顛末は、反町茂雄編『紙魚の昔がたり　明治大正篇』八木書店　一九九〇年四四七―四六〇頁に詳しく、文一筆の「江戸より長崎までの風景見取図　四巻」の落款を切り捨て、文晁の無落款ものとして書肆が売った話まである。郷土博物館本の「酒戦図」は「大千住展の新資料　再評価と紹介郷土博物館」『足立史談』第五五一号　足立区教育委員会　二〇一四年一月に「谷文一の画業であると確定」と紹介される。拙稿「千住酒合戦と闘飲図巻―足立区立郷土博物館蔵『後水鳥記』図巻の検討を含めて―」『足立区立郷土博物館紀要』第37号　二〇一六年三月において、自筆本と紹介した。
（14）小山田与清『擁書楼日記』早稲田大学図書館蔵。翻刻は国書刊行会編『近世文藝叢書第十二』復刻　第一書房　一九七六年。

(15)松本智子「早稲田大学図書館蔵『松屋蔵書目録』翻刻」『早稲田大学図書館紀要』五七　二〇一〇年三月
(16)（3）と同じ
(17)森銑三「南畝集雑記」『森銑三著作集第十集』所収　中央公論社　一九七一年
(18)小林忠編著『肉筆浮世絵大観2』「東京国立博物館Ⅱ」講談社　一九九五年　所収の第27図「大田蜀山人像」、解説は一九九頁
(19)反町茂雄『日本の古典籍―その面白さその尊さ』八木書店　一九八四年

第七章　一枚刷り闘飲図と酒戦会番付を読み解く

(1)大田南畝に関するもの：「年譜」『大田南畝全集第二十巻』所収　岩波書店　一九九〇年。玉林晴朗『蜀山人の研究』東京堂出版　一九九六年。
酒井抱一に関するもの：松尾知子・岡野智子編『酒井抱一と江戸琳派の全貌』求龍堂　二〇一一年。玉蟲敏子『もっと知りたい酒井抱一―江戸琳派の粋人―』東京美術　二〇〇八年。相見香雨「抱一上人年譜稿」『日本書誌学体系45（1）』所収　青裳堂書店　一九八五年　四八六頁（初出『日本美術協会報告』六　一九二七年）
(2)小山田与清『擁書漫筆』。翻刻「擁書漫筆」『日本随筆大成』第一期12　吉川弘文館　一九七五年。
(3)石塚豊芥子『街談文々集要』国立公文書館蔵。翻刻本　鈴木棠三校訂『近世庶民生活史料　街談文々集要』三一書房　一九九三年。
(4)『擁書漫筆』を引用しているものに原田信男『江戸の料理史』中公新書　一九八九年。『街談文々集要』を引用

したものに「谷文晁の研究」『森銑三著作集第三集』所収　中央公論社　一九七一年（初出『日本美術協会報告』一九三三年四月号から一九三七年五月号に連載）

（5）「七々集」『大田南畝全集第二巻』所収　岩波書店　一九八六年。『七々集』記載項目の相互の位置は『大田南畝全集第二巻』による。

（6）『近世庶民生活史料　藤岡屋日記　第一巻　一―十　文化元年―天保七年』三一書房　一九八七年

（7）島田一雄「名人鯉の隠居　佐可和鯉隠」『伝記』第二巻第九号（一九三五年九月）『伝記』の口絵は「千住の酒戦図」として「一枚刷り闘飲図」を高陽闘飲巻と称する絵巻と誤って紹介する。『日本書誌学体系49（1）島田筑波集上』所収（青裳堂書店、一九八六年）の再録では「勝負附け（前掲図）」として「一枚刷り闘飲図」を誤って訂正している。島田筑波が「勝負附け」としたものは、文化十四年の「当日酒量勝負附」と見るほうが納得できる。

（8）大田南畝「七々集」『大田南畝全集第二巻』岩波書店　一九八六年

（9）杉村英治『亀田鵬斎詩文・書画集』（影印本）所収　三樹書房　一九八二年

（10）郷土史家の福嶋憲太郎氏の教示による。昭和二十年に番付の版木を入手された人がいて、お金を出し合って一〇〇枚刷ることになった。出資者に試刷りを配ったあとに版木もろとも三月の大空襲で焼失したという。現在、千住に数枚残るのがこの試刷りで、刷りが薄く、折り目一つなくきれいである。用紙が奉書紙のようなやや硬い紙のため触れた際に違和感を覚えた記憶がある。福嶋氏は福嶋家本闘飲図巻の旧蔵者でもあり、平成十二年に九十四歳で他界された。

(11) 大沼宜規「見立番附　山中共古コレクション」『国立国会図書館月報』No.595　二〇一〇年一〇月。国立国会図書館の蔵書を写真入りで紹介している。山中共古旧蔵の貼り込み帳「見立番附　2冊」のうちで請求番号W991—N40である。これを翻刻したものが『集古会誌』丁未二（明治四十年三月）の八丁オに掲載される。本書での翻刻にあたり参考とした。
(12) 巻之一の十三丁ウにある。『日本山海名産図会』の伊丹筵包の印は坂口謹一郎『日本の酒』（岩波文庫）二〇〇七年にも収録される。
(13) （8）と同じ
(14) 『日本随筆大成第三期11』吉川弘文館　一九七七年の「妙々奇談」の巻末に付録として影印がある。旧版『日本随筆大成』の「妙々奇談」の巻末付録は翻刻版である。
(15) 井上隆昭「増補改訂　近世書林板元総覧」『日本書誌学体系76』青裳堂書店　一九九八年
(16) 『新吉原細見　文化十三年春』東京大学総合図書館蔵。題簽はなく表紙に「吉原細見記　完」の墨書がある。（請求番号 G26—779）
(17) 「旧考録」足立区風土記編さん委員会編『足立区風土記資料　古文書史料集2　永野家文書2』所収　足立区教育委員会　一九九三年
(18) 小島貞二『力士雷電　下』ベースボール・マガジン社　一九九八年
(19) 石井良助『江戸の刑罰』吉川弘文館　二〇一三年
(20) 小島貞二『力士雷電　上』ベースボール・マガジン社　一九九八年。三遊亭圓生『圓生・噺のまくら』講談社

（一九八一年）にも珍景山との話がある。

(21) 小島貞二編『雷電日記』ベースボール・マガジン社　一九九九年

(22) 飯嶋和一『雷電本紀』河出書房新社　一九九四年。（もりたなるお『力人　雷電為右衛門』新潮社　一九九六年は雷電は押し込めになり、信州に逃避、その後江戸にもどり赦免となったとしている。）

(23) 名倉弓雄『江戸の骨つぎ』毎日新聞社　一九七四年。また（18）にも同様の記述がある。

第八章　小山田与清『擁書漫筆』にみる千住の酒合戦

(1) 小山田与清『松屋筆記』国書刊行会　一九〇八年

(2) 高田早苗「半峰昔ばなし」『明治大正文学回想集成6』日本図書センター　一九八三年

(3) 小山田与清『擁書漫筆』。翻刻は「擁書漫筆」『日本随筆大成』第一期12　吉川弘文館　一九七五年

(4) 伊勢貞丈『貞丈雑記2』平凡社　一九八五年

(5) 小山田与清『擁書楼日記』早稲田大学図書館蔵。翻刻は国書刊行会編『近世文藝叢書第十二』復刻　第一書房　一九七六年

(6) 松浦静山『甲子夜話1』平凡社　一九七七年

(7) 松浦静山『甲子夜話三篇6』平凡社　一九八三年

(8) 松浦静山『甲子夜話続篇6』平凡社　一九八〇年

(9) 松浦静山『甲子夜話三篇5』平凡社　一九八三年

（10）吉原健一郎『江戸の情報屋　幕末庶民史の側面』日本放送出版協会　一九七八年
（11）鈴木棠三編、菊池貴一郎『絵本江戸風俗往来』平凡社　二〇〇三年
（12）高田保「通信社」『いろは歌留多』所収　文芸春秋新社　一九五二年
（13）『近世庶民生活史料藤岡屋日記第一巻　文化元年―天保七年』三一書房　一九八七年
（14）『近世庶民生活史料藤岡屋日記第二巻　天保八年―弘化二年』三一書房　一九八七年
（15）『故事類苑39　飲食部』吉川弘文館　一九七一年（神宮司廳藏版洋装五十冊　大正二年の覆刻版）
（16）『故事類苑31　器用部一』吉川弘文館　一九七〇年（神宮司廳藏版洋装五十冊　明治四十二年の覆刻版）

第九章　文化十四年の書画会での飲みくらべ

（1）東京都足立区役所編『足立区史』東京都足立区役所　一九五五年
（2）矢田挿雲『新版　江戸から東京へ（八）小石川』中公文庫　中央公論新社　一九九九年。「小石川」の部は大正十五年一月から『大衆文芸』誌に発表され、昭和二十八年に再建社が五冊本として復刊した際に続稿として収録された。『足立区史』に収録の「江戸から東京へ」の出典は再建社版と思われる。
（3）石塚豊芥子『街談文々集要』、文化元年（一八〇四）から文政十三年（一八三〇）までの街談巷説の記録。翻刻は、鈴木棠三校訂『近世庶民生活史料　街談文々集要』三一書房、一九九三年を参考とした。
（4）「特集千住の酒合戦と江戸の文人展」『足立区立郷土博物館紀要』第3号　一九八九年十月（展示図録）の十三頁に図版がある。

（5）『好古類纂』二編第五集　好古会（一九〇四年）附録第四十回好古会記事に「岡部薇香君　千住鯉隠居太平餘樂酒戰會の圖、一幅」が掲載される。翻刻が九及び十頁、闘飲図が付図に付く。

（6）寺門静軒『江戸繁昌記』天保三年刊。［書き下し］朝倉治彦・安藤菊二校注『江戸繁昌記1』平凡社　一九七四年　九六頁。［現代語訳］竹谷長二郎訳『江戸繁昌記（上）』教育社新書　原本現代語訳52　教育社　一九八〇年。［影印］日野龍夫校注「江戸繁昌記」『新日本古典文学大系100』岩波書店　一九八九年。

（7）足立区風土記編さん委員会編「旧考録」『足立区風土記資料　古文書史料集2　永野家文書2』所収　足立区教育委員会　一九九三年

（8）「特集千住の酒合戦と江戸の文人展」『足立区立郷土博物館紀要』第3号　一九八九年十月（展示図録）の十三頁に図版がある。

（9）「立川武蔵『弥勒の来た道』ＮＨＫ出版　二〇一五年

（10）岩城秀夫訳注、謝肇淛『五雑組8』平凡社　一九九八年

（11）小林祐子「蒔絵師原羊遊斎研究（1）」『足立史談』三一六号　足立区教育委員会　一九九四年六月

（12）建部巣兆『曽波可理』五味多四郎板、早稲田大学図書館デジタルアーカイブを参照。翻刻は「化政天保俳諧集」所収『古典俳文学大系16』集英社　一九七一年

（13）島田一雄「名人鯉の隠居　佐可和鯉隠」『伝記』第二巻第九号　一九三五年九月。再録『日本書誌学体系49（1）島田筑波集上』所収　青裳堂書店　一九八六年。

（14）菊池貴一郎『江戸府内絵本風俗往来』青蛙房　二〇〇三年（明治三十八年刊の復刻新装版）

（15）夏目成美『四山藁』文政四年刊。翻刻「化政天保俳諧集」所収『古典俳文学大系16』集英社、一九七一年
（16）永井荘吉『荷風全集第二十九巻』岩波書店、一九九五年。『断腸亭日記』も『荷風全集』第二十一巻・第二十二巻、岩波書店、一九九三年を参照した。
（17）「後水鳥記」『書画骨董雑誌』第二五六号　書画骨董雑誌社　一九二九年十月

第十章　摺物「弥勒布袋図」と『仏説摩訶酒仏妙楽経』を読む

（1）石井公成「仏説摩訶酒仏妙楽経譴解」『駒澤大学　佛教文學研究』第12号　二〇〇九年三月
（2）杉村英治『亀田鵬斎』三樹書房　一九八五年
（3）中野三敏『江戸文化評判記　雅俗融和の世界』中央公論社　一九九二年

第十一章　二つの闘飲図巻の成立

（1）「酒戦会番付」に記される人のうち「後水鳥記」に記される者以外でも何人か特定される。磯ヶ谷紫江『建部巣兆と千住』紫江会（一九五二年）で「畳太」は畳屋の家号をもつ「若田太右衛門」、「伊世七」は千住連の「伊勢屋七兵衛」とされる。名倉弓雄『江戸の骨つぎ』毎日新聞社（一九七四年）は、矢田挿雲の『江戸から東京へ』を参照していて直接の言及はないが参加者を当主の名倉直賢としているので「名倉大」は接骨名倉の大先生の意味と推定できる。
（2）真田尊光「建部巣兆について―文献資料にみる来歴と画業の検討を中心に―」『足立区立郷土博物館紀要』第

三十一号、二〇一〇年三月。六頁以下に千住の人々による千住連十六人の屋号、通名がある。
(3)『一茶全集第二巻』信濃教育会編、信濃毎日新聞社、一九七七年、一六五頁に『享和句帖』享和三年十一月十二日の項「国村　蒲生　高橋甚蔵」とあり、國村は武州蒲生（埼玉県越谷市）の人である。
(4)『曽波可理』は「化政天保俳諧集」『古典俳文学体系16』集英社　一九七一年　四六五―四七六頁所収の翻刻を参照した。同書の底本は五味多四郎板で後摺本（大坂　河内屋八兵衛、江戸　若林清兵衛）にはない素檗書簡が春夏部と秋冬部の間に付される。
(5)島田筑波（一雄）「名人鯉の隠居　佐可和鯉隠」『伝記』第二巻第九号　一九三五年九月（再録『日本書誌学体系49（1）島田筑波集上』所収　青裳堂書店　一九八六年　二七二頁）
(6)『四山藁』は夏目成美の文集で文政四年刊。「化政天保俳諧集」『古典俳文学大系16』集英社、一九七一年、三七七頁の『四山藁』「賀巣兆書画会辞」の翻刻を参照した。
(7)杉村英治『亀田鵬斎』三樹書房　一九八五年　二一七―二三六頁（近世風俗研究会　一九七八年の再刊）
(8)相見繁一「相見香雨集一」『日本書誌学体系45（1）』所収　一九八五年　四八六頁（初出『日本美術協会報告』六　一九二七年二月）
(9)森銑三「谷文晁伝の研究」『森銑三著作集第三集』所収　中央公論社　一九七一年　二三七―二三八頁（初出『日本美術協会報告』一八―四四　一九三三年四月―一九三七年五月）
(10)瀧善成「ニューヨーク公立図書館蔵「闘飲図巻」（酒合戦の図巻）について（中）」『足立史談』七七号　足立区教育委員会　一九七四年七月　三―四頁

(11)(7)と同じ　二二二頁を参照

(12)磯部敦『出版文化の明治前期　東京稗史出版社とその周辺』ぺりかん社、二〇一二年

(13)市島春城『双魚堂日誌』早稲田大学図書館蔵。翻刻が「翻刻『春城日誌』(七)」『早稲田大学図書館紀要』第三十四号、一九九一年三月にある。

(14)杉村英治『亀田鵬斎の世界』三樹書房　一九八五年

(15)玉蟲敏子『都市のなかの絵—酒井抱一の絵事とその遺響』ブリュケ　二〇〇四年　一一五頁　補注42

(16)内山孝一『和蘭事始「蘭学事始」古写本の校訂と研究』自然選書　中央公論社　一九七四年　一七六頁から引用。

あとがき

本書は、放送大学大学院修士課程の提出論文「大田南畝『後水鳥記』の成立と伝播」に大幅加筆したものである。足立区立郷土博物館に勤務していたときに、「千住の酒合戦と江戸の文人展」と題した展覧会（一九八七年十月二十七日から十一月二十三日に開催）を担当した。ニューヨーク・パブリック・ライブラリーのニューヨーク本図巻を里帰りさせることにしたが、写真は撮影にくるようにとの指示であった。当時の郷土博物館長杉山博先生のつてで在米中の日本人カメラマンにお願いすることができた。届いたフィルムを見て、唸ってしまった。見慣れていた流布本とくらべ、巻頭の大書はともかく、後水鳥記の表記や内容は異なるものであった。このことは郷土博物館紀要第三号（一九八八年十一月）に「酒合戦と闘飲図―スペンサー・コレクション闘飲図巻の検討―」として掲載したが、ニューヨーク本の位置付けに言及するには至らなかった。後のためにニューヨーク本だけではなく、福嶋家本など流布本五点、天理図書館蔵『蜀山雑稿』の南畝自筆後水鳥記、国立公文書館蔵『一話一言』の南畝自筆「高陽闘飲巻」を図版掲載しておいた。

退職後の再任用勤務も落ち着いた二〇一三年に、拙稿では至らなかったニューヨーク本の究明に取り掛かった。四半世紀の空白もインターネットの普及が十分補ってくれた。最初に「高陽闘飲」で検索したとき、先頭に現われたのは早稲田大学図書館蔵闘飲図巻の高精細画像であった。郷土博物館でも闘飲図巻を購入したのを知っていたので見せてもらうと様子が違うがこれも別本であり、一部不鮮明な蔵書印影を手掛かりに検索すると市島春城氏の「春城清玩」に一致した。さらに新潟市の文化事業助成報告書の中に巻菱湖記念時代館展覧会、出品闘飲図巻とあるのを見つけ同館に問合せると、巻末に鯉隠居士とあるのを解明できれば画像を送るとのありがたい申し出をいただいた。短期間に新たに三点の別本を比較することができた。古典籍が画像公開され、学術論文もリポジトリとして公開され大いに助けとなった。国会図書館や国文学研究資料館の論文検索も自宅でできるようになったが、キーワードを変えて検索しても闘飲図巻・後水鳥記については拙稿しか見出せなかった。

新たに論文をまとめるにあたり、論文指導の必要から二〇一四年四月に放送大学大学院へ入学した。毎回のゼミには論文提出の締切があり、講評・指摘・質疑が刺激となって提出期限までにまとめることができた。樽次墓所についての指摘をいただき、妙林寺跡の現地を確認した。東京国立博物館の前から東京芸術大学の間の道を進んで言問通りを渡り、区画整理が行われず建物は新しいが曲がりくねった道を行くと三崎坂に出た。かなり急な坂道で区界の交差点まで下ると緩い登り坂にかわる。妙林寺脇を流れていた川が谷戸川と呼ばれ、雨が降ると氾濫していたわけが両側から雨水が流れ込む地形でわかる。川はすでに暗渠となっているが、痕跡を探すと橋の名称を示す琵琶橋跡の表示板が見つかった。妙林寺跡は中層の集合住宅が密集していた。帰り道は谷戸川沿いの通称へび道をたどり不忍池に至り帰路についた。ここまでの成果は郷土博物館にお願いして、郷土博物館紀要第三十七号（二〇一六年三月）に「千住酒合戦と闘飲図巻―足立区立郷土博物館蔵『後水鳥記』図巻の検討を含めて―」として掲載していただいた。以前の拙稿の不備を正せたものと思う。ただし、後水鳥記が広く知られたのは、貸本が大きな役割を果たしたことには触れていなかった。本書ではその内容や識語から川崎市立中原図書館蔵『後水鳥記』と国立国会図書館蔵『高陽闘飲』は貸本屋から借覧した書本・板本を書き写したものであることを加え、不足部分を補うことができた。

ニューヨーク本図巻に初めて接したときのこれは何だろうという疑問を出発点に、多くの図巻や写本を渉猟した。広く流布し日本随筆大成本や江戸叢書にも載る「きかしむるに次の日辰のときに出立しとなん」の欠落のある後水鳥記で構成される図巻とは、明確に区別でき成立時期を違える別本であることを南畝の草稿との比較で明確になった。やっと永年の謎を解くことができた。

三弥井書店出版部の吉田智恵さんから出版のお勧めをいただいたおかげで、千住の酒合戦の様子と闘飲図巻の成立をあらためてまとめられた。資料調査にご協力いただいた所蔵者・所蔵機関の皆様、画像掲載の許可をいただいた所蔵機関の皆様、最新の事柄をご教示いただいた足立区立郷土博物館の多田文夫さん、論文指導いただいた放送大学大学院教授の島内裕子先生に謝意を申し上げたい。

最後に私事にわたるが、本書の刊行を喜んでくれるに違いない妻純子（旧姓中野）にありがとう。千住の酒合戦展を最初に企画し、彼女の「これ面白いでしょ」という言葉で全てが始まった。純子は郷土博物館から異動した際に、博物館勤務の兼務辞令を受け、二〇一〇年に亡くなるまで兼務は変わらなかった。この間には、江戸東京博物館の映像資料の監修などにも携わっていた。

佐藤秀樹

著者紹介

佐藤秀樹
1950年、東京都生まれ、立正大学文学部卒業
2016年、放送大学大学院修士課程修了

1984年、足立区教育委員会郷土資料館開設準備担当
1986年、足立区立郷土博物館開館記念「足立と北斎展」担当
1987年、足立区立郷土博物館開館一周年記念「千住の酒合戦と江戸の文人展」担当

主な著述（千住の酒合戦関連）
「酒合戦と闘飲図—スペンサー・コレクション「闘飲図巻」の検討—」足立区立郷土博物館紀要第７号　1988年11月
「千住酒合戦と闘飲図巻—足立区立郷土博物館所蔵『後水鳥記』図巻の検討を含めて—」足立区立郷土博物館紀要第37号　2016年３月
「千住の酒合戦と闘飲図巻（一）～（三）」足立史談第580～582号　2016年６～８月

千住の酒合戦と後水鳥記

令和３(2021)年１月22日　初版発行

定価はカバーに表示してあります。

©著　者　佐藤秀樹
発行者　吉田敬弥
発行所　株式会社 三弥井書店
〒108-0073 東京都港区三田3-2-39
電話03-3452-8069
振替00190-8-21125

ISBN978-4-8382-3379-3 C0093　整版・印刷　亜細亜印刷